湖南师范大学政治学“十四五”省级重点建设学科资助
湖南师范大学政治学与行政学国家一流本科建设点资助
湖南省普通本科高校教学改革研究项目（202401000489）阶段性成果

农村公共组织学

主　编　陈文胜　胡扬名
副主编　谢宗藩　程中培　李青清　张　宁

中国农业出版社
北　京

图书在版编目（CIP）数据

农村公共组织学 / 陈文胜，胡扬名主编. -- 北京 ：
中国农业出版社，2024. 8. -- ISBN 978-7-109-32445-9

Ⅰ. C912.82

中国国家版本馆 CIP 数据核字第 202450K7Q4 号

农村公共组织学
NONGCUN GONGGONG ZUZHIXUE

中国农业出版社出版
地址：北京市朝阳区麦子店街 18 号楼
邮编：100125
责任编辑：任红伟　刁乾超
版式设计：李向向　　责任校对：吴丽婷
印刷：中农印务有限公司
版次：2024 年 8 月第 1 版
印次：2024 年 8 月北京第 1 次印刷
发行：新华书店北京发行所
开本：787mm×1092mm　1/16
印张：12
字数：285 千字
定价：58.00 元

主　　编　陈文胜　胡扬名

副 主 编　谢宗藩　程中培　李青清　张　宁

编写组成员　陈文胜（湖南师范大学）

胡扬名（湖南师范大学）

谢宗藩（湖南师范大学）

程中培（湖南师范大学）

李青清（湖南工程学院）

张　宁（湖南师范大学）

夏冬平（湖南农业大学）

陈翔宇（湖南农业大学）

谭明明（湖南师范大学）

吴　意（湖南师范大学）

程　洪（湖南师范大学）

何虹雨（湖南师范大学）

王鹏瑞（湖南师范大学）

陈思迷（湖南师范大学）

前言

FOREWORD

在中国式现代化的进程中，中国农村正经历着前所未有的深刻变革。从脱贫攻坚战的全面胜利到乡村振兴战略的深入实施，农村公共组织作为连接国家与农民、城市与乡村的重要桥梁，对推进农业农村现代化发挥着不可替代的作用。随着城乡融合进程的不断加快，农村社会经济结构发生了显著变化，农民群众的公共服务需求日益多元化、个性化，这对农村公共组织的职能定位、组织结构、服务模式等提出了新的挑战。与此同时，农村公共组织多元化发展背景下，乡村政治组织、经济组织、群众团体组织和公共事业组织等多元主体共治已经成为社会参与自治机制构建的新趋势。在乡村治理体系和治理能力现代化的推进中，深入研究农村公共组织学的理论与实践，将农村公共组织学纳入公共管理学、政治学等学科的课程体系，其重要性不言而喻。

面对乡村治理实践的深刻变革与理论需求，急需一部能够反映时代特征、融合最新研究成果、指导实践创新的《农村公共组织学》教材。本教材正是在这样的时代呼唤下应运而生，系统梳理了农村公共组织的基本理论、发展历程、现状特征及其在乡村治理中的作用与影响，同时探讨在新时代背景下农村公共组织的改革方向与发展路径，为乡村治理教育与实践提供有力的理论支撑和实践指导。本教材旨在为行政管理等公共管理类专业、政治学与行政学等政治学类相关专业的本科生，公共管理学和政治学等学科的研究生、MPA 学员，以及公共管理部门实务工作者提供一部集理论深度、实践广度与时代创新性于一体的学习参考书，以期在新时代背景下，共同探索农村公共组织发展的新路径，培养适应未来挑战的复合型农村公共组织管理人才。

《农村公共组织学》不仅是公共管理学和政治学等学科体系中的一门核心课程，更是连接理论与实践、现在与未来的桥梁。本教材期望通过理论与实践的深度融合，激发更多有志于乡村治理事业的人才投身其中，共同探索适合中国国情的农村公共组织发展之路。随着乡村振兴的全面推进，农村公共组织将扮演更加重要的角色，成为推动农村经济社会全面振兴的重要力量。希望通过本教材的学习，读者不仅能够掌握农村公共组织管理的核心理论与技能，更能够在实践中不断探索与创新，为推动农村公共组织的现代化转型，构建更加公平、高效、可持续的乡村治理体系和治理能力现代化作出贡献。

本教材是集体智慧的结晶，由湖南师范大学公共管理学院与湖南师范大学中国乡村振兴研究院组织跨校的有关教师共同编写。陈文胜和胡扬名任主编，谢宗藩、程中培、李青清、张宁任副主编。参与编写的人员有：夏冬平、陈翔宇、谭明明、吴意、程洪、何虹雨、王鹏瑞、陈思迷。全书由陈文胜、胡扬名拟定提纲，并最后统筹定稿。

在编写过程中，广泛参考了同行学者的研究成果，有的以脚注的形式注明，有的在参考文献中列出。在此对有关作者表示深深的谢意。同时，囿于编者的水平和学识的局限，书中难免有疏漏之处，敬请广大同行专家、学者、实践部门的管理者和读者给予批评指正。期待与广大读者、学者与实践者一起，共同探索农村公共组织领域的教学研究，助力于乡村的全面振兴。

目录
CONTENTS

第一章

农村公共组织概述

农村公共组织作为连接国家与农民的重要纽带，在促进农民利益表达和参与农村公共事务管理方面发挥着不可替代的作用，对促进农村经济社会发展和提供农村公共服务的影响日益显著。随着农村现代化程度的不断提高，农村公共组织已经成为世界各国政府实施农业战略和乡村治理的重要抓手，认识并掌握农村公共组织的性质、特征和功能对理解乡村社会具有重要意义。本章旨在介绍农村公共组织的相关概念、基本特征和主要功能，以及国外有代表性的农村公共组织相关情况，作为全书的导引部分。

第一节　组织、公共组织与农村公共组织

理解农村公共组织的内涵与外延，有必要深入了解组织、公共组织与农村公共组织的定义及其在理论与实践领域中的发展历程。在社会科学领域，“组织”被广泛理解为由一群有共同目标的个体构成的集体，这些个体通过协调合作来实现既定目标。“公共组织”特指那些旨在提供公共服务或实现公共利益目标的组织机构，涉及对公共资源的管理与分配。而“农村公共组织”通常指那些在农村为公众利益服务、并由农民主体参与的非营利组织，功能覆盖教育、卫生、经济发展和社会事务等多个维度。

一、组织

组织是由两个或两个以上的个人为了实现特定的目标而组成的社会单位或社会经济实体。组织普遍存在于人类社会生活的各个领域，是人类社会最为普遍的现象。组织具有特定的目标、结构及行为方式，其主要功能是整合和配置各种资源，以更好地实现共同目标。

组织经历了较长时间的发展演变历程，从原始社会中的部落、公社，到现代社会中的国家、政党、工厂、医院、学校、社会团体和公司等各类组织形态，组织现象贯穿着人类文明发展的历史。人类社会通过组织的形式，把个体之间的力量汇聚到一起，才能够建立起有序的城镇聚落、建设较大规模的工程和应对自然灾害等。现代社会在政治、经济、科技和社会发展方面的巨大成就，无一不反映着人类社会高度组织化的重要影响。

现代意义上的组织概念源于西方。“组织”在英语中表述为“organization”，源自词根“organ”（即“器官”），意指自成系统且具有特定功能的细胞结构，引申到社会群体上则是

指由人类个体组成的系统化群体。在汉语中，“组织”的古代含义是“编织”，如《文心雕龙·原道》中的“雕琢情性，组织辞令”，《隋书·何稠传》中的“波斯尝献金绵锦袍，组织殊丽”，偏重于组成、纺织两种含义。

20世纪以来，社会科学领域的组织理论兴起并赋予了“组织”概念更为丰富的意涵。管理学家卡斯特和罗森茨韦克强调组织是“有目标的、心理系统、技术系统、有结构的活力整体”①。加里斯·摩根提出从“组织机器论、组织生态论、组织大脑论、组织文化论、组织政治论、组织心理论、组织动态论、组织统治论”等多重维度理解组织及其运作②。相关研究进一步提出组织所具有的内在共性：组织是人们在相互交往中形成的一定行为关系的集合；组织是为了实现某种目标有意识地建立起来的；组织是人们互相协作的表现，这种协作建立在特定的分工基础、互动结构和行为方式之上；组织有其内在的文化和价值观，这种文化和价值观并非自发形成，而是有意养成的，最终系统化为组织文化；组织是一个开放系统，随着组织环境的变化而有机发展③。

现代社会中的组织类型日趋多元、形态复杂，学界和实务界按照不同的标准将组织划入相应类别之中。基础分类有以下几种：第一，按照组织形式划分为正式组织和非正式组织。其中，正式组织一般是指组织中体现组织目标所规定的成员之间职责的组织体系。非正式组织是在共同的工作中由于人际关系、兴趣爱好、利益联结等因素自发产生的，具有共同情感或行为倾向的团体④。第二，按照组织权威的产生方式。马克斯·韦伯把社会组织划分为传统型组织、克里斯玛型组织、法理型组织这三种类型，传统型组织是以传统权威为基础，克里斯玛型组织是以个人魅力型权威为基础，法理型组织是以清晰统一的规则权威为基础⑤。第三，按照组织成员受惠程度。美国社会学家彼得·布劳把组织分为互利组织、营利组织、服务组织和公益组织。互利组织指组织的目标是使组织所有的参加者都受益，如工会、政党、俱乐部、退伍军人组织、宗教组织等；营利组织的受益者是经营者和所有者，如工厂、银行、商店、公司等；服务组织的重点在于为特定的服务对象提供良好的服务，如医院对于病人，律师事务所对于委托人等；公益组织的主要目的在于谋求社会及其公众的全体利益，如军队、消防队、政府机构、学校、研究单位、图书馆、博物馆等⑥。

二、公共组织

公共组织是社会组织中一种极为重要的组织形态，通常指在一个国家的特定地域社会中，以维护和实现公共利益为目的、拥有法定的或被授予的公共权力、承担相应公共责任的所有组织实体⑦。广义的公共组织是以管理公共事务和提供公共服务为目标的组织，既包括政府的行政部门，也包括立法机关、司法机关、军队、政党、学校、医院、宗教机构和参与

① 卡斯特，罗森茨韦克：《组织与管理—系统方法与权变方法》，傅严等译，中国社会科学出版社，2000。
② 苏忠林：《公共组织理论》（第2版），武汉大学出版社，2013，第2-3页。
③ 转引自朱国云《组织理论：历史与流派》，南京大学出版社，1997，第217页。
④ 王绪君：《管理学基础》，中央广播电视大学出版社，2001，第126页。
⑤ 韦伯：《经济与社会》，林荣远译，商务印书馆，1998。
⑥ 李芹：《社会学概论》，山东大学出版社，2009，第179页。
⑦ 张东建，陆江兵：《公共组织学》，高等教育出版社，2003，第7页。

公共事务的非营利机构等以实现特定公共利益为目标的社会组织与社会团体。狭义的公共组织仅指政府及其执行部门，以及获得行政授权的社会组织①。

公共组织作为现代社会的重要组成部分，在提供公共服务、维护公共利益方面发挥着不可替代的作用，具有鲜明的特性。第一，公共组织的目标具有非营利性。公共组织旨在满足社会公众的共同需求，提供公共产品和服务，而非追求经济利益最大化。这一点与私营部门组织有本质区别。第二，公共组织资源的公共性。公共组织的资金主要来源于财政拨款、税收等，并受到公众和舆论的监督，需要对公众负责，提高资金使用效率。第三，公共组织决策的民主性。公共组织代表广大人民群众利益，决策过程需要广泛吸收民意，体现民主原则。公共组织管理人员通常通过选举产生或任命，接受公众监督。第四，公共组织运行的制度性和规范性。为保证公平正义，提高行政效率，公共组织内部建立了完善的规章制度，形成了等级制的科层体系。而私营部门组织则更注重灵活性。第五，公共组织外部环境的复杂性。公共组织需平衡各方利益诉求，应对多元政治力量，面临新闻媒体监督，公共事务易引发社会关注和讨论。公共组织决策失误将产生重大影响，承担更大社会责任。因此公共组织在议程设置、政策执行等方面受到诸多限制。

公共性是公共组织的本质特征。公共组织以服务公众、体现公平为宗旨，既要在公开透明的环境中运作，接受社会监督，同时又要保持决策与执行的科学性与有效性，平衡效率与公平。公共组织特性决定了其必须坚持全心全意为人民服务的理念，建立严密的组织体系和完善的运行机制，提高管理效能，树立良好形象。

这些特点决定了公共组织在结构设置、人力资源管理、绩效评估等方面有别于其他组织。一般而言，公共组织是由若干要素互相依存、互相作用而组成的有机整体，主要包括以下要素：

（1）人员构成。人员是公共组织的主体和核心，组织关系首先是以人际关系表现出来的，公共组织人员的素质和能力对组织效能具有不可替代的影响。

（2）机构设置。这是公共组织履行职能、实现目标的结构载体，公共组织的机构设置应遵循科学协作和分工合理原则。

（3）经费和物资设备。这是构成公共组织的基础要素，必要的财务开支、办公场所、公用资产、公文和档案是公共组织开展活动的必要依托。

（4）组织目标。这是公共组织行动的指南，公共组织目标一般表现为维护和实现公共利益的具体化任务。

（5）权责体系。这是公共组织中各个层级、各个部门和成员之间一系列从属、并列关系，是公共组织的结构支柱。

（6）组织文化。这是公共组织运行的价值基础，表现为组织成员认同的价值观念和行为倾向，蕴含着激发组织成员协作的精神能量。

（7）法制规范。这是公共组织运行的制度保障，相应的法律、规定和内部规章制度用以厘定公共组织内部的职能规范、工作程序、内部分工及奖惩措施等，是公共组织制度是否健全的重要标志。

---

① 李传军：《公共组织学》，中国人民大学出版社，2008，第 4 页。

（8）技术和信息。这是公共组织的关键工具，包括组织活动中采用的科学技术和组织技术，公共组织内部和内外部之间的信息及其传递是理解组织运行过程的重要途径。

在现代社会生活中，公共组织发挥着越来越重要的作用，突出表现在各国公职人员数量日益增长的趋势上。根据人力资源和社会保障部公布的数据显示，中国在2015年的公务员有716.7万人①，这不包括一般事业编制和其他非营利组织人员。公共组织在人们日常生活中的重要性日益凸显，政府机构处理问题的范围和复杂性不断增加，这拓展了人们对政府活动的认识。因而，理解公共组织成为各国公共事务的研究者和实践者共同关注的问题。

三、农村公共组织

农村公共组织是指在农村按照特定程序建立的从事公共事务、提供公共服务、管理公共资源的组织实体。农村公共组织以农村公共利益为导向，区别于一般经济组织和社会组织，具有非营利性、公益性、服务性等特点，承担提供农村发展、农业生产、农民生活所需的公共物品及公共服务等基本职能，直接影响着农村的社会治理结构和社会服务体系，维系着农村的政治秩序、经济秩序和社会秩序。狭义的农村公共组织主要指各级政府及其所属机构在农村设立的派出机构，广义的农村公共组织除政府公共组织外，还包括农村集体经济组织、农民专业合作社、农业社会化服务组织等，以及从事农村公共服务的社会团体和民办非企业单位。

农村公共组织形成了自身独特的组织特质，组织结构以多级联动模式为基础，建立了由乡镇公共组织至村委会等基层组织构成的纵向组织体系。在此基础上，还涵盖了农业合作社、老年协会等横向非正式组织，农村公共组织体系的覆盖面与适应性也因此得到了增强。农村公共组织运作模式呈现出鲜明的亲民性与开放性特点，其决策过程注重参与性与透明性，使得村民能够通过议事会等形式参与到农村公共事务的治理中来。

在构成要素上主要有以下三项标准：是否符合特定程序设立；具有公共利益取向；管理农村公共事务、提供公共物品及服务。通过这三项标准，则可以考察相关组织是否符合农村公共组织的基本构成要素。

农村公共组织是农村公共管理、乡村社会治理和发展的重要组织载体。通常而言，以行政机构为代表的基层政府部门是农村公共组织的主要形态。但是，随着中国农村社会现代化水平的提高，农村社会事务和公共利益的多元化、复杂性程度不断增加。在国家和社会力量的推动下，农村地区逐渐形成除基层政府部门之外的农村群团组织、公共事业组织和民间组织等公共组织，进而满足农村公共物品及服务多样化的公共需求。随着社会主义市场经济体制的建立，村庄农户的分散化、脆弱化问题日益突出，乡村治理秩序亟待整合与重构，依托农村公共组织提高农民组织化程度成为农村经济社会发展的重要议题。

依据组织的功能、成员构成、运作机制等多个维度，可以将农村公共组织划分为多种类型。农村现实生活中，政府部门和第三部门构成农村公共组织的两大板块，两者之间呈现出以党政部门为主导的、众多行动者参与的互动网络。中国农村公共组织大致可划分为农村基层党组织、农村基层政权组织、农村村民自治组织、农村群团组织、农村公共事业组织和具

① 《2015年度人力资源和社会保障事业发展统计公报》，《中国人力资源社会保障》2016年第6期。

有鲜明公共组织特性的农村民间组织。

农村基层党组织由乡镇党的委员会（以下简称乡镇党委）和村党组织构成。农村基层党组织是党在农村工作的基础，是贯彻落实党的方针政策、推进农村改革发展的战斗堡垒。负责领导农村的政治、经济、文化等各项工作，确保党的路线、方针、政策在农村得到有效执行。农村基层党组织通过加强组织建设、党员队伍建设，提高党组织的凝聚力和战斗力，为农村发展提供坚强的政治保证。

农村基层政权组织主要由乡镇人民代表大会与乡镇人民政府构成，是农村地区的政权组织机构。负责执行国家的法律法规和政策，管理农村地区的公共事务，维护农村社会的稳定和发展。乡镇人民政府作为基层政权的执行机关，承担着推动农村经济发展、改善农村基础设施、提高农民生活水平等重任。

农村村民自治组织主要是指村民委员会，是村民自我管理、自我教育、自我服务的基层群众性自治组织。依据《中华人民共和国村民委员会组织法》等法律法规，实行民主选举、民主决策、民主管理和民主监督，维护村民的合法权益，调解邻里纠纷，组织公共事务和公益事业，推动农村社会的和谐稳定。

农村群团组织包括农村工会、共青团、妇联等群众组织，在农村地区发挥着联系群众、服务群众的重要作用。这些组织通过开展各种形式的活动，增强农民的组织性和凝聚力，促进农村社会的和谐与进步。同时，还积极参与农村社会治理，为农村发展贡献力量。

农村公共事业组织主要负责农村地区的公共服务事业，如教育、医疗、文化、体育等。这些组织通过提供优质的公共服务，满足农民群众日益增长的精神文化需求，提高农民的生活质量和幸福感。农村公共事业组织的发展对于推动农村社会的全面进步具有重要意义。

农村民间组织通常由农民自愿组成，自我管理、自我服务，具有非营利性、公益性和自治性等特征。这些组织关注农村社会的各种问题，如环境保护、扶贫救助、文化传承等，通过提供专业服务、倡导社会关注等方式，为农村地区带来积极的变化。这些组织在推动农村社会发展、提高农民自我发展能力等方面发挥着重要作用。

随着现代化的不断推进，农村公共组织的形式也日益呈现出多样化和复杂化的趋势。传统的、以乡镇为单元的集体型组织正在逐渐向以村庄、家庭为单位的小微型组织过渡。这种转变促成了多元化的角色和功能，农民合作社和专业协会等新型组织成为农村公共事务管理及服务的重要主体，在提供农业技术支持、增强市场竞争力、保障农民权益等方面发挥了积极作用。在信息技术迅速发展和普及的背景下，农村公共组织的运作模式也趋于数字化和网络化，借助互联网平台，组织内部管理变得更加高效透明，对外沟通交流也突破了地域限制，为农产品的销售和品牌推广提供了新的途径。

第二节　农村公共组织的基本特征

农村公共组织的多样性凸显其在不同领域的广泛作用，通常表现出强大的社区动员和资源整合能力。从结构上看，呈现出扁平化的管理体系，便于成员之间的沟通与协作。在功能上，不同类型的农村公共组织通常致力于解决特定的社会问题，如农业生产合作、农产品销售、生态保护以及社会福利和教育。成员参与度高是其另一个显著特点，组织活动通常围绕成员的实际需求和利益而展开，具有高度的公共性、法治性、权威性、自主性等基本特征。

一、农村公共组织的公共性

与其他类型组织不同，农村公共组织以服务农村社会、满足农民公共需求为宗旨，而非追求经济利益最大化，这一特点决定了农村公共组织在资源配置与运作方式上，必须坚持公益优先原则。因此，农村公共组织的公共性特质是其存在与发展的关键所在，不但展现了组织在提供公共利益方面的作用，也代表了组织在乡村治理中所扮演的角色与影响力。公共性包括服务覆盖范围、成员参与度、服务效益等多个层面，标志着农村公共组织的功能实现与社会影响，具有公益性和非排他性，服务对象覆盖面广，任何社区成员均可受益。

纵观中国农村公共组织发展的历程，其发展呈现出显著增长的态势，特别是进入 21 世纪以来，其数量与种类增长极为迅速，反映出农村公共组织覆盖面在不断扩大。尤其是在东部沿海地区，由于经济发展水平较高，公共组织服务类型也更加多样化，包括公共卫生、教育培训等领域，成立专项服务组织以应对居民日益增长的需求。而在西部地区，公共组织更多依托于政府资源，提供基础性服务，如农技推广、基础设施建设等。

在组织目标和组织作用上，农村公共组织的公共性贯穿于组织建设、规章制度的制定和组织活动的全过程。农村公共组织是为农业、农村和农民的公共利益所服务的，所履行对经济、科技、教育、卫生、文化、体育、交通、社会保障、环境保护、应急管理和其他公共事务的公共管理或公共服务职责都具有实现公共利益的属性。由于上述农村公共事务兼具的公共物品属性和存在市场失灵的问题，由农村公共组织提供相关公共物品及服务则具有兼顾效率和公平的意义。因此，农村公共组织必须坚持公共利益目标，避免片面地强调公共组织的“私营化”“市场化”和追求自身利益最大化的误区，从而确保农村公共组织的合法性和生命力。

二、农村公共组织的法治性

农村公共组织是推进农村社会治理现代化的重要力量，其法治性对于组织内外部的合法性认可程度、规范引导能力以及持续稳定发展至关重要。在中国农村公共组织的建设过程中，法治性被视作其正义基础和重要运作机制。法治性是指组织在内部管理和对外服务过程中，坚守法律规定，遵循法治原则，确保各项决策和活动合法合规，同时维护农村社区成员的权利和义务，通常包括组织设置的合法性、活动的规范性、决策过程的民主性以及责任追究的严格性。

法治性不仅是农村公共组织合法行为的基石，也是一个兼容多方面影响的综合性指标。法治性的强化离不开广泛的法律教育与普及，需借助多方合力，包括政府法治宣传、法律专家的咨询辅导及群众的法治意识提升等，共同构建以规范为基础的现代乡村社会。农村公共组织法治性不足会导致组织决策的随意性、权力的不透明运作以及对成员权益的无效保障，不仅会削弱组织本身的公信力和执行力，还可能导致农村治理的效率低下和社会资源的不公平分配。

农村公共组织的法律效力，在制度层面受到中央与地方不同层次法规的规范与指导。在现行法律框架中，《中华人民共和国村民委员会组织法》《中华人民共和国农村集体经济组织法》等一系列与农村公共组织相关的法律法规，确立了其在农村社会治理中的法律地位，并对其组织形式、运作机制、权益保障等方面提出了明确要求。

农村公共组织的法治性建设是推动其公共性提升的关键环节。农村公共组织作为合法成立的正式组织，必须严格地在宪法和法律规定范围内开展组织活动。在中国农村公共组织中，以基层党组织、基层政权组织和公共事业组织为主的具有公共事务管理属性的组织，具有明确的法律地位，组织机构的设置、目标、管理程序、人员构成、行为规范、管理方式乃至预算编制均具有详细的法律规定，必须依据法律规定行使职权、带头守法，组织活动不得超越法律授予的权限①。

法治对于农村公共组织的重要意义在于坚持依法行政，有效推进法治国家、法治政府、法治社会建设。从长远来看，农村公共组织法治性的彰显对农业高质量发展具有支撑作用、对农村改革具有引领作用、对乡村治理具有保障作用、对政府职能转变具有促进作用。

三、农村公共组织的权威性

农村公共组织在中国农村治理中占据独特和核心的地位，权威性是其实施有效管理的基础，是行动力和影响力的关键。权威性来源于组织在社会行动中所累积的正当性和公众的广泛认可。农村公共组织的权威构建受多方面因素影响，包括组织的历史根基、与政府关系的亲近程度以及其在农村社会中所发挥的功能性角色。

随着公共政策的深入和村民自治的推广，农村公共组织的权威性主要体现在成员构成、社会认同度、规范引导和纪律执行四个层面。在成员构成方面，农村公共组织通常由不同背景、利益诉求的农村居民组成，成员多元异质，群众基础的广泛性有利于农村公共组织充分了解、集中反映农民诉求，提高公共服务的公正性。在社会认同方面，能够有效地整合传统乡规民约与现代法治精神，通过举办各种文化活动、公共服务项目提升村民对组织的认同和信任。在规范引导方面，组织内部的规章制度和外部法律法规的契合程度是影响其权威性的关键因素。在纪律执行层面，农村公共组织的权威性还表现在其对村民行为的规范和对乡村纪律的维护上，有效防止和解决了农村社会矛盾和冲突。

农村公共组织特别是政权组织的权威，不仅作用于自身组织成员，而且直接影响到作为管理对象的农民及其生活生产。农村公共组织凭借法律规定所授予的公共权力，管理公共事务的范围涉及农村政治、经济、社会、文化和生态环境等方方面面，对管理客体具有相当程度的强制性。同时，权威性也意味着农村公共组织必须承担相应的责任，遵循“权责一致”原则，农村公共组织每位成员都必须意识到自身的职责，合法且合理地行使职权，自觉接受各方监督，避免越权、失职、滥用职权等不当行为。

四、农村公共组织的自主性

农村公共组织在自主性构建方面呈现多维度的发展特点，核心在于实现组织目标设定的

① 齐明山：《公共行政学导论》，中央广播电视大学出版社，2006，第47页。

自由度、策略选择的灵活性以及资源调配的独立权。自我组织理论提出，组织自主性是其适应环境、实现可持续发展的关键机制。公共经济学认为，信息不对称导致中央政府难以有效识别地方居民偏好，进而致使公共产品供给低效。从委托代理理论可知，组织自主性亦是组织成员通过委托代理人最大化实现共同利益的体现。赋予基层组织更多自主权，通过分散化的公共服务供给模式，能够提高公共服务的针对性和有效性。农村公共组织根植于农村，能够及时、准确地反映农民意愿和偏好，使公共服务供给更有针对性。

农村公共组织在乡村治理体系中扮演着不可或缺的角色，特别是其自主性特质，更是关系到农村公共组织能否针对地方性需求进行有效响应以及是否能够持续推动乡村创新性发展。自主性对农村公共组织的积极影响，表现在组织内部决策的灵活性与效率显著提升，能够迅速调动资源，满足农民群体多元化的服务需求。在目标设定的自主性方面，包含战略目标制定、实施计划制定、效果评估标准选取等维度，提升对外部环境变化的敏感度，给予更高的适应能力，尤其在面对日益复杂的社会问题和迅速变化的农村经济环境时，能够制定与执行贴合本地实际情况的策略。

农村公共组织分布于广大的农村且大多属于基层组织，不仅面临漫长的“自上而下”管理链条所带来的信息不对称、道德风险等组织失灵问题，而且日复一日地处理大量的、复杂的，甚至自相矛盾的农村公共利益诉求，加上农业生产生活中复杂多变的现实情境，农村公共组织及成员的管理行为拥有广泛的自主选择空间。国内外的公共政策执行研究和行政法学界都不同程度地注意到，以自由裁量权为代表的自主性是农村公共组织特别是基层组织活动的重要特点，基层组织的行政人员即街头官僚的行动倾向和策略行为对相关公共组织的目标推进、政策实施具有关键影响，具有“政策再制定”作用。农村公共组织发展过程中既要充分发挥自主性带来的因地制宜、内在激励、创新意识等积极作用，还要避免陷入“一放就乱、一管就死”的传统管理困境，形成张弛有度、规范有序的组织管理氛围。

第三节　农村公共组织的主要功能

农村公共组织的功能是指相关组织在提供农村公共物品及服务、管理农村公共事务、维护农村公共利益、促进农村社区的可持续发展所具有的重要、独特地位，功能多元化特征凸显。

一、农村公共组织的行动主体功能

农村公共组织在农村公共事务管理中扮演着核心角色，不仅是生产、提供、分配农村公共物品及服务的关键承担者，也是农村经济和公共事务管理的中枢。此外，还是实施农村公共管理活动、促进乡村社会发展的基石和动力源泉，在乡村振兴战略中发挥着不可替代的作用。

从主体上，围绕公共利益的各类行动都需要农民的组织化参与，才能形成有效的公共资源处置方案，解决集体行动的困境。农村公共组织通过对资源的合理分配和社会服务的有效提供，成为实现整个农村社会系统和谐发展的行动主体。尤其在农村行动主体功能的塑造上，通过具体的活动和项目实施，极大地促进了地区经济社会的全面发展，其重要性不言而喻。

在个体层面，农村公共管理人员之所以拥有处理公共事务的权力和承担相应责任，是因为他们的职位是由农村公共组织所赋予的。正因如此，农村公共组织成为公共管理事务的主要承担者、执行者以及责任主体，构成了农村公共物品及服务供给的核心力量。

农村公共组织的行动主体功能由组织内部运作模式决定，这包括成员结构、职能安排、活动频次与预算分配等，主要致力于增强农民的自我服务能力，从而提高农村社会自主性。在日常操作中，公共组织需确保内部结构和职能安排的高效，这显然对组织的政策制定与执行、项目管理及成员协调等产生直接影响。进一步而言，组织功能的优化以及行动主体角色的巩固，离不开成员的合作与协同。因此，各项管理与服务的定向针对性、持续性以及质量控制成为检验组织功能发挥是否到位的关键。

公共组织功能的发挥，农民参与度和绩效评估尤为关键。农民参与度能够反映出组织活动召集的有效性及其对农村居民生活的实际影响；而绩效评估则是对组织各方面工作成效的综合体现。通过审视和调整组织在服务活动中的功能发挥，可实现农村公共组织行动主体功能的最优化，进而为乡村振兴提供坚实的群众基础和强大的动力源泉。

二、农村公共组织的治理协作功能

治理协作的基本原理在于各参与方进行权责共享、互利共生，通过信息交换、资源共享、行动协调，不同主体之间实现合作共赢，提升公共事务管理的系统性和整体性。农村公共组织的治理协作的核心要义，就是多元主体在公共利益的目标下，以利益相关、权责共担、互利共赢为导向，遵循民主协商、平等对话、互信互利等基本规则，共同参与公共事务的决策、执行和监督全过程，形成常态化的互动机制，从而提升公共事务治理的效能。

乡村治理包含社会、经济与环境多维度的互动，现代化过程急需有效的组织机制来整合资源、协调利益、提升决策效率。治理协作强调农村社会多元主体参与、利益相关方合作、权力关系平等原则，打破传统的科层制思维，转变为扁平化、网络化的治理结构，通过构建政府、市场、社会组织等多元主体之间的伙伴关系，共同应对农村公共事务治理中的复杂性与不确定性挑战。其功能主要体现在资源整合、信息共享、协调机制等方面，通过多元主体的民主协商达成共识，以发挥多元行动者主体性作用，调动社会力量广泛参与，形成一种开放、平等、协商的治理范式。

随着乡村振兴战略的深入实施，治理协作是在现代社会治理中确保农村公共组织功能正常发挥的关键机制。农村公共组织通过提供信息咨询、纠纷调解、利益协调等服务，在形塑乡村社会发展和农村社会治理中发挥着桥梁纽带作用，显著地提升了农村治理水平和效率。农村公共组织作为村民利益的代表，为农民群体在政策制定及实施过程中发声，维护其合法权益。通过组织村民大会、促进农民与政府的沟通协商，农村公共组织确保农村政策的制定更贴近农民的实际需求，更好地反映农民群众的利益诉求。

治理协作是 20 世纪 80 年代以来世界范围内各国改革的重要方向。农村公共组织是不断完善国家治理体系和治理能力现代化的中坚力量，农村政权组织、基层自治组织和公共事业组织逐步实现公共服务目标转型，农村群团组织对不同社会群体发挥着“政治吸纳”作用，农村民间组织在展现社会中介功能和培育社会自治能力方面具备不可替代的重要作用，这些组织与其他农村公共组织彼此协同，共同构建起多元一体的乡村治理格局。

在多元主体参与的治理过程中，农村公共组织能够发挥正式制度与非正式制度的协同作用，促进各类政府组织、社会组织和市场企业组织形成合作网络，全面塑造广大农民的治理共识和认同感，进而助推农村实现善治。如农村的公共企业、社会组织和其他民间组织可以通过参与农村民主自治、民主管理发挥乡村治理效应。

三、农村公共组织的社会稳定功能

农村公共组织发挥社会稳定功能的重点，在于通过制度建设与资源整合，预防可能引发的群体性风险。农村公共组织能够有效提供社会服务、增强社会凝聚力、促进信息交流与共享，尤其是在处理社会矛盾与冲突时，凭借其威望和公信力，能够有效地调解纠纷，减少矛盾冲突，为农村社会稳定和可持续发展提供有力保障。在宏观层面，农村公共组织在农村主要发挥着社会整合、公共服务提供及政策传递的功能。在微观层面，农村公共组织则主要在响应村民需求、协调村内外关系以及处理社会冲突等方面发挥作用。

经典的社会稳定理论大多从社会结构与功能的关系出发，探讨社会秩序和稳定如何得以维持。农村公共组织不仅承担社会调解的作用，还负责潜在冲突的预防与处理。农村公共组织可深入了解农村地区的文化、习俗以及需求，建立符合当地实际的管理与服务体系。农村公共组织的社会稳定功能以强化农村治理社会化、法治化、专业化为导向，体现在社会纠纷调解体系及群体事件预防机制两方面，致力于在法律框架下依靠乡土资源与习俗智慧实现纠纷及时有效解决，不仅强调调解的正式性和法律性，更重视民间智慧和乡土习惯的传承与应用。

农村公共组织的内部民主机制，在协调国家与农民关系、缓解社会矛盾方面发挥着积极作用，有助于提升农村社会的整体稳定性。通过农村利益代表、集体协商、资源供给和分配、培育公共伦理、引导社会价值等多元渠道，可以为农民个体、集体之间的各类冲突和矛盾提供解决方案，促进广大农民个体和社会力量有序参与农村公共事务管理活动。农村公共组织特别是基层组织通过提供教育、医疗、福利等公共产品构建了村民之间的互惠关系，加强了社会网络的紧密度，尤其是在现代信息技术的协助下，形成了日益高效的农民动员能力和问题反馈机制，为冲突的有效解决和社会秩序的稳固提供了良好条件。

第四节　国外典型农村公共组织

在全球范围内，多种形式的农村公共组织在推动乡村治理、引领农业发展、增强农民能力等方面发挥着举足轻重的作用。以美国农业合作组织、日本农协组织、法国农会、印度农村合作社为典型代表的国外经验，展示了农村公共组织成功实践的多样性和创新性。

一、美国农业合作组织

美国的农业合作组织起源于19世纪，由基于互助原则的小规模农场主自发组成，由组织成员所有并为成员服务，主要向成员提供科技、信息、政策等方面的服务，同时也协调内部关系。至今已历经多次变革，形成了一套具有美国特色的农业合作社体系。这种体系不仅对农业产业链各环节产生了积极影响，而且在推动农村地区经济发展、促进农民收入增加方面起到了不可忽视的作用。

（一）美国农业合作组织概述

美国的农业合作组织（下称“合作社”），共有四种类型：一是生产合作社，是进行农业生产的经济组织；二是销售合作社，主要是为社员销售农产品；三是购买供应合作社，主要为社员购买、供应农用生产资料；四是服务合作社，专为农场主、畜牧业主或其他合作社提供信贷、货运、仓储、轧棉等各种服务。

在组织与结构层面，美国农业合作组织通常坚守七项基本原则，包括自愿与开放的会员资格、民主会员控制、会员经济参与、自主与独立、教育、训练与信息、合作组织之间的合作以及对社区的关注。这些原则支撑着一个灵活可变、高度自主的组织体系，民主决策是其突出特征①。

美国农业合作组织在管理层面，农业合作社展现出以下三个独特特征：一是确立了严格的成员资格制度。依据1922年颁布的《卡帕-沃尔斯斯坦德法案》，只有那些“从事农业生产的农场主、种植者、畜牧及乳品生产者以及干鲜果品生产者”方能成为合作社的成员。二是合作社秉持非营利性的运营模式，即“成本价运营”，其资金主要来源于成员，这导致了其资本回报率相对较低。三是合作社采纳了“一人一票”的民主管理机制，成员通过选举产生董事会，董事会则负责选拔和聘请经理。经理作为专业人员，并非合作社成员，其薪酬相对较低。

在经营模式方面，美国农业合作组织采取多元化经营策略，并致力于创新发展。这些组织通过提供高效的供应链服务，降低了农民的生产成本；在营销方面，通过整合营销资源，协助农民获取更有利的市场价格；在产品加工方面，充分利用集体优势，提高产品附加值。此外，信息技术的运用也在不断增强，例如利用大数据和云计算来改善农业生产与管理效率，体现了农业合作组织对科技创新的高度重视。

在法律法规支持方面，美国政府通过规范的立法和政策引导，为农业合作组织提供了稳定的发展环境。诸如农业营销合作法提供了合法的市场协作保护，确保了农业合作组织在维护会员利益方面的合法权益。农业合作社税收法则对农业合作组织进行了税收优惠，激励了农业合作组织的发展壮大。

关于成员权益与利益分配，美国农业合作组织采取了全额退款或者部分退款加大利息的方式，旨在实现组织盈利与成员利益最大化的平衡。组织收益多重点投到业务扩展与创新中，这种可持续性的增长模式，体现了合作组织对经济和社会目标的双重追求。

进入21世纪以来，美国农业合作组织在应对全球化挑战、适应市场竞争、参与国际贸易等方面呈现新的发展趋势。一些大型的合作组织已经开始通过与海外市场的直接合作和建立联盟关系，来优化全球资源配置，实现跨区域运营。从宏观角度来看，这些合作组织在维护国内农业利益的同时，也能更好地把握国际市场的发展机遇。

① 罗必良：《美国的农业服务组织及其效率特征》，《南方农村》1999年第3期。

（二）美国传统农业合作社的特征

美国的农民合作经济组织主要是农场主合作社，是实行生产者联合、民主管理的具有平等合作特征的集体组织。根据美国农业部的定义，美国的农业合作社是指拥有共同所有权的成员，在非营利的基础上，为提供成员所需服务而自愿联合起来的组织。这类组织发端于1818年的康涅狄格州的牛奶合作社，至20世纪20年代趋于成熟。

传统的农民合作社具有下列特征：一是成员资格开放。若想加入合作社，除了具有“农业生产者”身份外，没有其他任何限制条件。二是低出资额与弱资本流动性。每个成员在合作社创办时，须交纳的资本额度较低，通常不足100美元。加之当时利率受法律限制，成员之间极少出现转让资本的情况，且在回赎时，合作社也只按原额归还资金。三是成员一般享有交付权但不承担交付义务。合作社成员享有交付农产品的权利，但大多数合作社在数量上没有严格规定，因此，如果遇到出价更高、与他人交易更方便的情况，成员也可以将产品卖给其他市场主体而不是合作社。四是成员只能获得少量的“惠顾返还”，通常为20%～35%的现金比例，剩下的则留存为合作社资本，部分合作社还留存部分价款作为资本金①。

美国农业合作社早期的发展特征主要有以下两个方面，一是农场规模小，规模小则导致农产品产量有限；二是具有较明显的传统农业属性，此阶段美国农业属于传统农业，其生产与流通、加工环节之间信息流通极少，且生产出的产品同质化严重。正是由于传统农业生产方式没有发生大的变化，在面临买方市场环境时，农民最终选择合作社这种组织方式，从而达到增强卖方力量，增加自身收入的目的②。

（三）美国“新一代合作社”组织的发展

20世纪20年代，为应对农业萧条导致部分农场破产的不利影响，美国政府开始对农业合作社进行积极扶持，联邦政府对农民专业合作社事务的关注和支持都达到了前所未有的高度，也为美国合作社的发展注入了新活力。

1922年颁布的《卡帕-沃尔斯坦德法》成为这一过程中具有里程碑意义的事件。这部被誉为“美国合作社宪章”的法律第一次对农业合作社的组织形态及其权利进行全面和系统的确认，也是第一次从法律形态上对美国农业合作社的确认③。此后，美国陆续出台一系列相关的农业合作社方面的法律，对此法律进行补充与完善，如1926年颁布的《合作社销售法》。除在法律上支持合作社组织外，美国政府还积极出台信贷支持政策给予合作社金融方面的扶持。

上述政策实施和法律法规的完善，对合作社的发展起到了巨大的推动作用④。20世纪80年代，美国北达科他州和明尼苏达州开始出现“新一代合作社”，之后则扩大到相邻的其他州和加拿大，主要是开展农产品加工增值、实行封闭成员制（closed membership）的

① 张学军：《论美国农业经销合作社规范的演变及其启示》，《浙江大学学报》（人文社会科学版）2011年第4期。

② 郭永奇：《美国农业合作社的历史演变及经验启示》，《世界农业》2018年第8期。

③ 卢代富，谭贵华：《美国农业合作社的形态法定化及其启示》，《法学论坛》2012年第3期。

④ 郭永奇：《美国农业合作社的历史演变及经验启示》，《世界农业》2018年第8期。

合作社。

1. “新一代合作社”的优势

美国“新一代合作社”在保留传统合作社为社员服务这一核心理念的同时，将合作社与社员之间的权利和义务进行了双向规范。一是产权清晰。社员通过购买交易权，与合作社签订合约，明确规定了双方的权利和责任。社员必须向合作社交售规定数量和质量的农产品原料，而合作社则必须按照合约要求接收这些特定的农产品原料。这一机制不仅有效避免了传统合作社因开放社员制而导致的规模不稳定、生产能力过剩等问题，还确保了农产品加工质量的提升。这也成为当前美国合作社盈利的关键保障。

二是完善的利益联结机制。美国“新一代合作社”坚持“以社员为本”的原则，把合作社事业与社员增收更好地融合起来，特别是农场主通过组织合作社投资农产品加工以获取价值增值，在很大程度上反映其是以市场为主要取向的。但合作社与其他营利性组织有很大区别，即合作社社员参与的是他们自己生产的原料农产品的加工和增值。所以社员通过成为合作社社员能在经济上分享好处，可唤起其强烈的事业感和责任感，从而使社员对合作社形成真正认同①。

2. “新一代合作社”的运作机制

“新一代合作社”在运行机制等方面相对传统合作社进行了较大创新，增强了合作社的活力和竞争力，提高了合作社的运行绩效。

组织成立与发展。新一代合作社的发起和成立都要经过专家的充分分析和论证，具有较强的科学性，因而合作社的成功概率较大，发展潜力也较强②。“新一代合作社”突破了地域性限制。“新一代合作社”加工单一的原料农产品，其成员突破了地区限制，甚至越过了国界。

组织资源与分配。社员入社须支付较高的股本，每一股的金额根据原材料加工数量与总投资之间的定额来计算。在美国，这个股本额一般在 5 000 美元～15 000 美元，从而在保证合作社资金需要的同时，把社员对合作社的“利用”与“投资”结合起来，进而促使社员关心合作社发展。社员根据其投资的股本获得相应的交货权。社员在向合作社缴纳股本后，根据合同规定，享有与其投资额相匹配的交货权。社员必须根据自己投入的股本金额，提供相应数量的初级农产品。

无论市场价格如何波动，社员都必须保证所交农产品的数量和质量，不得将其转售给其他销售商。如果社员未能满足交货要求或产品质量不达标，他们必须根据对合作社造成的损失进行相应的赔偿。同时，交货权也是可转让的，根据合同条款，社员的交货权（包括可能的增值收益和贬值损失）既可以转让给合作社内的其他社员，也可以转让给合作社外的第三方③。加之交货权权益与股金挂钩，因此股金和交货合同均允许交易，但交易的前提是必须先获得理事会的批准。“新一代合作社”采用的是投资成员制。

① 傅晨：《“新一代合作社”：合作社制度创新的源泉》，《中国农村经济》2003 年第 6 期。

② 冯开文：《国外合作社经验纵横论——几个代表性合作社的最新举措及其对中国的启示》，《中国合作经济》2005 年第 8 期。

③ 冯开文：《国外合作社经验纵横论——几个代表性合作社的最新举措及其对中国的启示》，《中国合作经济》2005 年第 8 期。

在这种合作社中，社员的交易份额既体现为一定量的农产品，也代表一定的资本价值。由于社员需购买交易份额，所以，单位交易额代表的资本量也就是单位交易额的价格，该价格由合作社发起时设计的初级农产品的加工数量和希望筹集的资本总量分解得到。“新一代合作社”通常把发起资本的30%～50%作为社员权益，其余部分或是通过负债，或是发行优先股。优先股在社区进行广泛募集，既可以对个人，也可以对团体，投资者主要是那些关心社区发展的人士和社团。优先股股东没有投票权，优先股的股息是固定的或受到限制①。

组织经营与利润分配。经营产品单一和加工价值增值趋向。“新一代合作社”通常只经营一种产品，只接受事先与社员商定的特定数量和种类的农产品，然后进行加工和销售，以提高产品的附加值，增加社员收入，这也是“新一代合作社”的中心特征。整个股本金具有稳定性。“新一代合作社”具有封闭性，社员数量相当稳定，合作社的全部股本金具有永久性。股份的可交易性，更能通过资本的社会化运作增加合作社的资本总量。合作社中未分配的基金占全社资产净值的比重大小已经不再重要，何况“新一代合作社”中留作公积金的份额本来就不多。正是基于稳定的资金存量，合作社才可以获得银行的优惠贷款。利润及时分配。利润及时以现金形式返还给社员，社内不做或少做留成。合作社若要发展新项目，需要注入新资金，则再向社员发行股份或向外借贷。

组织机构与管理。“新一代合作社”由于成立时社员投入的资金相当多，承担的风险很大，为避免社员自身利益受损，它不可能像传统合作社那样采取开放的形式，因此成员资格受到限制。不仅如此，有些“新一代合作社”在成立之初还要对申请入社者进行挑选，符合经济条件、生产能力以及个人信誉度等条件的才准入社。入社后，成员也相当稳定，社员不能随意退出，合作社也不再轻易接纳新社员。但还存在一些问题需要改进，比如过高的初始投资增加了农民负担，社员资格的封闭性限制了合作社的发展潜力，利润留成减少降低了合作社抵抗风险的能力等。

二、日本农协组织

日本农协组织（全称日本农业协同组合，Japan Agricultural Coperatives，简称JA或农协），是以农民为基础，实行独立自主、民主管理的经济组织，其组织模式在发展和服务功能上展现出独有的特点，是在亚洲办得最成功的农业合作社之一。作为农村公共组织的代表，它是按农村行政区域建立综合型农业合作社的典型案例，深刻反映了其在日本农村社会结构中的核心地位与作用。

（一）日本农协组织概述

在日语中，合作社一词被译为协同组合，日本的农业合作社便称为农业协同组合，简称为农协②。农协的职能主要有：农会的事业指导和农政活动，产业合作社的经济事业和金融事业，农协的粮食收购、农产品经营及国家农业政策的具体落实等。因此，日本

① 傅晨：《“新一代合作社”：合作社制度创新的源泉》，《中国农村经济》2003年第6期。

② 李中华：《日本〈农业协同组合法〉的解读与初探》，《农业经济》2002年第12期。

农协从成立开始，就得到了政府的大力支持，具有某些“准国家机关”的职能。不仅承担了农业生产的技术支持和输入产出管理，还承担了广泛的社会服务任务，从支持基础农业生产，到促进农产品市场化，再到担负地区社会服务，构建了从生产到生活全方位服务的农村综合体系。

日本农业协同组合（JA）构成一个全国性的联合体系，该体系基于都道府县级别的农协中央会及联合会，形成了一个自下而上的三级组织架构。在基层，几乎每个市町村均设立了综合性的农业协同组合，进而构成都道府县级别的农协联合会，最终汇聚成全国联合会。

具体而言，全国农业协同组合中央会（简称 JA 全中）承担着对各地方农协的业务指导、监督与检查职能，同时协调全国范围内的联合会，向政府提供农业政策建议，并辅助农林水产省实施相关政策；全国农业协同组合联合会（简称 JA 全农）负责全国农协系统的经济活动，涉及供销、加工及利用等领域；全国共济农业协同组合联合会（简称 JA 全共联）主管全国农协系统的互助保险业务；农林中央金库（简称农林中金）负责提供全国农协系统（包括渔业合作社系统及森林合作社系统）的信贷服务；全国厚生农业协同组合联合会（简称 JA 全厚联）则致力于全国农协系统的医疗保健与福利事业。其中，JA 全中主要负责指导和协调工作，没有经营职能，而 JA 全农、JA 全共联、农林中金、JA 全厚联都是能代表日本的大企业，经营额在国际合作社联盟成员中一直高居前列。

日本农协（JA）几乎将日本每个村庄的所有农户都组织了起来，农民入社率超过 99%。根据《农业协同组合法》的规定，农民及农事合作法人（类似于土地股份合作社）加入农协后，即成为正式社员，享有选举权、被选举权以及“一人一票”的表决权，同时承担出资和缴税义务。当地居民若非农民但希望加入农协，可以成为准社员，虽有权使用农协的各项服务，但不享有选举权和表决权。

（二）日本农协组织的特征

日本农协组织具有多个显著特征，这些特征在促进日本农业发展、提高农民生活水平以及推动农村社区建设方面发挥了重要作用。

1. 广泛的参与性和普遍性

成员基础广泛。日本农协拥有广泛的群众基础，其成员覆盖了日本 99%以上的农户，以及大量与农产品流通相关的产业人员。这种高参与度确保了农协能够代表广大农民的利益和需求。

自愿加入原则。农民可以自愿选择加入农协，这体现了农协组织的民主性和灵活性。同时，农民也有权在特定条件下自由退出农协，这进一步保障了农民的权益。

2. 服务的全面性和综合性

全方位服务。日本农协为农民提供从生产到生活、从经济到社会等全方位的服务。这包括但不限于农业生产资料的统一购买、农产品的统一销售、农村金融信贷服务、农业保险业务、医疗保健服务、公共设施服务以及农业教育培训等。

一站式解决方案。农协通过其庞大的网络体系，为农民提供了从生产到销售的一站式解决方案，大大降低了农民的生产成本和市场风险。

3. 严密的组织结构和层级管理

三级系统。日本农协采取中央农协、县级农协和基础农协的三级系统组织体系。每一级农协组织都与本级行政组织相对应且关系密切，确保了政策的有效传达和执行。

紧密协作。各级农协之间紧密协作，共同为农民提供高效、便捷的服务。这种层级管理模式不仅提高了农协的工作效率，还增强了其组织凝聚力和执行力。

4. 政府的大力倡导与扶持

政策支持。日本政府积极倡导并扶持农协的发展，通过制定相关法律和政策来规范农协的行为并保障其权益。例如，《农业协同组合法》为农协的成立和发展提供了法律保障。

资金与资源投入。政府还为农协提供了大量的资金和资源支持，包括财政补贴、税收优惠以及基础设施建设等，这些支持措施有力地推动了农协的快速发展和壮大。

5. 非营利性与服务宗旨

非营利性质。日本农协作为农民的合作组织，其宗旨是为农民服务而非赚取利润。这一性质使得农协能够更加专注于为农民提供高质量的服务和保障。

会员利益优先。在农协的运营过程中，会员的利益始终被放在首位。无论是经济事业还是社会事业，都以保障和提高会员的福祉为目标。

（三）日本农协组织的发展

日本农协的特点与特征，具有诸多值得深入探讨的方面。一是日本农协与政府之间建立了紧密的互助与信赖关系，在政府的指导下，农协部分承担了政府的职能。这一安排不仅有效减轻了政府的工作负担，同时也为农协提供了坚实的后盾，进一步增强了农协的职能与影响力。二是日本农协根据全国行政区划建立了完善的三级体系，这种与行政机构相对应的设置，有助于农协在执行国家农业政策时发挥重要作用。三是日本农协的业务领域极为广泛，几乎覆盖了农业生产与农村生活的每个角落，形成了一个强大的农业社会化服务体系。通过这一体系，不仅将分散的农民与全国统一的市场紧密连接，解决了农民的后顾之忧，还使得农协逐渐成为广大农民生活中不可或缺的组织，进一步提高了农民的组织化程度。四是日本农协在吸纳农民成员的同时，还设立了准社员制度，为更多人提供了参与合作的机会。在进入 21 世纪以后，为适应经济全球化和区域一体化的挑战，日本农协也在全国范围内开展了各项改革措施。概括起来说，主要措施和发展趋势主要有几个方面。

1. 体制改革与机制创新

为提升自身市场竞争能力以应对日趋激烈的市场竞争，日本农协不断变革自身体制与机制。例如，把传统的"一户一社员"制调整为"一户多社员"制，鼓励除户主之外的家庭成员加入合作社，这既保障了农民数量减少过程中农协社员人数的相对稳定，也进一步强化了农民特别是农村妇女和青年参与农协运营的积极性和参与性，提高了农协的社员凝聚力和内部资金积累能力。同时，日本农协系统在加大内部监察工作的同时，推行经营委员会制度，通过引进社会力量以强化对农协的指导和管理。

2. 合并重组与强化联合

为强化规模优势，实现规模效益，日本农协系统加大了合作社并购与重组的步伐。据统计，综合农协的数量，1960 年为 11 527 家，到 1980 年则合并重组为 4 488 家，到 2000 年合并重组为 1 424 家，到 2009 年合并重组为 770 家①。日本农协合并重组后的合作社总量开始下降，但这并不意味着走向衰退，合作社总量大幅下降后，平均每一家合作社的社员规模都在不断扩大，社均社员人数不断增加，很多农协形成了跨区域规模，已经成为规模经营主体。

日本农协为降低成本和扩大规模，在推进横向联合与纵向联合方面也加快了步伐，横向联合即同产业的联合或同区域的联合，纵向联合为产业链的联合。据统计，除北海道外，日本农协逐渐把三级联合体系发展为二级联合体系，即从基层农协直接联合形成全国联合会，而省略掉了原来的省级联合会层次，在保险服务等纵向联合领域，甚至精简为一级体系制度，即全国只有一个覆盖 100%社员的农业保险合作社，工作效率大为提高。

3. 产消对接与以消定产

伴随食品安全问题的困扰和激烈的市场竞争压力，不同产业、不同类型之间的合作社开始寻求更为密切的合作模式。其中，在日本最具代表性的就是农业合作社与消费合作社的对接合作模式，即生产者的合作社与消费者的合作社的联合。目的是通过直接交易来降低中间交易费用，于生产者而言，可以获得比市场价格高的销售价格，对于消费者来说，则可以获得比市场价格低的购买价格，与此同时实现对农产品和食品的安全控制，并能使消费和生产实现有计划的衔接，避免了生产的盲目性和消费的不确定性。

在发展的过程中，日本农协与生协（消费合作社）之间携手开展的“产直”（通过农协和生协的对接把产地与消费者直接联系起来）运动、“地产地消”（通过农协与生协的联动，促进本地区农产品的本地消费）运动等，对于促进农业可持续发展、促进城乡交流和一体化建设、促进区域社会和谐发展、促进合作社价值传播起到了积极的作用。

三、法国农会

法国是欧盟成员国中农业人口最多的国家，拥有数量庞大的农民组织，这些农民组织在促进法国农业快速发展、增加农民收入和保护农民利益方面都发挥了重大作用，使法国一跃成为世界上第三大农产品净出口国。在法国所有的农民组织中，就成员规模、影响和作用而言，农会占据着主导地位，不仅有作为政治性质组织的农会，也有作为经济性质的农会，还有兼具政治和经济性质的农会。

（一）法国农会概述

法国农会作为代表性的农会组织，涵盖了农民工会、农民协会和农业议会三个范畴的农民组织，其规模与结构特点体现了其多样性和层级性。在结构设计上体现出较为复杂的层级体系，包含了地区、省份至国家级别的分布和管理。法国全国性层面的农会与 94 个省级农会相互联系，每个省级农会又涵盖了该省区域内的地方性分支机构②。这样的层级化结构不

① 李中华，王伟：《国际合作社发展中存在的问题及其发展趋势》，《人民论坛》2013 年第 2 期。

② 欧阳晓光，刘志民：《从服务农业走向服务“三农”农村科技中介服务机构建设实务》，中国科学技术出版社，2005，第 28 页。

仅有助于协会工作的有效分工，也便于灵活应对不同区域的农业和农村问题，进而实现更为精细化的资源与信息配置。

1. 法国农民工会

法国农业的快速发展使得农民合作组织无法应对农民日益增长的维权要求。为应对这种情况，农民工会作为一种新的农民组织应运而生。农民工会不但代表农民同政府进行谈判并参与农业政策的制定过程，以保护农民的合法权益，而且也帮助农民提高农业技术水平和获得必要的农产品市场信息。法国的农民工会比较多，比较重要的农民工会有：农业总联盟、青年农人中心、农联盟、农民同盟、农业工会全国总联盟等，其中农联盟的影响最大。

农民工会的力量主要依赖于它的会员规模和它所能提供的服务。因此，不同的农民工会都采取各种积极措施，例如通过向农民提供各种技术服务等方式来吸引农民加入。农联盟把70%的法国农民社区团结在一起，因其成员众多，在法国农民组织中占有举足轻重的地位。法国农民工会的主要功能是：向农民提供各种服务、参与农业政策的制定、争取政府拨付给农民更多的资金。工会的经费主要来自农民的会费以及政府相关部门、公共组织以及私人公司的各种基金[①]。

2. 法国农民协会

1867年，法国一些大农场主和乡绅发起成立了法国农民协会。它虽是一个右翼保守组织，却是法国最早出现的全国性农民组织。该组织成立的目的是探索法国农村发展和进步的道路，而不是推动资本主义在农村的扩张，主要关注农民未来的需要。

在农民协会的帮助下，法国成立了很多农民工会，但就农民协会本身而言，其主要职能是献计献策，其工作重点是向农民工会提供咨询建议、游说议员、召开小型企业会议、提出农业议案、向有关部门提出政策建议等。

值得注意的是，农民协会一般不对不利于农民的法律作出反应，而是保持中立，但它通过向政府列举不利于“三农”的法律实施将造成的严重后果来影响政府决策。法国农民协会开展工作的主要方式是举行各种会议，特别是邀请农民、农业部等相关部门的官员、决策智囊人物、农民组织及农业研究中心的专家等参加圆桌会议，通过与会专家的自由讨论，以找到最佳的农业发展和风险管理的办法。

农民协会不接受政府的资助，其经费来源主要有：协会办公楼中空余房屋的租金、销售自己发行的报纸的收入、举办研讨会（非圆桌会议）的收入、会员费、食品公司和农业综合企业的会费等。根据与协会关系的紧密程度，会员可分为以下三个层次：第一层次是全权会员，他们每年交纳一定数额的会费；第二层次是具有会员卡的会员，他们主要是订阅《法国农业》杂志并参加协会举办会议的农户；第三层次是边缘会员，他们知道协会的存在，并支持协会的活动。

全权会员和会员卡会员的区别在于全权会员有资格参加协会委员会的选举工作。协会的基层组织是由会员自我管理的俱乐部。全体全权会员每两年举行会员大会选举产生协会委员会，协会的主席由委员会选举产生，可以不是农民。主席和委员会的成员都是义务为协会工

① 张富良：《农联盟：法国最重要的农民权益保护组织》，《中国农村经济》2006年第6期。

作，不从协会获得报酬。

3. 法国农业议会

法国农业议会成立于1924年，是一个农业职业性机构，收入主要来源于土地税。它在全国共有116个分支机构，包括94个省级农业议会（其中4个在海外省或海外领地）和22个大区级农业议会。1935年，法国设立农业议会常设委员会（简称“APCA”），总部设在巴黎，由省级农业议会主席和大区级农业议会主席组成，是一个具有全国影响力的农业公共组织，主要通过影响政府（主要是农业部）、议会及其他行政机构的政府行为以保护农民利益。此外，还作为法国农业界代表在欧盟委员会占有一席之地，并设有专门培训农业议会工作人员的职业培训中心，以及一所农业工程技术高等学校。

法国省一级的农业议会在实施国家法律，特别是在土地使用和技术服务方面，发挥着重要的作用，并定期接受政府的咨询。大区级农业议会和省级农业议会都是公共机构。每个省级农业议会的成员是由该省农业人口（不只是农民）选举产生的，大区级农业议会的成员由省级农业议会的成员选举产生。

法国农业议会有两项主要职能：一是作为农民和农业界利益的代表。农业议会是农民和农业界向法国政府及欧盟提出各项要求的代言人，在法国政府及欧盟制定各项有关农业政策时提出其立场，在经济结构、规划、教育及研究、领土管理、卫生及社会事务方面做出适当的干预。二是向农民提供各项服务。1994年，农业议会常设委员会发文确定了全国农业议会向农民提供的六大主要服务项目：经济研究和前景分析、向企业提供建议、研究开发和试验、促进项目的实施、为农民提供信息服务、对农民进行各种职业技术培训。

农业议会的活动范围很广，包括向政府提供制定农业政策咨询、进行农业高科技研究、发展与农业相关的观光旅游业、保护环境等。此外，农业议会还承担了法国大部分的农业技术推广工作，技术推广经费由政府和农民组织共同负担。法国农业技术推广经费的25%来自农会的会费。农业议会共有上千名农业工程师和农业技术顾问，向农民提供技术信息和管理知识，并进行新技术的推广。

（二）法国农会的特征

农民工会、农民协会、农业议会这三个范畴的法国农民组织在中国都被翻译为“农会”，但三者之间还是存在着一定差异。

1. 组织属性不同

法国农民协会和农民工会属于协会性质的组织，是一种具有私人性质的社团组织，农业议会则不属于私人组织范畴，而是具有半官方性质的公共组织。因此，农民协会、农民工会有较高自主权，可以自主决定自己的运行方式，但农业议会则须按照政府的指导开展工作。

2. 组织入会要求不同

在法国，每个农民都自动成为基层农业议会的成员，而农民如果想加入农民工会则需要主动申请。法国农民加入农民工会的比例高达70%，而且农民还可以加入不同的农民工会。农民工会的成员包括家庭农场主、大农场主、农业经营者和农业产业公司员工等。农民协会则是特定农民群体的组织，其主要成员是大农场主和农业产业公司的管理人员。

3. 组织的服务范围差异

法国农业议会的活动范围很广，包括发展与农业相关的观光旅游业、向政府提供农业政策咨询、进行农业高科技研究、保护环境等各个方面，特别是还承担了法国大部分的农业技术推广工作。法国农民工会则是代表法国农民利益向法国政府提出各项要求，以减少农民负担，以及为农民提供各种技术服务、社区公共服务等的组织。在法国政府制定某项农业政策时，法国农业议会和法国农民工会都可以参与，也可向政府提出修改建议。

但是，法国政府一旦确定了某项政策，法国农业议会就必须无条件地协助政府实施；法国农民工会则可以坚持自己的主张，选择执行或拒绝执行政府的政策，并可以采取游行示威的方式向政府施加压力。而农民协会主要关注农民未来的需要，其主要工作职能是献计献策。对于不利于农民的法律，它不像农民工会那样做出激烈的反应，也不像农业议会那样无条件地执行，而是持中立立场，因为它关注的是那些与农民、农业有关的未来的法律。

4. 组织经费来源差异

三者的经费中都有一部分来自会费。但是，农民协会不接受政府的资助，经费来源包括房租、杂志发行费用、举办研讨会（非圆桌会议）收入、食品公司和农业综合企业的会费等。而农民工会接受政府的资助和社会捐赠，经费来源包括农业部等相关部门、公共以及私人公司的各种基金。农业议会的经费则主要是由政府负担，技术服务经费中有一部分来自获得组织服务的农民。

农民工会、农民协会和农业议会三者之间存在差异，决定了它们在保护农民方面扮演着不同的角色。农业议会向农民提供技术服务；农民工会则维护农民的合法权益并建立各种农民组织为农民提供各种服务；农民协会为大农场主和农业产业公司提供信息，关注农村的环境、社区建设等问题，并向各种团体、党派以及政府献计献策。尽管它们作用不同，但其目的是相同，都是为了更好地服务农民、维护农民的权益①。

（三）法国农会组织的社会功能

从法国农会的发展历程，可以看出其在坚守合作原则的基础上，始终以经济效益为导向，兼顾各项社会功能。包括但不限于生产投入产出的管理、农产品质量认证、环境保护与可持续发展策略的推广以及文化教育与咨询服务。其中生产投入产出管理职能通过改进农业生产结构，以提升农业生产的整体效率，精确到种植计划的编制、耕作技术的改进以及生产资料的合理配置。而农产品质量认证方面，农会通过设立质量标准和执行严格的检验程序，保证农产品的品质和安全，进而提高法国农产品在国内外市场的竞争力。在环境保护领域，农会推广适用于当地的可持续农业实践，努力在农业生产与生态保护之间寻找平衡点。在文化教育和咨询服务上，农会通过举办专项工作坊、技术培训班以及提供咨询服务，积极推动知识传播与技能提升，增强农民的自我发展能力。

---

① 张富良：《农联盟：法国最重要的农民权益保护组织》，《中国农村经济》2006 年第 6 期。

（四）法国农会组织的管理机制

农会治理结构的独特性在于其强调民主决策与成员参与，每一名成员均有权在农会的管理和决策过程中发声，并根据贡献获得相应的分红。这种模式增强了成员之间的凝聚力与互信程度，能有效解决农业经营中的公共问题。

法国农村合作组织的管理分为外部管理和内部管理。外部管理涉及合作组织与政府的关系，政府通过制定示范章程提供宏观指导，具体组织方式则由农民自行决定。内部管理方面，合作组织实行资格制，成员必须是具备农业或林业劳动者资格的自然人或法人，且在合作组织所在地经营农场或林场，认购股份，并与合作组织的经营方向一致。合作组织实行民主管理，以专业合作社为例，合作社由董事会管理，董事数量和任期有限制，每年对部分董事进行改选。董事需在任期内额外购买股份，以确保对工作的负责。合作社定期召开成员大会，审议董事会工作报告、财务报告，并决定结余收入的分配。其他合作组织也遵循相同的管理原则。

在分支机构分布情况上，法国农会构筑了覆盖全国的服务网络，将各种资源和服务直接送至农民手中。这些分支机构通常位于农村社区，便于农会成员及其他农业从业者获得需求响应与技术支持。这种跨地域的联合事业格局决定了法国农会的扩张性和影响力。会员结构的多样化表明农会不仅吸纳了传统的小型农场主，也涵盖了农业企业、合作社成员及其他农村发展利益相关者，使得农会在推动农业现代化和农村发展方面起到了桥梁与纽带的作用。

四、印度农村合作社

印度属于发展中国家，曾长期是英国的殖民地，其农村组织至今仍留有一些殖民地的痕迹；印度国内贫富分化严重，等级差别明显，封建传统的影响很大。资产阶级政权建立后，虽然采取了一系列有利于农村组织建设的政策，也取得了一定的成就，但从总体上看，印度的农村组织建设留给人们的反思很多。

（一）印度农村合作社概述

印度于 1952 年提出了“农村发展计划”，主要包括扩大耕地面积、兴办水利和教育、发展农村合作社等内容。其中，把建立合作社当作促进农村发展的一个步骤，主要分为信贷合作社、销售合作社、农业生产合作社、服务合作社四类。

一是信贷合作社。资金来源主要是社员存贷、政府认缴的股金以及向中心合作银行的贷款，在农村的覆盖面已经达到 96%，是印度农村合作社中具有典型代表意义的合作社。

二是销售合作社。销售合作社在乡村层级的主要职能是协助农民销售农产品、提供农用物资及家庭消费品，并向成员提供贷款。而在邦、县层级，销售合作社则侧重于农产品的加工和仓储设施的建设。

三是农业生产合作社。分为两种类型。第一种是联合耕种合作社，农户将土地集中起来共同耕作，但土地所有权仍归农户所有。合作社负责制定生产计划、筹集资金、统一采购农用物资和销售农产品，收益分配依据土地和劳动力贡献，其中劳动力分红占较大比例。第二种是集体耕种合作社，通常在新开垦的荒地上组织，以安置无地农户。这类合作社的土地所有权归政府所有，成员仅享有占有权和使用权。加入合作社后，土地由合作社集体使用，分配方式为按劳付酬。合作社在制定生产计划和经营管理方面享有充分自主权，成员的自由退社也得到保障。

四是服务合作社。是由政府发起的具有综合性质的合作组织，提供咨询服务、信息传递以及农民生活等方面的服务。

印度农村合作社体系在其多元化的社会结构和经济环境中扮演着独特的角色。这些合作社通常建立在共同的经济目标和社区发展需求的基础上，显示了围绕农业集体行动的不同模式。受其宗教、文化和社会等级制度的影响，印度合作社必须在维护内部团结和应对外部挑战间寻求平衡。农村合作社不仅为成员提供信贷和农业输入品，还在教育、卫生和市场准入等方面起到了重要作用。

在组织基础方面，印度农村合作社最初为解决贫困问题而设立，旨在通过集体行动增加小农户的谈判能力和市场准入资格。尽管各邦政府推出了各种激励政策，以加强合作社的法律地位并鼓励其发展，但资金缺口、成员间的种族和性别不平等，以及法律保护不足依然是阻碍其效力发挥的主要问题。这些挑战突显了制度设计和资源配置的关键性，需要在政策制定和执行层面予以关注。

着眼于发展挑战，经济效率问题尤其凸显。印度农村合作社在促进地方农业发展、提升会员福利方面效果显著，但由于资金短缺，其运营和扩展能力受限。同时，传统观念和文化因素影响了成员参与积极性和组织民主化程度。此外，农村合作社在维权和提供教育、医疗等社会服务方面仍面临不小的困难。这些问题不仅反映了合作社内部管理体系的短板，也揭示了合作社与外部环境相互作用的复杂性。

在解决这些问题的策略上，印度农村合作社需重点关注加强内部治理能力，确保资金的持续和有效使用，同时提高成员参与和管理透明度。开展定制化的教育和培训项目，提升成员对合作社管理和运作知识的理解，有助于推动组织民主化进程。政府部门需要制定更加精准的支持政策，通过经济援助、税收优惠和技术支持等方式促进合作社的健康发展。

在国际合作方面，印度农村合作社已经表明了加强与全球合作网络连接的意愿和动力。通过与其他国家的合作组织交流经验，借鉴其有效的组织模式和管理策略推动本国合作社的更好发展。此外，随着信息技术的快速发展，数字化转型正在成为印度农村合作社增强其市场竞争力和改善服务质量的重要途径之一。

（二）印度农村合作社的特征

农村合作社是印度政府实现农业发展规划的重要手段，农民通过合作社组织起来保护自己的利益，在解决贫困、提升生产效率和加强社区服务方面，为其他发展中国家提供宝贵的参考。

1. 组织行政化

在管理上印度的合作社虽然也强调实行民主，设立了管理委员会和董事会，但其成员大多是政府任命的，有的管委会甚至已完全被政府行政官员所代替，合作社已成为准国家性组织。

2. 以政府为主要发展动力

1950年是印度制定和实施第一个五年计划的第一年。印度政府采取了一系列措施，使印度农村合作社继续保持了二战时期的较快发展势头。根据合作计划委员会1946年、全印度农村债务委员会1954年、麦赫达委员会1960年的建议，印度政府通过了一系列重大决策，鼓励并支持在农业、小工业、手工业、金融和商业等部门尽可能多地建立合作社，把合作社作为实施社会经济发展计划的基础。同时，合作社的计划也进一步具体化。

1954年，全印度农村债务委员会针对信贷合作社的发展，提出了一系列详细的政策建议：要求国家给予各级合作社足够的重视；贷款重点转向对作物生产提供短期信贷，对基础设施建设提供长期信贷；通过建立较大的合作社信贷机构，加强合作社在农业信贷中的基础地位；将信贷与销售、加工结合起来；扩大农村合作社的仓储设备；建立印度国家银行并使其分支机构延伸到广大农村，同合作社的信贷机构建立有机联系；建立为各级合作社培养人才的机构；建立全国农业信贷基金、全国合作社发展基金、全国仓储设备发展基金、农业救济和保障基金等国家基金，为合作社提供各种优惠贷款，从资金上支持合作社的发展。

在这些建议的推动下，印度政府不断加大对农村合作社的拨款，在第一至第六个五年计划中，分别拨款3.4亿、7.7亿、6.4亿、25.8亿、37.6亿和58.4亿卢比用于发展农村合作社[①]。农村合作社也有了明显的发展。

（三）印度农村合作社的发展

印度的合作社经济与股份公司、私人经济呈现鼎立之势，是印度国民经济中的一支重要力量。同时，合作社作为广大弱势阶层改善自身地位的依托和载体，受到广大农民群众的支持和欢迎。印度全国共有50多万个合作社组织，网点覆盖了100%的乡村。印度合作社分为基层社、地区合作社、联邦合作社和中央级合作社四个层次。中央级合作社联合社共有21个，邦级联合社361个，地区级联合社2 572个，形成了完整的上下联合、覆盖经济发展各领域的大合作经济体系（在印度联合社与合作社为同一概念）。印度全国合作社拥有社员2.09亿户，其中基层社社员1.37亿户，占全国农户家庭总数的67%。合作社控制着牛奶业的绝大部分股份，60%左右的农村信贷业务由合作社提供，大部分糖类和1/3的化肥由合作社供应[②]。政府发展农业的战略主要通过合作社的组织来实施。

◎ 思考题

1. 举例说明农村的哪些事务属于公共物品及公共服务？
2. 如何理解农村公共组织的自主性？
3. 如何统筹县域范围内的农村公共组织发展？
4. 国外农村公共组织发展对中国农村公共组织建设的启示有哪些？

---

① 冯开文：《印度农村合作社的发展》，《中国农村经济》2007年第4期。

② 袁铸，李宝强，边玉花，等：《农民组织化的国际比较及其启示》，《特区经济》2010年第7期。

第二章

农村基层党组织

农村基层党组织是中国共产党的组织基础，是中国共产党在农村的坚强战斗堡垒，是党联系广大农民群众的桥梁和纽带，是党在农村贯彻落实政策、领导农村经济社会发展的核心力量，是认真贯彻落实新时代党的建设总要求和新时代党的组织路线，坚持和加强党对农村工作的全面领导，确保乡村振兴战略顺利实施的组织保证。作为党的基层组织，农村基层党组织不仅在推动农业生产、发展农村经济中发挥重要作用，更在维护农村社会稳定、推动乡村治理现代化方面承担着不可替代的职责。

第一节　农村基层党组织概述

《中国共产党农村基层组织工作条例》指出：乡镇党的委员会（以下简称乡镇党委）和村党组织（村指行政村）是党在农村的基层组织，是党在农村全部工作和战斗力的基础，全面领导乡镇、村的各类组织和各项工作。

一、农村基层党组织的设置

农村基层党组织，作为中国共产党在广袤乡村土壤中深深植根的组织细胞，扮演着党在农村工作体系中的基本单元角色，是党联系广大农民群众的重要桥梁和纽带，是实现党在农村各项任务目标的关键力量。其设立应遵循以下原则。

（一）结构完整性

党组织的建设是农村地区基层治理的重要组成部分。基层党组织通常以村党支部或党总支的形式设立在村级单位，这样的组织形式能够确保党的领导和影响力渗透到农村的每一个角落。

具体而言，根据农村地区的人口规模和党员人数的具体情况，党组织会灵活地设立单个村级党支部或者由多个党支部联合组成的党总支。这种设置方式既保证了党组织的覆盖面，又考虑到了不同地区的特殊需求。党组织的覆盖范围非常广泛，它不仅有像村委会这样的基层自治组织，还涵盖了农业合作社、产业园区等经济实体。这样的布局确保了党组织能够深入到农村经济、文化和社会的各个层面，从而在推动农村发展、维护社会稳定、促进文化繁荣等方面发挥核心作用。

稳定完整的组织结构使其能够更好地发挥引领和指导作用，确保农村地区的发展方向与国家的整体战略保持一致。同时也有助于提升农村地区的自我发展能力，促进农村经济的多元化发展，提高农民的生活水平。此外，党组织在农村的广泛覆盖还有助于加强党的基层建设，增强党的凝聚力和战斗力。通过与农民群众的密切联系，党组织能够及时了解和解决农民的实际问题，推动农村社会的进步和发展。总之，农村基层党组织是连接党和农民群众的重要桥梁，是推动农村全面进步的重要力量。通过不断优化和完善组织结构，党组织在农村的作用将更加突出，为实现乡村振兴战略目标提供坚强的组织保障。

（二）标准规范性

在探讨中国农村党组织的构建与运作机制时，组织标准扮演着关键角色。村内的党组织设立要求至少拥有 3 名正式党员，以确保党组织具备足够的人力资源来开展活动。这一量化标准既体现了党的组织纪律性，也保障了党组织的凝聚力和战斗力。面对党员数量不足的村庄，党组织采取联合设置的策略，通过对党员较少村庄的摸底调查和合理规划，确保每个农村单位都能覆盖在党组织的有效管理之下。这种模式不仅体现了党对农村基层组织的全面领导，也优化了资源配置，提高了党组织的活动效率。

农村党组织的联合设置模式涉及详细的步骤，包括明确联合党组织的职能职责、建立健全运行机制等，以保证党组织的正常运作。这一策略不仅解决了党员数量不足的问题，而且有助于理解党的组织原则在基层的具体应用，为推动农村基层党组织建设的规范化、科学化提供了参考和借鉴，进而促进党的路线方针政策在基层的贯彻落实。

（三）设置灵活性

在当前农村经济发展和社会结构转型的背景下，党组织的设置展现出显著的灵活性，以适应不断变化的环境和需求。这种灵活性主要体现在党组织结构与功能的调整上，特别是与新型农业经营主体的结合上，如新型农村集体经济组织和农民专业合作社，从而确保党组织能够更加紧密地贴合产业发展的实际需求。通过在这些新型经营主体中设立党组织，不仅能够及时了解和反映农民的生产需求，还能够引导和促进合作社的健康发展，有效整合农村的人力、物力、财力资源，促进资源的合理配置和高效利用。

党组织的灵活设置还要求相关政策和制度创新，包括优化审批流程、明确职能定位、建立健全监督评价体系等，以适应不同地区和发展阶段的农村特点。这种组织设置的灵活性，不仅有助于提升党组织的凝聚力和战斗力，还能够增强党组织在引领农村经济发展、促进社会和谐稳定方面的能力。综上所述，党组织设置的灵活性是党的建设新的伟大工程中的重要内容，它体现了党对农村基层治理规律的深刻认识和对时代发展趋势的准确把握，未来将更加注重创新与实效，以更好地服务于农村的产业发展和社会进步。

二、农村基层党组织的地位

农村基层党组织通过组织架构，将党的路线、方针和政策传递至每一个乡村，确保中央政策能在农村得到有效实施，在推动农村政治稳定与经济发展中扮演着枢纽角色，是中国特色社会主义政治体系的重要组成部分。这一地位体现在其独特的社会动员能力、政策执行力和民众联络机制上，进而对农村社会治理结构产生深刻影响。从历史的维度来看，基层党组织是党在农村扎根深耕的力量源泉，是中国共产党联系农民群众、了解农村社会情况的主要途径。

（一）核心领导地位

农村基层党组织在农村组织体系中占据核心领导地位，它不仅是党在农村开展各项工作的坚强基石，也是村级治理中的领导核心。承担着贯彻落实党和国家方针政策的重要职责，基层党组织在村级治理结构中发挥着至关重要的领导和决策作用，确保了党的理论和路线方针政策在农村得到有效执行。通过其领导力和凝聚力，党组织引导村民群众积极参与村级事务的决策和管理，形成了以党组织为核心，多元主体共同参与的村级治理新格局，从而为农村的稳定与发展提供了坚实的政治保障。

农村基层党组织的核心领导地位体现在对村级事务的全面领导上，无论是经济发展、社会事业、民生改善，还是村务公开、民主管理、法治建设，党组织都发挥着总揽全局、协调各方的领导作用。这种领导作用的有效发挥，不仅保证了党和国家方针政策在基层的有效落实，促进了农村社会的和谐稳定，而且为农村的全面发展提供了坚强的组织保障，是党的农村工作顺利开展的根本保证，也是推动农村社会主义现代化建设的必然要求。

（二）政治统领作用

党组织在农村社会治理中扮演着至关重要的角色，通过村党支部、党总支等组织形式，充分发挥政治统领作用。这些党组织作为政治领导的核心，不仅引导农村党员深刻理解国家政策的内涵和意义，而且帮助村民群众正确把握政策方向，确保国家政策在基层得到有效贯彻和执行。在这一过程中，党组织致力于维护农村社会的稳定与发展，通过强化政治引领，确保农村各项工作沿着正确的轨道前进。此外，基层党组织在治理实践中通过“权力结构的一体化运作”“党建元素的标识性感召”和“党群动员的人格化示范”等权威塑造机制，巩固和强化了党组织与居民的血肉联系，有效提升了基层党组织治理权能，也促生了村民群众的情感性政治认同①，从而强化了基层党组织的政治统领作用。

在乡村振兴战略的实施过程中，党组织无疑是村庄发展的核心力量。它承担着推动经济、文化、环境等多方面建设的重要任务，发挥着不可替代的作用。在经济建设方面，党组织引领农民发展现代农业，推动产业结构优化升级，增强农村经济的内生动力。在文化建设方面，党组织引领党员群众积极践行社会主义核心价值观，丰富农村文化生活，提升村民的文化素养和道德水平。在环境建设方面，党组织倡导绿色发展理念，推动农村生态环境保护和生态文明建设，为构建美丽宜居的乡村环境提供了坚强的组织保障。总之，党组织在乡村振兴战略中的政治统领作用，是推动农村全面进步、农民全面发展的重要保证。

---

① 王浦劬，汤彬：《基层党组织治理权威塑造机制研究》，《管理世界》2020 年第 6 期。

（三）联系群众桥梁

基层党组织在党的组织架构中扮演着至关重要的角色，它不仅是党联系和服务广大农村群众的纽带，也是党在基层开展工作的重要依托。基层党组织直接面对农村群众，承担着协调党群关系、畅通民意渠道、解决群众实际问题的重任，这对于巩固党的执政基础、确保党的政策在农村顺利实施具有深远的影响。

作为联系桥梁，基层党组织发挥着以下几个方面的作用：第一，基层党组织通过开展定期的党员活动、群众座谈会等活动，密切与群众的联系，倾听群众的意见和建议，使党的决策更加贴近民意、契合民需。第二，基层党组织在收集和反映群众诉求方面发挥着“传感器”的作用，能够及时接触到群众的所思所想所盼，为上级党委和政府提供决策参考。第三，基层党组织在解决群众实际问题方面发挥着“排头兵”的作用，无论是涉及群众切身利益的民生问题，还是影响农村稳定发展的矛盾纠纷，党组织都能够积极介入，采取措施，确保问题得到妥善解决。

此外，基层党组织还通过宣传党的政策、教育引导群众，增强群众对党的认同感和归属感，确保党的政策在农村得到广泛认同和有效执行。在这一过程中，基层党组织不断强化自身的服务功能，提升服务群众的能力和水平，使得党的工作更加符合群众的期待，更加符合农村发展的实际需要。因此，基层党组织作为党与农村群众之间的联系桥梁，其作用不仅体现在解决具体问题上，更体现在构建和谐党群关系、推动农村社会发展上。

三、农村基层党组织的职能

乡镇党的基层委员会和村级组织作为农村基层党组织，在中国社会政治生活中占有举足轻重的地位，通过宣传和贯彻执行党的路线方针政策，领导和推进农村基层民主，支持和保障农村行政组织、经济组织和群众自治组织充分行使法定职权，在推进乡村振兴战略中扮演着引领者的角色。

（一）政治引领职能

农村基层党组织是乡村治理的根本力量和治理体系的中心，是实施乡村振兴战略的根本保障，承担着发挥党的政治优势的重要职责。基层党组织通过教育和引导农村党员干部及广大群众，确保农村各项工作始终遵循党的路线、方针、政策。具体而言，基层党组织负责组织和开展党内学习与教育活动，定期召集党员学习习近平新时代中国特色社会主义思想以及党的最新政策文件，以此确保农村党员在思想上与党中央保持高度一致，在行动上具备强大的政策执行力。此外，党组织还通过宣传党的主张，培育和践行社会主义核心价值观，引导农村社会风气向好，为农村的稳定与发展提供坚实的政治保障。

新时代背景下，基层党组织不断创新工作方法，利用现代信息技术手段提高工作效率和质量。通过形式多样的实践活动，如志愿服务、文化活动和技能培训，基层党组织增强了党员的服务意识和社会责任感，提升了党员个人素质和服务群众的能力。这些创新举措和实践活动使基层党组织成为推动农村发展的重要力量，确保党的理论和政策在农村地区落地生根。

（二）组织协调职能

在农村治理体系中，党组织发挥着组织协调的核心作用，它们像纽带一样将村民委员会、农业合作社、妇女联合会等基层组织紧密联系起来。在党组织的统一领导下，这些组织能够高效协同工作，形成推动农村发展的强大合力。基层党组织不仅负责选拔和培养村级领导干部，通过选拔优秀的党员干部担任关键职务，而且通过定期培训和实践指导，提升其管理能力和服务水平，增强村级领导团队的决策力和执行力，推动基层治理体系和治理能力的现代化，为农村地区的稳定和发展提供坚实的组织保障。

基层党组织还致力于建立有效的沟通机制，确保各类基层组织之间的信息畅通无阻，及时收集和反馈村民的意见和建议，从而更好地服务于村民，提升基层治理的效率和质量。通过这些措施，基层党组织确保了农村治理体系的高效运转，促进了农村社会的进步和发展。

（三）服务群众职能

基层党组织作为服务农村群众的前沿阵地，承担着多维度的服务职能。第一，在生产领域发挥作用，通过组织技术培训、提供市场信息等手段，解决农民在生产中遇到的技术难题和市场准入问题。第二，在生活和文化层面提供支持，通过举办文化娱乐活动和体育赛事，丰富村民的精神文化生活。第三，党组织在关键时刻发挥领导作用，比如在自然灾害应对和扶贫开发中，积极带领村民克服困难，提升农民生活质量。第四，基层党组织通过建立有效的沟通机制，确保信息的畅通，及时了解和响应村民的需求和期望。通过全方位的服务提升群众的生活质量，同时进一步增强党组织在群众中的影响力和凝聚力。多措并举强化服务群众职能，基层党组织确保了党的政策在农村地区的有效宣传和实施，为农村的稳定和发展提供了坚实的政治保障。

（四）促进发展职能

农村基层党组织在推动乡村经济发展中扮演着核心角色，它们是实现乡村全面振兴的关键力量。通过领导村集体经济组织和农民专业合作社，基层党组织不仅促进了农村经济结构的优化和升级，而且通过发展特色产业、参与乡村振兴项目、推动农村电商发展等措施，激发了农村经济的内在活力。这些发展举措有助于整合乡村资源，提高农产品的附加值，同时也为农民提供了更多就业机会和收入来源。

基层党组织还通过提升农村党员干部的管理能力和服务水平，加强了对乡村治理的领导。通过培养具有现代管理知识和技能的村级领导，基层党组织推动了乡村治理体系和治理能力的现代化。此外，基层党组织在乡风文明建设和人居环境整治中也发挥着领导作用，推动乡村社会善治，提升村民生活质量，这对于实现农村经济的可持续发展至关重要。

在乡村振兴战略背景下，基层党组织的组织力提升是关键。一方面，基层党组织通过优化组织运行机制和提升服务能力，确保了党的路线方针政策在基层的有效实施。另一方面，通过提升组织力的方式，基层党组织不仅推动了农业的现代化发展，还促进了农村社会的整体进步，为全面建设社会主义现代化新农村贡献了力量。

在引领经济发展方面，乡镇党委结合本地实际，依托资源优势，精心规划产业布局，推行产业项目，促进地区经济结构优化与产业升级。在基层治理方面，乡镇党委聚焦基层治理创新，整合警务、司法、民政等方面资源，创新社会治理模式，构建多元化解决矛盾纠纷的体制机制，推动基层社会治理的细致化、精准化，并通过推动政务公开和数据共享提高治理的透明度和群众的满意度。在强化党的建设方面，乡镇党委加强干部队伍建设，培养高素质干部，通过严格的干部选拔和任用程序，营造良好的政治生态，提升基层党组织战斗力，强化基层党组织的组织力，紧密党同人民群众的血肉联系。

综上所述，农村基层党组织的设置确保了党在农村的全覆盖和组织力，其地位体现了党在农村各项事务中的核心领导作用，而其职能则涵盖了从政治引领到服务群众、从组织协调到推动发展的多个方面。这些都使农村基层党组织成为农村经济社会发展的中坚力量和战斗堡垒，直接推动着乡村全面振兴的实现。

第二节 农村基层党组织建设的历史演进

农村基层党组织建设是中国共产党在农村工作的根本保障，也是农村社会发展的重要支柱。自中国共产党成立以来，农村基层党组织经历了从建立、发展到完善的历史进程，伴随着国家政治、经济和社会环境的变化不断调整与改革。各个历史时期的农村基层党组织建设，不仅反映了党在农村的领导方式与执政理念的演进，也直接影响着农村社会的治理结构与发展模式。

一、新中国成立前农村基层党组织建设

新中国成立前，农村基层党组织建设的历史演进无疑揭示了中国共产党在农村地区政治权力基础的筹建过程与党的群众路线在基层实践的深化发展。这一时期，中国共产党深刻认识到农民在中国革命中的重要地位和作用，也在实际上承担了组织农民运动和组建农村组织的责任。1924 年 7 月至 1926 年 9 月，党在广州举办了六届农民运动讲习所，培养从事农民运动的领导骨干，共训练学员近八百人，来自全国十几个省市。经过学习，学员回到各地担任农民运动的特派员，举办各省农民运动讲习所，组建基层党组织和农民协会，领导农民运动[①]。因此，这一时期农村基层党组织建设的目标任务是积极发展农村党员，壮大农村基层党组织。

在土地革命战争时期，党组织的筹建特征鲜明地体现了其革命性质，重视阶级斗争与农民权利。这一时期，党员、团员和军队中的大多数干部士兵都是农民出身，即“党的组织基础的最大部分是由农民和其他小资产阶级出身的成分所构成的”[②]，“农民是中国革命的主力

① 共青团中央青运史研究室：《中国青年运动史》，中国青年出版社，1984，第 90－91 页。
② 毛泽东：《毛泽东选集》（第 1 卷），人民出版社，1991，第 85 页。

军”[①]。在党领导下革命军队的三大任务是：打仗消灭敌人；打土豪筹款子；宣传群众，组织群众，武装群众，帮助群众建立革命政权。[②] 毛泽东在《关于纠正党内的错误思想》中指出：“红军的打仗，不是单纯地为了打仗而打仗，而是为了宣传群众、组织群众、武装群众，并帮助群众建设革命政权才去打仗的，离了对群众的宣传、组织、武装和建设革命政权等项目标，就是失去了打仗的意义，也就是失去了红军存在的意义。”[③] 因而，对农民斗争意识的鼓励、教育和引导是党早期扩大农民运动的重要做法，也是壮大革命队伍尤其是革命军队的重要做法。

在 1924 年的《农民兵士间的工作问题议决案》中，要求基层党组织加强对农民的宣传、发动和组织，订定税额须经乡民会议（农民会）同意，推动乡村自治会的建设，武装农民组织乡团以防匪祸等[④]。这一时期，乡村自治会成为解放区宣传选举、代表农民的机关，乡团成为农民自我保卫的武装，农会成为最能激发农民凝聚力的组织，为党的根据地建设作了必要贡献。

抗日战争时期，共产党对内进行党内共产主义教育，对外推动抗日民族统一战线的形成，将政治工作战线拓展至八路军团，党的领导力量得到进一步巩固。到解放战争时期，农村基层党组织建设的深化反映在广泛建立的根据地中。党员积极参与土改运动，推动农村生产关系的根本变革，从而增强了党组织与基层群众的联系。妇女、青年党组织等成立增强了组织的多样性，丰富了党员队伍。党的思想建设与整风运动在此期间也发挥了重要作用，不仅目标明确、成果显著，更通过整风运动提升了干部的政治素质，并逐渐形成村级党员自我教育的模式，进一步巩固了党组织在基层的领导力。

值得特别强调的是，解放战争时期党与农民武装的融合模式，不仅对抗战时期的军政结构进行了针对性的优化，而且推动了农民武装化和民兵组织的创建，实质上为党指挥枪的实践提供了生动证明。这种军民融合，无疑是党在各个层面深耕农村、宣扬马克思列宁主义的有力举措，也是探索革命斗争与基层政权建设相结合的策略转变。

综上所述，新中国成立前农村基层党组织的构建可视为革命斗争与政权建设相互融合的历史局面。各时期党组织建设的有效策略与转变都在不同程度上加深了农民对党的认同与支持，为新中国成立后农村基层党组织的顺利过渡奠定了坚实基础。这一时期尤为重要的是农村基层党组织对抗日战争和解放战争这两大时期国内外环境的高度适应性和强烈使命感，使得党组织在面对严峻斗争环境时能够高效地调整策略，集中力量，从而确保了革命事业从胜利走向胜利。

二、新中国成立初期农村基层党组织建设

新中国成立之初，党着重肃清帝国主义、封建主义和官僚资本主义的残余，进行国内扫匪、恢复国民经济，加紧进行新解放区的土地改造。为了彻底改变封建的土地关系，党在

① 毛泽东：《毛泽东选集》（第 2 卷），人民出版社，1991，第 637 页。
② 许启贤：《中国共产党思想政治教育史》（第 2 版），中国人民大学出版社，2004，第 89 页。
③ 毛泽东：《毛泽东选集》（第 1 卷），人民出版社，1991，第 86 页。
④ 中央档案馆：《中共中央文件选集》（第 1 册），中共中央党校出版，1989，第 247－249 页。

1953 年开始在全国范围内组织对农业、手工业和资本主义工商业进行社会主义改造并最终使中国成功走上社会主义道路，为实现中华民族伟大复兴创造了前提条件。

这一时期，农村基层党组织建设面临着彻底的社会主义改造与国家治理体系的全新构建需求。土地改革与集体化的改造不仅重塑了农民的生产关系，更为党组织在农村的布局和管控提供了坚实的社会基础。在集体化模式下，基层党组织以支部为纽带，掌握了农村社会的政治生活和生产指导权，其影响力直接渗透至最基层的生产队和生产小组。因此，农村基层党组织建设的主要任务是整顿和规范并进，提高农村基层党组织的建设质量。

新中国成立后，党中央对党建工作作出了新的战略性调整，新党员的发展和吸收要侧重于城市和解放区，对于原有的农村基层组织要提高新吸收党员的标准和要求，总体进行限制，要从质量上进行优化和提升。1950 年发布的《中共中央关于发展和巩固党的组织的指示》，明确了今后要限制农村党员数量，从整体上优化党员的结构和层次，提出："为了保证无产阶级成分在党内有一定的比例，今后对农民党员的发展，应加以限制"①。随后，毛泽东在党的七届三中全会上提出"在老解放区，一般地应停止在农村中吸收党员。在新解放区，在土地改革完成以前，一般地不应在农村中发展党的组织"②。

由于部分农村基层党组织发展速度快，导致出现农村党组织制度不完善，组织生活不健全的问题。为了加强党在农村尤其是新解放区的力量，需要在新解放区进一步建立党的组织和提升领导能力，以更好地带领广大农民发展生产和建立新的社会秩序。中共中央在 1952 年发布的《在"三反"运动的基础上进行整党建党工作的指示》指出："全国有十二万个新区乡村，还有二万个老区乡村没有党的组织，应争取在今后一年内建立党的组织，此外，在老区已有党的组织的乡村中还应接收一些党员。如此，在农村中要接收将近一百万党员。"③

中央农村工作部 1954 年发布的《关于第二次全国农村工作会议的报告》指出，农村党组织的活动已走上社会主义革命的轨道，但农民依旧需要认真引导，以配合以互助合作为中心的大生产运动④。至 1957 年，中央组织部下发《关于县、区、乡的组织形式和领导方法的若干问题的报告》的文件，要求各地在乡一级要设立党委，达到条件的公社和大队可以设立支部⑤。

基层党委的建立，从根本上确立了农村地区党的领导体系。各级党委的权限划分包括：负责制定农村发展方针政策、指导农业生产、组织土地改革以及监督集体经济的管理等职能。这种权力体系不单是行政上的管理，其更深层次地体现了意识形态教育的施行，以及党在农村的组织渗透。三级所有、队为基础的农村集体经济模式，不仅预示着生产资料归集体所有，党的领导在生产组织的实施中起到核心作用，同时也塑造了党员在农村中的领导骨干角色。

制度化和规范化是农村党组织建设的另一个明显特征。在 1958 年，中央组织部强调了

① 中共中央文献研究室：《中共中央文件选集》（第 3 册），人民出版社，2013，第 5 页。
② 张明楚：《中国共产党基层组织建设史》，福建人民出版社，2008，第 197 页。
③ 中共中央文献研究室：《中共中央文件选集》（第 8 册），人民出版社，2013，第 378 页。
④ 中共中央文献研究室：《建国以来重要文献选编》（第 5 册），中央文献出版社，2011，第 229－230 页。
⑤ 中共中央文献研究室：《建国以来重要文献选编》（第 10 册），中央文献出版社，1994，第 21 页。

农村基层组织要注重党的“三大优良作风”学习建设。为了使农村基层党组织与人民公社的使命和任务相适应，党中央提出必须规范广大农村基层党组织的运行。中共中央 1960 年发布的《关于农村人民公社当前政策问题的紧急指示信》指出：“农村基层干部和一切在农村中工作的干部，都必须与农民同吃、同住、同劳动，遇事同群众商量，发扬党的群众路线和艰苦朴素的优良传统，进一步密切干部与群众的关系，密切党与群众的关系，进一步巩固人民公社，并且通过整风整社运动改造落后地方和落后社队，纯洁公社各级领导机构，纯洁农村党的组织，进一步发挥农村党组织的堡垒作用和党员的核心作用”①。

中共中央 1961 年发布的《关于加强对党员的教育管理工作的报告》进一步提出：“党的基层组织，应当按照《党章》的规定，经常地、个别地接收党员，不应当把接收党员当作一件突击工作去做。今后农村党的支部，应当以大队为单位建立。”② 这一阶段，党规党纪的严格实施，党员干部廉政建设的强调，以及组织生活的正规化安排，都反映了党组织对提升自身建设质量与效率的重视。中共中央组织部在 1965 年的《关于加强农村党的建设的三个问题的报告》中，集中研究了“如何按照先锋队的标准整好党的问题”和“如何抓住要领建设好农村党支部的问题”，认为农村党支部同当前农业生产新高潮的形势、同备战的形势都不完全适应，“迫切需要在三大革命运动中加强支部的自身建设，使每个农村党支部都能过得硬，经得起大风大浪的考验，成为坚强的战斗堡垒”③。在农业合作社模式下，基层党组织成为农民集体决策和执行政策的重要平台。

“文化大革命”时期（1966—1976 年）作为一段独特的历史时期，其特殊性在于它是一场波及社会各阶层的政治运动，对农村经济、社会结构和思想意识造成了前所未有的冲击。在“踢开党委闹革命”的大背景下，党的基层组织普遍受到冲击。极端的政治运动导致党内民主生活遭到破坏，“把许多在‘造反’中表现突出的人当作新鲜血液吸收入党”④，正常的组织生活难以开展，农村基层党组织建设偏离正轨。

综上所述，新中国初期，农村基层党组织经历了从初始的建立，到集体化改造，并通过意识形态教育与组织生活的规范化，形成了全面的农村基层领导体系。这个阶段的经历对之后农村党组织的发展及其在新时期面对改革开放的挑战，积累了宝贵的经验与深刻的教训，为未来农村社会治理提供了重要的历史借鉴。

三、改革开放后农村基层党组织建设

进入改革开放新时期，农村公社体系逐渐瓦解，自上而下在全国确立起乡镇和行政村的行政区划，乡党委和村党支部的建设思路得以确立和延续，“由以阶级斗争为纲转向社会主义现代化建设，也要求重新定位基层组织的功能”⑤，农村基层党组织面对的环境与任务发生了重大转变。邓小平强调，农业本身的问题，主要从生产关系上解决，这就是要调动农民

① 中共中央文献研究室：《中共中央文件选集》（第 35 册），人民出版社，2013，第 356 页。
② 中共中央文献研究室：《中共中央文件选集》（第 38 册），人民出版社，2013，第 354 页。
③ 中共中央文献研究室：《中共中央文件选集》（第 49 册），人民出版社，2013，第 970 页。
④ 张明楚：《中国共产党基层组织建设史》，福建人民出版社，2017，第 249 页。
⑤ 张书林：《党的基层组织建设 30 年：探索与启示》，《探索》2008 年第 4 期。

的积极性，“生产关系究竟以什么形式为最好，恐怕要采取这样一种态度，就是哪种形式在哪个地方能够比较容易比较快地恢复和发展农业生产，就采取哪种形式；群众愿意采取哪种形式，就应该采取哪种形式，不合法的使它合法起来”①。

家庭联产承包责任制的实施，使党组织的职能需要调整以适应新的生产关系。为此，党的政策不断迭代，以匹配市场经济下的农村发展需求，党组织在新的农村经济结构中重新定位，负责推进政策、指导农业生产和服务农民群体，党组织的领导核心作用进一步明确，充分体现在“三农”问题的解决和经济建设中。

这一时期，农村基层党组织建设的主要任务是科学定位在农村社会和农村经济建设中的角色，完善农村基层党组织的功能。以家庭联产承包责任制的实施为转折点，党组织功能逐渐向“以经济建设为中心”的服务和引导转变。在承包责任制初期，党组织主要致力于政策的贯彻执行，强化对政策理解的统一和对实施活动的监管，确保改革的方向性不偏离。

在政策执行过程中，需要应对诸多实践挑战，如土地经营权的流转和集体资产的管理等新兴问题，这些都对基层党组织的灵活性和应变能力构成了考验。而在处理新的生产关系中，农村基层党组织被当作“团结广大群众前进的核心和战斗堡垒”②，建设的方向和目标是“认真贯彻党的路线方针政策、密切联系群众，纪律严明、富有战斗力的坚强堡垒”③，并且要求农村基层党组织建设各项工作的成效“都要体现在有利于更好地贯彻党的基本路线和党在农村的各项方针政策”④。

邓小平明确强调，“过去多少年来有一条很好的经验，就是各个地方要有党的组织，每个乡都应该有……凡是没有支部的地方，一定要建立支部，一定要发展党组织。”⑤ 中央政治局在 1987 年通过的《把农村改革引向深入》文件，提出“村的党支部、村民委员会和合作组织的干部，要经过选举，由具有献身精神和开拓精神、办事公道、能带领群众致富的人担任”⑥。1989 年下发的《中共中央关于加强党的建设的通知》指出，“农村乡镇党委和村党支部要充分发挥核心领导作用”⑦。以落实党中央的农村政策。党的十四届四中全会进一步明确了加强党的基层组织建设的指导方针，提出了加强农村基层组织建设的新要求。1990 年发出的《中共中央、国务院关于一九九一年农业和农村工作的通知》提出：“要充分发挥村党支部的核心领导作用，抓好村民委员会、村合作经济组织的建设，发挥共青团、妇联、民兵等组织的作用”⑧。

1994 年发出的《中共中央关于加强党的建设几个重大问题的决定》强调：“农村乡（镇）党委和村党支部要认真贯彻执行党的农村政策，在深化农村改革，全面发展农村经济，

① 邓小平：《邓小平文选》（第 1 卷），人民出版社，1994，第 323 页。
② 中共中央文献研究室：《三中全会以来重要文献选编》（下），人民出版社，1982，第 1078 页。
③ 中共中央文献研究室：《十三大以来重要文献选编》（下），中央文献出版社，2011，第 294 页。
④ 中共中央文献研究室：《十四大以来重要文献选编》（中），中央文献出版社，1995，第 55 页。
⑤ 中共中央文献研究室：《邓小平文集》（中），人民出版社，2014，203 页。
⑥ 中共中央文献研究室：《十二大以来重要文献选编》（下），人民出版社，1988，第 1240－1241 页。
⑦ 中共中央文献研究室：《十三大以来重要文献选编》（中），中央文献出版社，2011，第 49 页。
⑧ 中共中央文献研究室：《十三大以来重要文献选编》（中），中央文献出版社，2011，第 692 页。

建设精神文明，带领农民群众奔小康、实现共同富裕和共同进步中发挥核心领导作用。”①对此，胡锦涛指出：“只有把全国农村八十多万个基层党组织进一步建设好……从而保证我国整个改革开放和社会主义现代化建设的顺利进行②。随即，中共中央在下发的《关于加强农村基层组织建设的通知》中明确提出，农村基层组织建设包括乡（镇）、村两级，重点是村，要努力实现“五个好”的目标：“一是建设一个好领导班子，尤其要有一个好书记；二是培养锻炼一支好队伍；三是选准一条发展经济的好路子；四是完善一个好的经营体制；五是健全一套好的管理制度”。

这一时期，为了适应新形势、新任务的要求，农村以党组织为核心的基层组织建设设置了“五好目标”的基本要求。但在市场经济不断深化的背景下，农村经济活动逐渐呈现“去政治化”特征，农民的经济自主性增强，党组织的传统管理模式受到了挑战。在这一阶段，党组织需重新审视自身在乡村治理中的定位，不仅仅是政策的执行者，更应转变为服务提供者和利益协调者。面对农村市场经济的多元化发展，党组织通过政策引导与企业的互动合作，促进乡村产业结构的升级与优化，释放农村经济增长的新动能。

党中央在1999年制定发布了《中国共产党基层组织工作条例》，指出有正式党员3名以上的村，应当成立党支部，村党委受乡镇党委领导。并在2002年党的十六大在新修订的党章中明确指出，调整后的行政村，由于党员规模扩大的，符合条件的可以设立党总支或设立党委。2005年召开的党的十六届五中全会通过《中共中央关于第十一个五年规划纲要》，提出了社会主义新农村建设的重大历史任务，农村基层党组织工作自此围绕该项任务展开。在社会主义新农村建设中，基层党组织不仅要投身经济建设，还要推进社会、文化和生态建设，引领乡村全面发展，成为推进传统乡村走向现代文明的重要力量。

着眼于如何在促进经济发展的同时坚守和传承社会主义核心价值观，党在工作中不断追求思想路线的革新与经济发展的结合。2006年中央一号文件《中共中央、国务院关于推进社会主义新农村建设的若干意见》指出：“充分发挥农村基层党组织的领导核心作用，为建设社会主义新农村提供坚强的政治和组织保障。”③ 在这一背景下，推出包括“项目负责制”在内的一系列创新性管理策略，激发党员发挥先锋模范作用，将党组织的制度优势转化为推动经济高质量发展的动力。同时，党组织与乡村企业的关联日益紧密，形成了“政企合作”的新模式，其中党组织在项目推进、实施、效果评估中展现出更加专业化、市场化的工作方式。

面对农村深化改革的目标任务，2008年发出的《中共中央关于推进农村改革发展若干重大问题的决定》提出：“把党组织建设成为推动科学发展、带领农民致富、密切联系群众、维护农村稳定的坚强领导核心”④。并根据时代任务的变化提出农村基层党组织是“团结带领群众建设有中国特色社会主义新农村的坚强战斗堡垒”⑤ 和“贯彻落实党的扶贫开发工作

---

① 中共中央文献研究室：《十四大以来重要文献选编》（中），中央文献出版社，2011，第13页。

② 中共中央文献研究室：《十四大以来重要文献选编》（中），中央文献出版社，2011，第51页。

③ 中共中央文献研究室：《十六大以来重要文献选编》（下），中央文献出版社，2011，第152-153页。

④ 中共中央文献研究室：《十七大以来重要文献选编》（上），中央文献出版社，2013，第689页。

⑤ 中共中央文献研究室：《十五大以来重要文献选编》（上），中央文献出版社，2011，第760页。

部署的战斗堡垒”①。

四、党的十八大以来农村基层党组织建设

党的十八大针对党的基层组织建设明确提出，“全面提高党的建设科学化水平”“建设学习型、服务型、创新型的马克思主义政党，确保党始终成为中国特色社会主义事业的坚强领导核心”。② 这一要求为新时期农村基层党组织建设确立了新的方向和导向，是增强农村基层党组织职能、明确农村基层党组织建设体制的指导性文件。这一时期，农村基层党组织建设的工作重点是坚持党对农村社会的全面领导，提升农村基层党组织的领导能力。

党的十八大以来，农村发展的焦点由改革开放后的粮食生产转向乡村全面发展，把脱贫攻坚与乡村振兴战略提升为党在新时期的重要任务。这一转变对基层党组织建设提出了创新和发展的要求。在 2013 年中央农村工作会议上，习近平指出：“农村党支部在农村各项工作中居于领导核心地位”③，并在 2015 年中央扶贫开发工作会议上指出：“要把夯实农村基层党组织同脱贫攻坚有机结合起来”，使其“具有较强的带领群众脱贫致富能力”④。实际上，基层党组织在实现经济发展与社会稳定的“双赢”中，发挥了无可取代的战斗堡垒作用。

面对部分基层党组织建设作用发挥不突出的状况，中共中央、国务院在 2015 年发布的《关于打赢脱贫攻坚战的决定》中提出，“抓好以村党组织为领导核心的村级组织配套建设，集中整顿软弱涣散村党组织，提高贫困村党组织的创造力、凝聚力、战斗力”⑤。为了打赢脱贫攻坚战，中共中央、国务院在 2018 年发布《关于打赢脱贫攻坚战三年行动的指导意见》，强调要建强贫困村党组织，“深入推进抓党建促脱贫攻坚，全面强化贫困地区农村基层党组织领导核心地位，切实提升贫困村党组织的组织力”⑥。2018 年中央一号文件《关于实施乡村振兴战略的意见》又进一步提出，“强化农村基层党组织领导核心地位，创新组织设置和活动方式，持续整顿软弱涣散村党组织，稳妥有序开展不合格党员处置工作，着力引导农村党员发挥先锋模范作用”⑦。并在国家《乡村振兴战略规划（2018—2022 年）》中强调，要“加强农村基层党组织对乡村振兴的全面领导”，把农村基层党组织建成推进乡村振兴的坚强战斗堡垒⑧。

随着农业农村现代化的不断推进，村民自治成为农村基层民主的新课题。2014 年中央一号文件提出，“强化党组织的领导核心作用，巩固和加强党在农村的执政基础，完善和创新村民自治机制”⑨。2015 年的中央一号文件提出，“以农村基层服务型党组织建设为抓手，强化县乡村三级便民服务网络建设，多为群众办实事、办好事，通过服务贴近群众、团结群

---

① 中共中央文献研究室：《十七大以来重要文献选编》（下），中央文献出版社，2013，第 644 页。
② 中共中央文献研究室：《十八大以来重要文献选编》（上），中央文献出版社，2014，第 38－39 页。
③ 中共中央文献研究室：《十八大以来重要文献选编》（上），中央文献出版社，2014，第 684 页。
④ 中共中央党史和文献研究院：《十八大以来重要文献选编》（下），中央文献出版社，2018，第 47 页。
⑤ 中共中央党史和文献研究院：《十八大以来重要文献选编》（下），中央文献出版社，2018，第 69 页。
⑥ 中共中央党史和文献研究院：《十九大以来重要文献选编》（上），中央文献出版社，2019，第 500 页。
⑦ 中共中央党史和文献研究院：《十九大以来重要文献选编》（上），中央文献出版社，2019，第 167 页。
⑧ 中共中央 国务院《乡村振兴战略规划 2018—2022 年》，人民出版社，2018，第 67－70 页。
⑨ 中共中央文献研究室：《十八大以来重要文献选编》（上），中央文献出版社，2014，第 715 页。

众、引导群众、赢得群众”①。2017 年中央一号文件提出，“完善村党组织领导的村民自治有效实现形式，加强村务监督委员会建设，健全务实管用的村务监督机制，开展以村民小组、自然村为基本单元的村民自治试点工作”②。

习近平在 2018 年全国组织工作会议上强调，“要构建党组织统一领导、各类组织积极协同、广大群众广泛参与的基层治理体系”③。中共中央、国务院在 2019 年印发的《关于加强和改进乡村治理的指导意见》中提出，要“完善村党组织领导乡村治理的体制机制”④。2019 年发布的《中国共产党农村工作条例》提出，“健全村党组织领导下的议事决策机制、监督机制，建立健全村务监督委员会，村级重大事项决策实行‘四议两公开’”⑤。2024 年中央一号文件提出，要健全村党组织领导的村级组织体系，推行村级议事协商目录制度等。实践表明，党建引领模式，可以激活村民参与和监督机制，提升了干群关系的和谐度，也促进了村民自治规范化和法治化的建设。而在深化党内民主的同时，村民自治和村务公开标准得到提高，村民对村级事务的参与度和满意度显著增强。

党的十八大以来，农村基层党组织在维护党的集中统一领导、强化党的全面领导下，确立了新时代农村党建工作的新目标、新要求，实现了新跨越。党组织在乡村振兴战略实施中发挥核心领导作用的同时，积极引入新技术，推动党建工作与时俱进，为农村经济社会发展提供了有力的组织保证和思想支持。在面向中国式现代化新征程中，需进一步推进农村基层党建与乡村治理体系和治理能力现代化相结合，更有效地发挥农村基层党建在国家治理体系中的政治核心作用，为推进乡村全面振兴和迈向农业农村现代化提供坚强保障。

第三节　农村基层党组织在乡村治理中的作用

党的二十大报告明确指出，全面建设社会主义现代化国家，实现中华民族伟大复兴的中国梦，其中最为艰巨和繁重的任务仍然在农村，而最广泛和深厚的基础同样根植于农村。在这一宏伟蓝图中，乡村治理不仅是国家治理体系和治理能力现代化的关键组成部分，更是推动乡村振兴战略全面实施的坚实基石。农村基层党组织在乡村治理中扮演着至关重要的领导角色，它们是凝聚人心、动员群众、引领发展的核心力量。这些基层组织就像战斗堡垒，确保了党的方针政策能够在基层得到有效执行，同时也保障了乡村治理的正确方向和健康发展。本节将从以下七个方面详细阐述农村基层党组织在乡村治理中的作用。

一、农村基层党组织的政治领导作用

乡村治理涉及经济、政治、社会等多方面的综合管理和服务，农村基层党组织在对接国

① 中共中央文献研究室：《十八大以来重要文献选编》（中），中央文献出版社，2016，第 284 页。
② 中共中央党史和文献研究院：《十八大以来重要文献选编》（下），中央文献出版社，2018，第 546 页。
③ 中共中央党史和文献研究院：《十九大以来重要文献选编》（上），中央文献出版社，2019，第 562 页。
④ 《中共中央 国务院关于加强和改进乡村治理的指导意见》，人民出版社，2019，第 3 页。
⑤ 《中国共产党农村工作条例》，中国法制出版社，2019，第 10 页。

家治理目标、凝聚基层治理力量、创新治理模式、解决社会矛盾等方面发挥着关键的政治领导作用。农村基层党组织的政治领导作用，首要的是在维护党组织领导核心地位方面具有独特的优势，通过强化政策执行、法律普及教育等具体措施，提升群众对党的信任感和政策的认同度；通过与农民的互信互动，提升政治领导的内在吸引力，从而在根本上巩固党组织在乡村治理中的主导地位；通过协调整合不同社会力量与资源，在预防和解决社会矛盾、维护农村社会稳定中发挥不可替代的作用。

从政治学角度看，政党不仅能通过权力和制度，而且能通过思想意识和各种载体，组织、指导和引领社会发展。现代中国将“一盘散沙”的乡土社会整合为一个高度组织化的政治社会，得益于政党向乡村的延伸和渗透，正是在“政党下乡”的过程中，分散的农民组织起来成为政党组织网络中的成员，进而动员到了党的目标之下[①]。因此，农村基层党组织作为核心来领导乡村治理是其最基本，也是首要的功能，这是其他社会组织和政治组织所没有的。党组织必须把党的主张、国家意志、人民意愿高度统一，在社会领域里通过实际工作，实现政治上的引领。

政党是领导革命和掌握政权的领导核心，而农村基层党组织正是这个领导核心的基础力量。党的领导核心作用，是通过基层党组织来实现的。基层党组织是实现党的领导的组织基础，只有基层党组织在基层社会中发挥好政治领导作用，将党的政治主张、路线、方针等落实到基层社会和人民群众当中，中央和地方党委的政治领导功能才能发挥好。中共十八届三中全会提出的“党委领导、政府主导、社会参与”的社会治理体制，决定了党组织是基层社会治理的政治核心。

乡村治理中的政治领导本质上是一种权威指导，通过决策引领、思想灌输和组织协调，维护社会稳定、促进公共利益的实现。在这一过程中，农村基层党组织需运用结构性与功能性手段，通过政策设计、舆论导向和制度创新等，引导乡村治理的方向，提高治理效率。结构性手段体现在党组织对社会组织框架的构建上，比如通过党支部建设和村民委员会建设的有机结合，构建起有效的乡村治理格局。而功能性手段则通过党组织的日常运作展现，如党员先锋模范作用的发挥、群众路线的实践和社会服务的提供，这些都是党组织领导力量贯彻执行的具体体现。

农村基层党组织政治领导的动态过程，涵盖政治引领、组织动员、政策执行三个环节。在政治引领环节，农村基层党组织凭借其威信和权威性，引导党员群众明确社会发展的总体目标和方向；在组织动员环节，通过搭建党员干部和群众互动的桥梁，发挥组织作用；政策执行环节则是将党的主张转化为国家意志，并通过具体政策的落实，影响和引导乡村治理。党组织在处理村民纠纷、维护社会秩序、促进公共资源公平配置等方面发挥积极作用，显示出其在乡村治理中不可或缺的重要性。

政治领导是党组织对于社会治理各方面的方向指导和价值引领，包括制定政策导向、优化治理结构、提升治理效能等诸多方面。在乡村治理体系中，党组织的政治领导力不仅是治理体系和治理能力建设的核心动力，也是推动农村社会组织合理有序发展的关键所在。政治

① 徐勇：《“政党下乡”：现代国家对乡土的整合》，《学术月刊》，2007年第8期。

领导力在社会治理中的嵌入性和导向性，使乡村治理过程更为高效和有序。农村基层党组织在社会治理中的政策引导、制度安排和公共服务提供等多个层面发挥协调和整合社会资源的能力。农村基层党组织的政治领导，具体体现为党组织通过意识形态工作、基层建设、民生服务和应急管理等实际工作，强化党组织的组织力、政策力、服务力、公信力，优化政治领导的结构与机制，加强对乡村治理的领导和影响力。

但值得一提的是，社会经济的快速发展，使农村地区社会结构和治理需求发生了显著变化。作为党的基层组织，农村党组织在促进社会和谐、维护农村稳定、引导农村发展等方面起到关键作用。然而，在全球化、市场化的背景下，农村社会治理面临着资源分配不均、利益冲突频发以及传统治理机制逐渐弱化等多重挑战。农村基层党组织如何有效发挥其政治领导力，正逐步成为破解乡村治理难题、推进乡村治理制度创新的关键问题。

二、农村基层党组织的执行保障作用

党的十九大指出："党的基层组织是确保党的路线方针政策和决策部署贯彻落实的基础。要以提升组织力为重点，突出政治功能，把企业、农村、机关、学校、科研院所、街道社区、社会组织等基层党组织建设成为宣传党的主张、贯彻党的决定、领导基层治理、团结动员群众、推动改革发展的坚强战斗堡垒。"① 农村基层党组织作为乡村治理的核心力量，担负着保障执行党的政策和国家法律法规得到正确实施的重要职责。这一职责直接关系到乡村治理体系的有效运行和乡村治理能力的现代化水平。在具体实践中，农村基层党组织通过强化法治教育和服务保障作用，创新治理模式，不断提高乡村治理的质量和效率，推动实现农业农村现代化。

遵循民主集中制的组织原则，党建立了一套明确的组织纪律，其中下级组织需遵循上级组织的指导，所有党组织均须服从党的全国代表大会和中央委员会的决策。在这一体系中，基层党组织构成了整个组织架构的基础，它们作为最基层的组织单元，承担着执行上级党组织决策和任务的重要职责。唯有如此，才能确保中央的决策和指示得以顺畅传达和有效执行，确保全党在路线、方针、政策和重大问题上的统一性和一致性。

基层党组织作为连接党与基层社会、人民群众的桥梁，承担着传达、实施和确保党的路线、方针和政策落地生根的重要职责。它们是党的形象在基层的直接体现，是群众感知党的温度的重要渠道。在执行任务时，基层党组织首先要积极向群众宣传党在当前阶段的政策，并根据当地的实际情况和群众需求，创新性地将党的政策本土化。此外，基层党组织的党员干部应在执行任务中发挥先锋模范作用，成为推动工作的中坚力量，同时还要担负起组织协调和监督保障的职责。

在乡村治理实践中，农村基层党组织通过构建健全的村级民主管理和服务体系，推动完善村民代表大会制度和村民小组长会议制度，提高治理透明度，保障农民的民主权利及其相关政策执行；通过推进信息化建设，建立面向村民的移动政务服务平台，利用现代信息技术

① 习近平：《决胜全面建成小康社会 夺取新时代中国特色社会主义伟大胜利——在中国共产党第十九次全国代表大会上的报告》，《人民日报》，2017 年 10 月 28 日，第 1 版。

手段管理乡村社会，保障决策民主化及其相关党的政策执行；通过发挥扎根乡土、密切联系群众的优势，定期组织农村法律工作者、人民调解员进村入户开展法律咨询服务，将法律知识融入农民日常生活，保障农民的法定权利及其相关国家法律执行。

农村基层党组织在保障执行层面发挥了不可替代的作用。农村基层党组织在坚持党的领导的同时，充分发扬民主，坚决依法办事，确保了各项政策措施的有序实施。但需指出的是，农村基层党组织在执行保障中仍然面临着基层干部能力不均、法治建设滞后、信息化水平不高等问题。因此，继续深化改革，提升基层干部素质，加大法治教育力度，完善信息化治理手段，是未来提高保障执行力的关键方向。

三、农村基层党组织的联系和服务群众作用

遵循群众路线并深入开展群众工作是党的优秀传统，不仅是党保持活力和生命力的关键，也是党在推动中国式现代化进程中汇聚力量、解决难题的重要手段。党的十八大报告强调："将服务群众、做好群众工作作为核心任务，加强基层服务型党组织的建设"[①]。农村基层党组织作为一线的战斗堡垒，在与农民群众的联系上具有独特的优势，肩负着直接与农民群众建立联系、组织和团结农民群众，将党的路线方针政策贯彻到农村基层的重任，是党在农村工作的基础，是党与农民群众联系的桥梁和纽带，对党在农村社会的凝聚力和战斗力有着直接的影响。

"政党的根基和力量都源自人民。"农村基层党组织是政党这座大厦的坚实基础，只有基础稳固，大厦才能稳固矗立。作为党的基础，农村基层党组织是实现服务功能的直接平台。中央发布的《关于加强基层服务型党组织建设的意见》明确提出，要增强农村党组织的服务能力。农民群众的积极性和创造力是推动乡村振兴和农业农村现代化的重要力量。因此，必须根据"服务型党组织"的定位，调整农村基层党组织的领导方式、工作方法和活动形式，确保它们能够满足群众的需求，将推动发展、改善民生、服务群众和服务党员作为工作的核心。

调动农民群众积极性，首要任务是服务好农民群众，关心好、维护好农民群众的根本利益。这既是建设农村基层服务型党组织的工作要求，也是党联系和服务农民群众、坚持群众路线的内在要求。农村基层党组织作为团结凝聚农民群众的前沿阵地，与农民群众距离最近、联系最密切，要从根本上增强党在农民群众中的感召力和凝聚力，从农民最现实、最关心、最直接的利益出发，最大限度地让利于农民、还利于农民、造福于农民，真正做到发展为了农民、发展依靠农民、发展成果与农民共享。农村基层党组织服务乡村社会、服务农村党员群众，使广大农村党员群众得实惠，是提升农村基层党建有效性的目标，也与实施乡村振兴战略，实现全体农民福祉的根本目标相一致。

四、农村基层党组织的宣传组织作用

农村基层党组织是中国共产党连接群众的桥梁和纽带，承担着将党的理念、决策和政策

---

① 胡锦涛：《坚定不移沿着中国特色社会主义道路前进 为全面建成小康社会而奋斗——在中国共产党第十八次全国代表大会上的报告》，《人民日报》，2012年11月18日，第1版。

传达给农民群众，并引导农民群众贯彻落实的重要职责。作为党的组织体系的前沿阵地，这些基层组织对基层的了解最为深入，对党的路线和政策的理解最为透彻，在传播党的主张和动员群众方面具有不可替代的优势。基层党组织通过创新宣传方式和组织手段，不仅确保党的理论和政策深入人心，更能使之转化为群众的实际行动。与此同时，能够及时收集群众的反馈意见，确保党的决策更加贴近民意和实际需求，从而在农村发展和乡村振兴中发挥着核心的领导和推动作用。

随着农村经济社会结构的现代转型和农民需求的日益多样化，农村基层党组织的宣传组织作用日显重要。主要体现在加强党的组织建设、激发党员积极性、促进农村经济社会发展、维护农村社会稳定等方面，不仅是党的理念与政策传达的桥梁，也是促进党的精神文明建设的重要载体。

农村基层党组织的宣传组织是基层党建的重要组成部分。首先，通过宣传党的路线方针政策和党中央决策部署，使农村党员在政治上与党中央始终保持一致，不断提高政治觉悟和组织纪律性，推动乡村组织全面振兴。其次，通过宣传先进典型激发农村党员的荣誉感和使命感，不断提升农村党员的积极性和责任感，推动形成乡村发展的内生动力。再次，通过宣传法律法规、乡风文明等内容，提高农民的法律水平和文明素质，减少社会矛盾和冲突，推进自治、法治、德治相结合的乡村治理体系不断健全，从而维护乡村社会的大局稳定。最后，通过宣传农村政策、科技知识、市场信息共享和卫生健康教育，有效对接农民公共服务需求，提高农村民主决策水平、农民生产技能和市场意识，增强农村社会凝聚力。

由于农村发展的不同步与地域的特殊性，文化水平、信息接收能力等存在差异性，农村基层党组织在宣传工作中要采用适合农村文化特征和认知习惯的方式，以确保信息的正确传达和党的理念的深入人心。在宣传组织工作的内容和方式上，农村基层党组织通过举办文化节庆活动，利用节庆的集聚效应，结合农村习俗和文化特色，深化农民群众对党的政策和理念的认识。

在宣传活动中，先进个人评选机制作为激励党员和群众的有效工具，通过细化评选标准，实施年度先进典型报道，在激发党员和群众的积极性的同时，鼓励更多的党员发挥先锋模范作用。在提高宣传传达效率方面，通过推广多元化的信息传递渠道，如政务公开栏、微信公众号和短信通知等电子化宣传平台，突破传统宣传渠道的局限，实现信息传播的时效性和准确性。

五、农村基层党组织的协调整合作用

中国基层社会面临松散型制度环境，高效协同的治理网络难以自发生成，基层党组织体系在乡村治理中发挥了重要统合功能[①]。农村基层党组织作为农民群众的根本利益的代表，在面对并解决农村社会各阶层之间的利益冲突时，需要整合利用各种社会资源，平衡不同利益群体的关系，真正发挥凝聚社会、整合社会、动员社会一切可以动员的力量的政治核心作用，从而在保障和满足民众的合法权益和合理需求的同时，协调社会各阶层的利益矛盾，维

① 何艳玲，王铮：《统合治理：党建引领社会治理及其对网络治理的再定义》，《管理世界》2022 年第 5 期。

护社会和谐稳定，进而增强人民的安全感和幸福感，凝聚力量，确保广大农民群众自觉地支持拥护党组织。

农村基层党组织的协调整合作用，一方面体现在解决社会矛盾纠纷上，农村基层党组织通过建立和规范农村民主形式，实现农民群众诉求表达的通道化和制度化，为农民提供解决问题的平台和方法。通过组织调解小组深入农民群众，收集矛盾纠纷信息，实行分类调解和矛盾纠纷排查，实现矛盾纠纷的早发现、早预防、早解决。另一方面，体现在上级政策与地方实际的衔接上，农村基层党组织作为上级政策的传达者和实施者，能够准确把握政策导向，快速响应群众需求，结合本地实际情况，对上级政策进行创造性转化和灵活应用。

总的来说，通过党组织自下而上的系统协调能力，可以整合人财物资源完成其他协调机制不可能完成的整合任务[①]。协调整合功能的有效发挥，对于增强农村基层党组织自我建设、提升治理能力、促进农村和谐稳定都有不可或缺的影响。在推进乡村治理体系和治理能力现代化进程中，农村基层党组织发挥着重要协调整合作用，不仅处于解决乡村社会矛盾纠纷和政策执行的第一线，而且通过协调整合的组织能力、策略运用能力、外部资源动员能力以及内部决策效能，不断提升治理能力和效能，从而实现农村社会稳定和谐与乡村振兴的双重目标。

特别需要提及的是，在区域化大党建格局中，农村基层党组织能否有效地整合社区资源，一定程度上决定了区域化党建的有效性。农村基层党组织只有充分调动农民党员群众和乡村群众组织的积极性，才能将社会资源和党建资源有效整合起来形成优势互补，协同共建基层党建新格局，进而发挥其政治核心优势为基层社会治理提供资源和动力保障。

六、农村基层党组织的桥梁纽带作用

农村基层党组织承担着团结群众、动员群众、组织群众的重要职责，是连接党与群众之间、党与政府与社会之间，以及其他社会组织之间的重要沟通平台，发挥着重要的媒介作用。农村基层党组织的桥梁和纽带作用，主要体现在促进政策传导和民意反馈以连接政府意志与群众实际，推动社区自治与政府协同、非公企业与党政协同等以促进各级组织和社会成员之间有效互动，不断提高乡村治理水平、优化政府与乡村社会民间组织之间的关系、确保农村政策的落实与反馈机制的有效运行。

基层党组织是党与人民群众日常联系的第一线，是将党的服务宗旨和功能直接传递给民众的纽带，也是民众了解和感受党组织作用的重要渠道。为了深化党内民主，坚持走群众路线，基层党组织必须加强与群众的沟通，倾听他们的声音，理解他们的需求和不满，汇聚他们的智慧，以此巩固党与民众的联系，实现党与人民的同心同德。与此同时，在党、政府与社会的关系框架中，基层党组织是参与社会治理的前线力量，党和政府通过这些基层组织与社会进行有效互动，共同推动发展。基层党组织也是连接不同社会组织的关键纽带，是基层社会建设与治理的中坚力量。

需要注意的是，在基层社会治理的大背景下，党组织的职责不只是协调社区内不同利益

① 叶敏：《政党组织社会：中国式社会治理创新之道》，《探索》2018年第4期。

群体的关系，还需致力于拓展人民民主，激发群众的政治参与热情。基层党组织面临的挑战是如何激发群众的积极性和主动性，使他们成为基层社会的主体力量，成为基层治理的积极参与者，这是基层党组织肩负的重要任务。

七、农村基层党组织的自我管理作用

农村基层党组织是党的基本单元和构成基础，其作风、组织和执政能力等方面的建设成效，对党的整体建设具有决定性影响。因此，强化这些基层组织自我管理的能力，是提升其建设质量的内在要求，也是其发挥领导社会治理作用的关键职能之一。

坚持群众观点和群众路线，是农村基层党组织自我管理的核心原则。党的宗旨是全心全意为人民服务，农村基层党组织更应始终牢记这一点。通过构建服务型党组织，将理论与实际相结合，与群众保持紧密联系，不断提升服务意识，增强服务能力，并不断创新服务方法。

党员自身建设与修养是农村基层党组织自我治理的重要方面。通过建设学习型政党，定期组织党员深入学习《中国共产党党章》的相关内容、党纲、党的路线方针政策、党纪党规，加强党风廉政教育，不断提高党员的政治素质和道德水平。

党内监督机制建设是农村基层党组织自我治理的关键手段。完善党内监督机制是基础，也是高效自我治理的先决条件。通过完善的监督体制，定期开展巡视、督查和民主评议，及时发现和处理党内不正之风和腐败问题，降低对农村基层党组织治理能力的损害。党员领导干部要带头开展批评与自我批评的活动，要加强对党员的管理、提高党员干部自我管理的意识和水平。

乡村治理能力提升是加强农村基层党组织自我治理的重要环节。有效的乡村治理体系依赖于精细化的管理水平。通过量化分析农村基层领导干部的工作效率，既能评价领导干部的工作质量与服务态度，又能据此优化资源配置，提高决策效率。

村民自治的成效监测对于加强自我治理同样不可忽视。村民自治不仅是民主政治的基本要求，也是提升社会治理水平的重要举措。自治规则的严格执行与科学决策是提升自治效果的根本。基于此，通过设立反馈机制与民主监督机制，确保决策过程公开透明，调动村民积极参与自治的意愿。

加强自我治理并非短期行动，而是一个长期、持续和深化的过程。农村基层党组织自我治理的能力不断加强，有助于党和政府的政策更好地落实，也能够提高农村社会治理的整体效能。需要不断优化治理结构与提升治理水平，以期实现农村基层社会治理的系统性、规范性和高效性。

综上所述，农村基层党组织在乡村治理中发挥着核心和基础的作用，体现在政治领导、执行保障、服务群众、宣传动员、协调整合以及自我治理等多个层面上，为农村发展和乡村振兴提供了坚强的组织保障。这些基层组织不仅确保了党的方针政策在基层的有效实施，还通过直接联系和服务农民群众，传达党的路线方针政策，同时收集和反映群众的意见和需求，激发了群众参与乡村治理的积极性。

第四节　农村基层党组织建设的进路

面对新时代农业农村现代化的新形势和新任务，需要进一步增强农村基层党组织的政治功能和组织力，充分发挥其在乡村振兴和社会治理中的领导核心作用，从多个方面探索创新基层党组织建设的新路径和新方法。农村基层党组织建设的进路可以从以下四个方面进行阐释：强化经济发展、强化政治功能、强化思想引领、强化保障机制，这四个方面共同提升党组织在乡村治理中的领导力、号召力、凝聚力和治理效能。

一、促进经济发展，提升党组织的领导力

经济发展是乡村全面振兴的基础，也是农村基层党组织提升领导力的关键途径。农村基层党组织作为党在农村领导经济建设、促进经济发展的核心力量，其功能与作用的发挥首先体现在对农村经济的引领上。农村基层党组织应当紧密结合本村的实际情况，充分利用当地的资源和优势，通过经济发展来带动村民共同致富，从而提高党组织的影响力和公信力。

物质基础的决定性作用，决定了农村基层党组织应以“产业兴旺”为首要任务。全面推进乡村振兴，需要重构乡村经济发展模式，进而提升农村基层党组织的经济引领能力。

第一，发展特色产业。基层党组织可以根据农村的资源禀赋，因地制宜地发展特色农业、农村旅游、农产品加工等符合当地情况的产业。通过引导产业发展，党组织可以增强其在农村经济中的核心领导作用。

第二，引进技术与资金。基层党组织应积极发挥桥梁作用，引进先进的农业技术、市场信息和外部资金，为村民提供更多发展机会和资源支持。这不仅能够提升党组织的领导力，还能有效改善村民的生产生活条件。

第三，推动合作共赢。通过建立专业合作社、集体经济组织等经济组织，党组织能够带领村民集体发展经济，形成共赢局面，增强村民的经济收益，进而增强党组织的凝聚力和领导力。

二、发挥政治功能，提升党组织的号召力

在农村基层党组织的建设中，政治功能的强化对于提高党组织的号召力具有重要作用。号召力是指党组织发挥其政治领导核心作用的能力，能带动和激励群众共同依法参与社会治理和推动乡村振兴。因此，基层党组织应坚持政治功能定位，增强党组织的政治领导力，并在实际运作中通过健全完善政治制度和机制实现其号召力的塑造和提升。

（一）树立正确的政治理念

农村基层党组织应以马克思列宁主义、毛泽东思想、邓小平理论、“三个代表”重要思想科学发展观和习近平新时代中国特色社会主义思想为遵循，准确把握政治方向，树立正确的政治理念，坚持以人民为中心的发展思想，创新社会管理方式，激活基层民主。通过民主

选举、民主监督、民主决策、民主管理等形式，引导群众积极参与村事公开、村务公开，提升村民在决策中的话语权，从而增强党组织的号召力与亲民度。深入实施党建引领乡村振兴战略，将党组织的号召力转化为推动乡村发展的实际行动力。

（二）强化村级组织的统领作用

农村基层党组织作为党在农村工作的根基，通过加强对村民委员会、村集体经济组织等村级组织的政治领导，确保这些组织在党组织的统一领导下，能够高效协同、有序运作，共同汇聚成推动乡村发展的磅礴力量。在实践中，必须明确领导责任，优化决策流程，强化监督执行，全面构建“村党支部领导、村委会执行、村民监督”的乡村治理新模式。要运用“关系型”社会动员模式，依托社会关系网动员和凝聚群众力量，参与相关政策的实施①。一方面基于效率导向优化农村基层党组织运行机制，另一方面基于民众需求导向提升农村基层党组织服务能力，有效激发村民的参与意识和责任感，进而提升农村基层党组织的服务能力，使村民在党组织的引领下，积极地投身于村庄治理的实践中，共同为乡村经济社会的全面发展贡献力量。

（三）提升党员队伍素质

提升党员队伍的整体素质是加强党的建设、提高党的执政能力的关键所在。因此，基层党组织将提高党员的政治素质和服务能力视为加强自身建设的一项重要任务，通过定期组织党员深入学习党的理论、路线、方针、政策，加强党风廉政教育，不断提高党员的政治觉悟和道德水准，进而提高党员干部的政策执行能力。尤为关键的是，农村基层党组织领导核心作用的发挥，离不开基层党组织带头人队伍的引领，农村事业发展客观上要求提升农村基层党组织带头人队伍的政治领导力、组织覆盖力、发展推动力、群众凝聚力和自我革新力。因此，应切实把党的政治建设摆在首位、选优配强村党组织书记、抓基层党建促乡村振兴、不忘初心践行初心、完善激励约束机制，整体提升农村基层党组织带头人队伍的水平，将党对农村一切工作的领导落到实处。

三、强化思想引领，提升党组织的凝聚力

强化思想引领以提升党组织的凝聚力，关键在于深化思想教育活动，并持续优化新时代条件下的实现路径。农村基层党组织需审视现行思想教育活动在农村社会实际的响应程度、现代化传播手段的运用情况、党员和村民的互动频率等方面的实效性，聚焦农民群众生活的焦点及痛点问题，充分发挥党组织在倡导先进文化、提供精神支持、促进精神文明建设等方面的作用。

（一）坚定党员的理想信念

增强党组织的凝聚力需坚定党员的理想信念，基层党组织应通过参与式教育和讨论式学

① 张瑜，倪素香：《乡村振兴中农村基层党组织的组织力提升路径研究》，《学习与实践》2018 年第 7 期。

习，引导党员和村民深入思考，提升其对理想信念的内在认同，确保每项措施均能针对性强化凝聚力。而宣传教育的终极目标是实现思想凝聚的深度融合，形成坚不可摧的精神共同体。要通过定期组织专题讨论会、思想汇报会，构建反思性对话机制等方式，激发党员与村民的内在动力，并通过实例引导、情景模拟等教育手段深化体验学习的效果。在互联网时代，必须通过对传播渠道进行再造实现思政教育方式创新，借助网络、社交媒体等新媒介，将内容创新与传播方式的变革相结合，最终实现思想教育的广覆盖和深渗透。

（二）发挥文化引领作用

在农村基层文化建设中，党组织发挥着至关重要的文化引领作用，通过开展丰富多样的文化活动，不仅弘扬了社会主义核心价值观，而且引导村民逐步建立起文明、健康的生活方式。农村文化活动包括传统节庆、民间艺术表演，以及现代的文化讲座、读书会、知识竞赛等，不仅丰富了村民的精神文化生活，提升了村民的文化素养，还使村民在参与中深刻体会到社会主义核心价值观的精髓。在这个过程中，党组织通过党员干部的带头作用，以及村规民约的建立与执行，有效地引导了社会风气的正向发展，营造了团结、积极向上的村庄文化氛围，进一步巩固了党在农村的执政基础，为乡村振兴战略的实施贡献了不可或缺的文化力量。

（三）引领和塑造积极向上的社会风气

农村基层党组织在推动村庄治理和文化建设中扮演着举足轻重的角色。通过党员干部的率先垂范和积极行动，党组织能够有效地引导村民共同参与村规民约的制定与实施，以移风易俗实践活动为主要治理手段，在村庄内部培育和塑造出一种积极向上的社会风气。这种风气的形成，不仅体现在村民日常行为规范的自觉遵守上，更体现在面对公共事务时的积极参与和相互支持上。党员干部作为党组织的核心力量，言行举止对村民有着直接的示范效应，能够激发村民自我管理、自我教育和自我服务的潜能，进而促使整个村庄呈现出团结协作、乐观向上的社会氛围。这不仅有利于维护村庄的和谐稳定，也为农村社会的全面发展奠定了坚实的社会基础，进一步增强了党组织的凝聚力和战斗力，确保了党的各项方针政策在基层的顺利实施。

四、完善保障机制，提升党组织乡村治理效能

保障机制的完善与健全，是确保农村基层党组织有效运作的关键所在。在乡村治理的复杂体系中，党组织的作用不可或缺，而一套科学合理的保障机制，则是党组织发挥其核心作用的重要支撑。以下将从制度建设、治理能力提升，以及党风廉政建设三个方面，探讨如何强化保障机制，以提升党组织在乡村治理中的效能。

（一）完善制度建设

制度建设是党组织有效治理的基石，农村基层党组织应着力加强制度化建设，特别是党内民主、决策程序和执行监督等方面的制度化管理。首先，完善党内民主制度，能够确保党

员在党内事务中享有充分的发言权和参与权，激发党员的主体意识，增强党组织的凝聚力和战斗力。其次，规范决策程序，党组织在乡村治理的重大事项上，必须经过充分的讨论和民主决策，确保决策的科学性和民主性。再次，促使执行监督制度化，通过对决策执行过程的监督，确保每个党员和干部在治理过程中都能够依据制度行事，提高治理的公正性和透明度。最后，党组织还应建立健全责任追究制度，对违反制度规定的行为进行严肃处理，维护制度的严肃性和权威性。

（二）提升治理能力

治理能力的提升是党组织在乡村治理中发挥作用的核心，面对农村社会的快速变化和治理需求的多样化，党组织需要不断提升自身的治理能力，包括应对复杂问题的能力、统筹协调资源的能力等。首先，党组织应定期组织党员干部进行业务培训和学习，通过案例教学、经验交流等方式，增强党员干部的业务素质和解决实际问题的能力。其次，党组织应鼓励党员干部深入基层，了解村民需求，通过实践锻炼提升服务群众的能力。最后，党组织还应积极引进和推广先进的治理理念和技术，如信息化管理、网格化管理等，提高治理的现代化水平。通过这些措施，党组织能够更加高效地解决农村发展中的问题，提升服务群众的效能。

（三）加强党风廉政建设

在农村基层治理中，党风廉政建设是党组织在乡村治理中赢得群众信任和支持的重要保障，而党组织的廉洁和公正至关重要。首先，党组织应通过加强党风廉政教育，增强党员干部的廉洁自律意识，筑牢思想防线。其次，党组织应建立健全监督机制，加强对党员干部的日常监督，特别是对村级党员干部的监督，确保其在权力运行中做到廉洁自律。最后，党组织应严肃查处违纪违法行为，对腐败现象零容忍，通过典型案例的查处，发挥警示教育作用，树立清正廉洁的形象。通过这些措施，党组织能够在乡村治理中树立良好的形象，增强群众对党组织的信任，进一步提升治理效能。

总的来说，农村基层党组织建设的进路应从经济、政治、思想和保障机制四个方面着手，强化经济发展提高领导力，强化政治功能增强号召力，强化思想引领提升凝聚力，强化保障机制确保治理效能，着力提升党组织在乡村振兴中的综合能力，更好地承担起农业农村现代化的重任。

◎ 思考题

1. 中国农村基层党组织的具体表现形式有哪些？其重要性体现在哪些方面？
2. 中国农村基层党组织在不同发展阶段分别呈现出哪些特征？
3. 中国农村基层党组织建设过程中面临哪些挑战，成因是什么？
4. 如何强化农村基层党组织建设？

第三章

农村基层政权组织

农村基层政权组织是国家政权体系的重要组成部分，承担着推进乡村振兴战略、维护农村社会稳定、促进经济发展的重要职责。随着社会经济结构的深刻变革，新时代乡村治理面临的挑战日益复杂，加强农村基层政权组织建设成为提升乡村治理效能的关键。通过对农村基层政权组织的基本概念、历史发展、治理作用展开讨论，检视其建设现状，以探索适应新时代要求的农村基层政权组织建设进路，为实现乡村治理现代化提供助力。

第一节　农村基层政权概述

随着中国式现代化的不断推进，农村基层政权逐渐从简单的行政管理机构转变为服务型、管理型兼具的组织，不仅承担着推动农村经济社会发展的重任，还在维护社会稳定、促进公共服务和保障农民权益等方面发挥着关键作用，更直接关系到党和政府的政策在农村的落实以及农村社会的治理成效。深入了解农村基层政权的基本概念、特点及其职能，有助于全面认识其在农村治理中的地位和作用，并为进一步加强农村基层政权建设提供理论依据。

一、农村基层政权组织的基本概念

基层政权是相对于其他层次或级别的政权而言，因而这里的“基层”应同国家行政区划联系起来理解，此处指的是国家最低一级行政区划，在城市为不设区的市和市辖区的行政区划，在农村则指乡（镇）级行政区划。因此，中国的基层政权包括农村基层政权和城市基层政权两部分。

农村基层政权组织，处于国家政权组织金字塔的底端，是实施国家政策、维护社会稳定、促进经济发展的重要基石。农村基层政权组织主要由乡（民族乡）、镇人民代表大会和乡（民族乡）、镇人民政府构成。乡（民族乡）、镇人民代表大会作为乡镇权力机关，承担着审议和决定乡镇区域内重大事项的重任，通过民主集中制原则，确保决策的科学性和民主性。乡（民族乡）、镇人民政府则作为人民代表大会的执行机关，具体负责国家政策和法律的贯彻执行，以及乡镇公共事务的全面管理，确保政策红利惠及广大农民群众。农村基层政权组织不仅承载着国家权力的传递与执行，更是农村社会治理的核心力量，通过直接面对并服务于广大农民群众，构建起国家与农村居民之间的桥梁，确保国家政策的精准落地与农村居民需求的及时反馈。

二、农村基层政权组织的特点

农村基层政权组织是确保农村地区社会稳定和国家政策实施的重要基础，其基本特点主要体现在以下几个方面。

法定性。农村基层政权组织具有明确的法定性。依据《中华人民共和国宪法》和地方组织法的规定，中国农村基层政权由乡镇人民代表大会与乡镇人民政府两者有机构成，构成了最低一级行政区域内的国家权力体系。这种法定性确保了农村基层政权组织的权威性和合法性。

群众性。农村基层政权组织具有广泛的群众基础。作为连接党和国家与最基层人民群众的桥梁和纽带，农村基层政权组织直接面对广大农民群众，负责反映民意、传达政策、解决矛盾等事项，与群众有着密切而广泛的联系。

服务性。农村基层政权组织不仅要执行党和国家的各项政策，推动地方经济和社会发展，还要负责为广大农民群众提供必要的公共产品和公共服务，如教育、医疗、社保等公共服务，从而保障和改善民生。

民主性。农村基层政权组织在运行中强调民主性。它推动基层民主制度建设，促进群众参与村务管理，实现村民自治；同时依法履行职责，确保权力在阳光下运行，维护公平正义。

三、农村基层政权组织的职能

传统农村基层政权的主要功能是管制型，基于自上而下的行政命令和压力型政治体制实现国家与乡村社会的联系并从农村汲取资源。这种汲取型联系是农民本位的单向度关联，基层政府多取而少予农民①。农村税费改革后，政府职能由管制型转向服务型，为农民提供公共服务和需求导向的公共产品。服务型政府的建立，不仅是服务态度和项目的改变，还需按有限政府要求，在确立政府与市场、政府与社会新型关系的基础上，导入自上而下的激励与监督机制，形成内生的全新服务理念、服务行为和服务管理系统。

（一）经济调适职能

市场经济条件下，农村基层政权已完成角色转型，由生产参与者转为幕后支持者，主要承担保障农民自主经营权的职责，肩负优化市场环境责任、促进农村经济健康发展的责任。主要通过监管、信息服务和技术支持，缓解信息不对称，增强农民议价能力，构建合理、公平、公正的供需体系，助力农产品价值实现，推动农村经济全面发展。

（二）社会治理职能

社会治理是农村基层政权组织的一项重要工作任务，也是其重要职能。乡村社会正处于

① 侣传振：《国家政权建设与农村基层政权组织变迁》，《重庆社会科学》2007 年第 6 期。

深刻转型期，旧有社会结构逐渐瓦解，新型社会结构尚未成型，这一过渡阶段极易形成权力的“真空”地带。因此，维护社会稳定与安全，成为农村基层政权建设的首要议题，也是其效能发挥的关键领域。

从社会治理的维度审视，农村基层政权组织面临多重挑战：既要应对传统农民的政治疏离感，又要抵御黑恶势力对乡村政治的渗透；还需推进社会管理的创新与改革，以适应乡村社会大规模流动与重组的现实，努力在变革中维系平衡，逐步构建乡村社会的新秩序。这一系列任务艰巨且复杂，要求农村基层政权组织具备高度的责任感与创新能力。

（三）政治生活开展职能

农村基层政权组织的政治功能体现在宣传执行国家大政方针和自身运行上，是政治体制改革和运行的力量之源。基层关乎国家长治久安，管理好基层政治生活是其重要职责。

（四）公共产品与服务供给职能

公共产品和服务供给是基本职能，包括基础设施、经济科技支持、公共安全及全面社会公共服务四大方面，是公民从事生产、消费和娱乐活动的保证。乡、镇、民族乡政府作为中国基层政府，为农村居民提供充足的公共产品和服务，满足农村居民日益增长的物质文化需要，既是应尽之责，也是全面推进乡村振兴的使命所在。

第二节　农村基层政权组织建设的历史演进

中国农村基层政权从立废变革到现有乡镇体制形成的历史渊源，本质上是国家权力向乡村社会不断渗透的过程，这一过程也就是所谓“国家建设”过程中“政权下乡”的产物。封建传统中国社会是“皇权不下县”，历朝历代以不同方式沿袭“县政乡治”，乡村社会实行“官民共治”模式，主要由县政权与底层百姓之间的中介或经纪人乡绅治理。直至近代中国，新思潮的涌入，革命向乡村社会延伸和推进，“乡绅治乡”的治理格局逐渐被打破，乡绅群体逐步分化、乡绅势力日渐瓦解，乡绅治理也因受到冲击而逐渐退出历史舞台，国家政权由此开启“下乡”之路①。从民国时期的乡村建设运动，到新中国成立后的社会主义农村基层政权体系建构与探索、改革开放后的村民自治制度确立与深化，直至当前乡村振兴战略的全面实施，这一进程的每一阶段变迁，都深刻反映了时代背景、社会需求和政策导向的变迁，每一次变革都是对当时社会政治经济需求的积极响应，同时也为后世留下了丰富的治理智慧与历史遗产。

一、中国古代农村基层政权的历史演进

从先秦时期至清末，农村基层政权组织作为社会结构的重要组成部分，其发展与演变经

① 陈文胜，汪义力：《乡村振兴背景下乡镇治理现代转型研究》，《农村经济》2022 年第 4 期。

过了复杂而深刻的历程，揭示了古代中国政治结构的基本单元：自村落至乡镇的建设与运作模式。在秦汉时期，县以下设置乡，实行“亭长制”，强调中央集权。而到了唐宋时期，随着科举制度的兴起和土地制度的变化，村落自治渐成特色，政府实行“保甲制”以强化地方治理。明清时期，为了加强对农村的控制，政府推行“里甲制”，利用家族、宗族的力量来管理村务，其中特别注重对农业税收的征收和秩序的维护。在不同历史阶段，农村基层政权建设展现出了各具特色的制度设计与实践形态，担当着不同的角色和职能。

（一）先秦时期：乡遂制与农村基层自治萌芽

西周时期，随着社会生产力的提升与人口的增长，为有效管理广阔的农村地区，乡遂制应运而生。西周时期，实行“国”“野”分治的乡遂制，全国设六乡六遂。乡为天子、诸侯、士大夫及工商业者的居住区域，乡之下设比、闾、族、党、州，以户为单位，五五递增，分置比长、闾胥、族师、党正、州长；而遂为农户居住区域，其下设邻、里、赞、鄙、县、遂，以编户组织而成，分置邻长、里长、赞长、鄙师、县正、遂大夫等官职。乡遂制实行的是行政组织与军事组织的结合，兼具军事、教化和监控社会的功能[①]。这一制度通过细致划分行政区域，设立乡、遂等行政组织，不仅强化了中央政府对农村的直接管辖，还促进了地方行政体系的初步形成。乡遂制的实施，标志着中国古代农村社会管理进入了一个有序化、规范化的新阶段。乡遂制作为中国古代社会早期农村基层管理的基石，其历史渊源深远，对后世的农村社会结构与管理模式产生了深远影响。

在基层自治的萌芽方面，乡遂制之下，农村地区逐渐展现出了自我管理的潜能。村民们基于共同的利益诉求和地域认同，通过集体讨论、协商一致的方式，制定并遵循村规民约，处理村内日常事务，解决邻里纠纷。这一过程不仅增强了村民间的凝聚力与信任感，也初步构建了基层自治的框架，为后续更加成熟的自治模式奠定了基础。村规民约作为村民自我管理的重要工具，不仅规范了村民行为，还促进了农村社会的和谐稳定。

同时，先秦时期的宗族势力在农村基层管理中扮演着举足轻重的角色。宗族作为农村社会的基本单元，其内部结构严密，关系网络复杂。宗族长老作为家族权威的象征，往往被推举为基层管理的核心人物，负责调解家族内部矛盾，维护家族利益，甚至参与地方公共事务的决策。宗族势力通过其强大的社会动员能力和深厚的情感纽带，有效地弥补了官方力量在农村基层管理中的不足，实现了对农村社会的深度渗透和全面治理。这种基于宗族关系的治理模式，不仅增强了农村社会的稳定性，也在一定程度上促进了农村经济发展和社会文化传承。

（二）秦汉至隋唐：乡官制逐渐成为基层治理的核心

在秦汉至隋唐这一历史长河中，基层政权建设经历了从初具规模到日臻完善的重要转变，为后世国家治理奠定了坚实基础。秦王朝建立后，实行专制主义中央集权制，将全国划分为36郡，郡下设县，县下设乡、亭、里等乡里组织，10里为1亭，亭有亭长；10亭为1

---

① 唐鸣，祁中山：《中国乡村治理的历史底色》，《紫光阁》2018年第1期。

乡，设三老、有秩、啬夫、游徼四职，三老掌教化，有秩掌行政，啬夫听讼、征税，游徼负责治安，循禁盗贼。汉代在秦代乡、亭、里的基础上，进一步细化了里以下的组织，建立了什伍制度。至于里以上组织仍然沿袭秦制，置三老、有秩、啬夫、游徼。但官职的隶属关系出现了分化，“有秩”为郡府委任，其余都是县衙委派，其中“三老”地位崇高，但无行政权，也无俸禄。秦汉时期，随着中央集权制度的不断加强，乡官制作为基层治理的核心逐渐确立。这一制度不仅标志着乡官身份由国家非正式人员向正式官员的转变，更意味着国家对于农村地区行政管理的直接介入与加强。乡官们承担起维护地方治安、征收赋税、调解纠纷等关键职责，有效促进了农村社会的稳定与发展。

进入隋唐时期，基层行政体系进一步细化与完善。隋朝通过推行均田制与租调制，强化了国家对土地与赋税的控制，同时也为基层治理提供了更为明确的政策导向。隋唐时期，乡里制度发生较大变迁，其中“乡”的职能进一步削弱，“里”以下的乡村社会治理功能则不断强化，“皇权止于县政”进入新阶段。隋文帝时，实行乡里两级制，乡以下以五家为保、五保为闾、四闾（里）为族（党），置保正、闾（里）正、置族（党）正，掌管核实户口、催征赋役。唐代基本沿袭隋时制度，闾（里）正负责“按比户口，课植农桑，检察非为，催驱赋役”等实际工作，而“乡”的职责开始简化，多由低品勋官或当地富户充当。

秦汉至隋唐时期还通过制定一系列法律制度，如《秦律》《唐律》等，为基层政权建设提供了坚实的法律保障。这些法律不仅规范了基层官员的行为，防止了权力滥用与腐败现象的发生，还通过严格的法律条文维护了农村社会的稳定。

（三）宋元明清：职役制与保甲制双轨嵌入基层治理

宋初基本沿袭了唐朝的基层治理制度，里正、户长都是以服役人的身份从事工作。而宋神宗时期王安石变法中的募役制度和保甲制度，更是将乡村治理中的职役属性强化。元代实行里甲制与村社制并存的制度。里甲的职责主要是管理户口，催征赋役，掌控治安，里正一般由上等户充任，轮流担当。村社主要负责劝课农桑，管理农业生产，处理民众事务，其首领不具有官员身份，只行职役之责。

职役制的兴起，标志着国家在基层管理策略上的重大调整。在此制度下，村民被组织起来，通过轮流担任乡村职务的方式，直接参与村庄事务的管理。这种制度设计，一方面有效减轻了国家的财政压力，避免了因直接雇佣官员管理基层而产生的庞大开支；另一方面极大地激发了村民的参与热情与自治意识，促进了乡村自我管理与自我服务能力的提升。职役制的实施，不仅使得乡村治理更加贴近民众实际需求，也增强了乡村社会的凝聚力与稳定性。通过村民的直接参与，乡村内部矛盾得以更加迅速且公正地解决，促进了乡村社会的和谐与繁荣。

明朝的里甲制也是一种“役政合一”的体制。里正没有俸禄，但听命于地方官吏的差遣，负有“催征钱粮”和“勾摄政务”的任务。但到明中后期，随着统治危机的加深，开始增设保甲组织，专职维持社会治安。清朝基本沿袭明制，县以下保甲制和里甲制并行。保甲负责社会治安，主要控制人口流动，维护社会稳定；里甲则以户为主，主要负责赋役征收，保障财政供给。

至明清时期，保甲制已作为基层治理的另一重要支柱被广泛推行。保甲制度通过构建严密的基层组织架构，将农村地区划分为若干保甲单位，实行严格的户籍管理与治安管理。这一制度的实施，有效加强了国家对农村地区的控制力，维护了乡村社会的治安秩序。保甲组织不仅负责监督村民的日常行为，防止违法犯罪活动的发生，还承担着人口统计、税收征收等行政职能，为国家的政策制定与资源调配提供支持。同时，保甲制度也在一定程度上促进了乡村内部的互助与合作，增强了村民之间的紧密联系与相互信任，为乡村社会的长远发展奠定了坚实基础。

在职役制与保甲制的双重作用下，宋元明清时期的基层治理展现出了自治与官治相结合的鲜明特点。村民自治能力的提升，使得乡村社会能够在一定程度上自主处理内部事务，减少了对外部干预的依赖；而国家通过保甲制度等手段的有效控制，则确保了基层社会的稳定与发展始终沿着国家意志的轨道前行。

（四）中国古代农村基层政权组织演进的启示

中国古代农村社会的村落形态虽显朴素，但已孕育了自治的萌芽。秦汉以降，随着国家权力向基层的渗透，乡亭里制度逐渐确立，构建了相对稳定的基层政权框架。唐宋变革之际，基层组织的结构更加精细，职能分工也更加明确，推动了乡村治理的专业化与效率提升。及至明清，保甲制度的强化既增强了国家对整个社会的控制力，也进一步激发了地方自治的活力，充分展现了古代农村基层政权建设由简单到复杂、由粗放到精细的历史性变迁。

在这一过程中，基层社会秩序的维护以及与中央政权的关联亦是核心议题。自治与官治的有机结合，地方乡绅在乡村治理中的角色，就被视为中国传统社会中的一种独特的政治现象，对后世产生了深远的影响。随着时间的推移，农村基层政权组织不断适应变化的社会经济条件，逐步形成了具有中国特色的农村自治组织，核心特征之一在于政权与自治的有机结合。

国家通过设立基层组织，实现了对乡村社会的有效管理和控制。这些基层组织又在一定程度上享有自治权，能够根据地方实际情况灵活调整治理策略。宗法组织在自治中发挥了关键作用，它不仅构建了严密的社会网络，还通过宗族规约和道德规范，促进了乡村社会的和谐稳定。邻里之间的监督与互助互济机制，则是乡村社会治理中的另一特色，体现了中国农村社区的独特温情与凝聚力。

二、中国近代农村基层政权的历史演进

随着西方列强的侵入与国内战乱频发，中国近代农村基层政权经历着前所未有的挑战与变革。清朝晚期的土地兼并加剧，地主阶级的形成与壮大，使农村基层政权结构趋向复杂化。不同地域、不同民族的农村社会，形成了各具特色的地方政权。尤其是太平天国的兴起与消亡，对农村基层政权产生了深远影响。

（一）晚清时期的农村基层政权

在晚清时期，农村基层政权的运作机制与传统社会的结构和文化背景紧密相连。这一时

期的农村治理主要依赖于乡绅阶层，他们利用家族和宗族网络，对乡村的日常事务进行管理和调解。乡绅治理不仅是传统自治特点的体现，更反映了当时社会的权力结构和文化习惯。然而，这种治理方式也存在一定的问题，如权力过于集中和潜在的腐败风险。为了加强对农村地区的控制，清政府还推行了保甲制度。该制度通过编制村民入保甲，并实施连坐制来维护治安和秩序。尽管这一制度在一定程度上强化了基层的稳定，但同时也给农民带来了额外的负担，进而引发了农民的不满情绪。

鸦片战争以后，清王朝内外交困，统治岌岌可危，为了挽救日益衰败的统治秩序，清王朝统治者不得不谋求通过改革来实现政权的巩固和延续。1908 年，清政府为适应变革需要，颁布《城镇乡地方自治章程》，规定，凡府厅州县官府所在地为城，其余市镇村屯集等地人口满 5 万以上者为镇，不满 5 万者为乡。城镇乡均为地方自治体。乡设立议事会和乡董，实行议行分立。乡议事会在本乡选民中选举产生，为议事机构。乡设乡董、乡佐各 1 名，负责执行议事会议决事项与地方官府委任办理事务，同时负责筹备议事会选举及议事事务。自治范围覆盖了近代一般地方行政的基本内容，包括教育、卫生、道路、农工商务、慈善救济、公共事业及地方财务等事项。这样一来，乡就开始成了一级行政区划和政权机构。这种变革开始改变了传统中国“王权不下县”的局面，也使得国家政权的触角伸入到了乡村底层社会，从而强化了对底层民众的控制和征敛。

推行地方自治政策的举措体现了晚清政府加强基层治理的探索。遗憾的是，这些改革尝试多数未能得到有效执行，使得农村基层政权在现代化进程中呈现出一种复杂且多元的状态，既有传统的乡绅治理，又有政府试图推行的现代管理方式。这种交织的状态，不仅揭示了晚清社会转型的复杂性，也预示了未来基层治理需要面对的挑战。

（二）军阀割据时期农村基层政权组织

民国初期，沿袭清末行政区划，县以下设立乡，把乡作为农村基层政权。后来，又一度将乡改为区。同时，源于清末地方自治运动的继续发展，在军阀统治的部分省份推行村治，就是以村为基本治理单元，并在村单元之上有的则设立区，当时区、乡一度成为自治机构，但因时局动荡，农村基层政权体制频繁变更，始终未能建立统一、稳定的组织体系。

民国时期，中国陷于军阀割据的混乱状态，农村基层政权成为各方势力争夺的焦点之一，农村基层建设却也因此被忽视。各地军阀为争夺地盘和资源，往往将重心置于军事扩张和地盘巩固上，对农村基层建设缺乏长远规划和有效投入。这一时期，农村基层政权建设在军阀割据与政权更迭的动荡背景中艰难前行。国家政治生态的碎片化导致农村基层政权建设遭受严重干扰，各地政权组织形式多样且管理效率低下，这导致农村治理体系混乱，农民生活于混乱与不安之中，农村社会秩序严重失序。这种动荡不安的局面不仅阻碍了农村经济的发展，也加剧了社会矛盾的激化。

（三）国民党统治时期农村基层政权建设

进入 20 世纪，辛亥革命后，国民政府试图改革农村基层政权，推行乡村自治运动，试图在农民中培养现代国民意识，推广法治精神。然而，现实中的乡村自治与理想之间存在巨大差异，抗日战争、内战等动荡让农村基层政权再次发生转变。特别是在日本占领区，乡村政权被迫进行适应性重构。

南京国民政府成立后，先后颁布《县组织法》《乡镇自治施行法》《区自治施行法》等法规，开始推行省、县二级制，县下设区、乡（镇）、闾、邻等“自治”组织。区、乡（镇）为自治机构，可以在不抵触中央和省、县法令规则的前提下，制定自治公约，选民可以直接行使创制权、复决权、选举权和罢免权等权力，同时要求完善并充实县、区、乡（镇）各级行政组织，使各类承担行政职能的人员纳入国家官僚体系之中。通过这些规定，县以下区和乡（镇）两级行政得到统一，中国传统社会以县为最基层的制度至此正式结束。

1932 年，国民党政府在鄂豫皖三省开始实施保甲制。1934 年，这一制度在全国推行。根据规定，保甲的编组以户为单位，户设户长；十户为甲，甲设甲长；十甲设保，保设保长。保甲组织的任务是清查户口，抽捐敛税，抽选壮丁，制定保甲规约，实行连保连坐，党化教育，建立地方武装，修筑工事等①。

国民党政府为加强对农村的控制和管理，推行了一系列基层政权建设措施，如区乡制、保甲制等。这些制度的初衷在于重塑农村治理体系，恢复基层秩序。而在鄂豫皖三省实施的保甲制，则旨在加强国民党政府对农村社会的控制。然而，由于国民党政权内部的腐败问题根深蒂固，官僚主义盛行，这些制度在实际执行过程中往往流于形式，未能真正触及农村治理的核心问题。加之国民党政府对农民利益的忽视和剥削，使得这些制度难以赢得农民的支持和信任，农村基层政权建设成效有限。

（四）中国共产党农村革命根据地的基层政权建设

中国共产党成立后，其乡村建设的主要任务就是领导、发动农民运动，夺取革命胜利，建立民主革命政权。为此，中国共产党在新民主主义革命的不同时期，都十分重视以开展广泛的土地改革推动农村基层政权建设。

大革命时期，中国共产党领导建立的农民协会是当时农村基层政权的最初萌芽，这也是中国共产党领导下建立的人民调解制度的开端，也是实行乡村自治的最初尝试②。土地革命时期，乡苏维埃政权是革命根据地基层政权组织，实行普遍选举制度，并根据农村的实际情况采取规范的选举程序和合适的选举方法③。抗日战争期间，根据“三三制”原则建立的乡政府是抗日根据地的基层政权组织，同时，在部分根据地，乡以下的村民代表会议（权力机关）、村公所（行政机关）则是基层政权组织。解放战争时期，一部分农村基层政权组织定位于乡镇层次（乡镇公民代表大会和乡镇政府），而在东北和华北解放区，基层政权组织则定位于村政府层次（村上为区、县人民政府）。

与军阀和国民党不同，共产党在农村革命根据地中进行了彻底的基层政权改造。通过土地革命、减租减息等政策措施，展现了中国共产党基层政权是代表农民群众利益的强大力

① 王景新，郭海霞：《中国特色乡村善治思想及实践：传承与创新》，《中国农史》2018 年第 3 期。

② 张希坡：《革命根据地的基层政权和群众性自治组织》，《法学研究》1983 年第 6 期。

③ 李增元，伍娟：《中国共产党领导农村基层治理的百年探索历程及基本逻辑》，《中国治理评论》2023 年第 2 期。

量，获得了广大农民的衷心拥护和支持。在此基础上，共产党建立了以贫雇农为主体的农村基层政权，这一政权不仅代表了农民的根本利益，也为农村经济发展和社会进步提供了坚实的组织保障。在中国共产党领导的农村基层政权下，农民的生产积极性被充分调动起来，农村经济得以快速发展，农民生活水平显著提高。同时，农村基层政权还积极参与社会管理和公共服务提供，推动了农村社会的全面进步。从军阀割据的动荡不安到国民党政权建设的局限与失败，再到中国共产党领导下的基层政权改造与成功实践，这一过程不仅反映了中国农村社会的深刻变革和发展轨迹，也为当前和未来的农村治理提供了宝贵的历史经验和启示。

从上述对近代农村基层政权建设的梳理可知，无论是晚清时期、国民政府统治时期、还是中国共产党领导的民主革命时期，农村基层政权建设都一改传统社会以县为最底层政权的局面，国家政权开始逐渐延伸到乡村一级，国家对乡村社会的控制逐渐强化。但是由于近代半殖民地半封建的社会属性，国家政权并没有实现对底层社会的一体化控制，再加上传统小农经济的持续存在，使得近代的基层政权仍然呈现出传统与现代的交融。

三、新中国成立后农村基层政权组织的演进

在社会主义改造完成后，中国实行以公有制为基础的指令性计划经济，以及与之相配套的“全能主义”政治模式，使得社会结构变成了一种“总体性社会”[①]。在这种政治经济体制之下，国家权力和行政控制在乡村社会的渗透，随着“三级所有，队为基础”的人民公社体制建立得以全部完成。然而，这种高度统一且总体上并不成功的制度安排，发挥着维护农村社会稳定、普及和提高农业生产技术、改造农民思想意识、保证国家工业化顺利进行等方面的制度功能，但因其治理绩效的边际贡献不断递减而难以为继，最终随着改革开放政策的确立和推进而退出。

（一）新中国成立初期农村基层政权组织的建立与发展

这一时期，农村基层政权组织从新中国初期的乡村政权构建，到人民公社体制下的高度集权，再到改革开放后的乡政村治模式，经历了土地改革、人民公社、家庭联产承包责任制等重大转变，逐步形成了适应不同历史时期农村经济社会发展要求的基层治理结构，不仅承担着政治稳定的责任，还肩负着促进农业生产、改善农民生活的双重使命。

1. 乡、村政权体制并存时期

1950 年中央颁布了《乡（行政村）人民代表会议组织通则》和《乡（行政村）人民政府组织通则》，由此确立了乡村并存的基层政权模式。这一模式的特点主要体现在以下几个方面：乡、行政村同为农村基层政权组织，但乡建制较小，通常由一村或者数村组成，人口覆盖多在 500～3 000 人；乡、行政村实行议行合一。乡、行政村的人民代表会议作为乡村权力机关存在，乡、行政村人民政府作为执行机关存在；在乡以上设区，作为政权实体或者县的派出机关，领导乡、行政村的工作；农村基层政权建设尚不成熟、变动幅度较大，但为以后的基层政权建设积累了经验。

① 孙立平，等：《改革以来中国社会结构的变迁》，《中国社会科学》1994 年第 2 期。

2. 乡政权体制时期

1954 年《中华人民共和国宪法》颁布后，农村基层政权出现了较大变更，主要体现在：原有的行政村建制取消，统一为乡建制，设立乡政权；在少数民族聚居区设置民族乡建制；乡政权的行政机关更名为“人民委员会”；乡之上不再设区建制；乡的规模有所扩大，且可以设置相应的下属机构。《中华人民共和国宪法》《中华人民共和国地方各级人民代表大会和地方各级人民委员会组织法》《关于健全乡政权组织的指示》等几个法律规章对乡政权的性质及法律地位、政权构成、基本职权、产生方式等有关方面进行了规定。

乡（民族乡）是农村基层行政区划，乡政权是农村基层政权，是国家政权的有机组成部分。1954 年颁布的《中华人民共和国宪法》规定，从国家到地方的权力机关是各级人民代表大会，地方人民委员会即地方各级人民政府是地方各级人民代表大会的执行机关，是地方各级国家行政机关。乡镇人民政府作为国家基层政权的执行机关，其法律地位由宪法和地方人民政府组织法确认。与其他级别的政权不同，基层政权不具有制定法律法规的权力，其决策也只是针对辖区内的事务，一般只在辖区内有效。更重要的是，乡、镇一级的基层政权要服从和执行国家法令和上级的决定，司法也由上级政府来执行。但乡、镇可以协助上级政府司法，并主动完成诸如调解纠纷之类的初级工作和对社会治安的维护。

1954 年政务院内务部《关于健全乡政权组织的指示》规定：“乡人民政府应设置各种工作委员会。一般应按生产合作、文教卫生、治安保卫、人民武装、民政、财粮、调解等方面的工作，分设各种经常的工作委员会，各地可依据具体情况合并或调整，但最多不得超过七个。”1954 年《中华人民共和国宪法》和《中华人民共和国地方各级人民代表大会和地方各级人民委员会组织法》对此规定作了确认。1955 年 9 月，中共中央以文件的形式规定，乡的区划宜大不宜小，到 1955 年底，全国平均每个乡的辖区范围扩大了一倍，但乡政府的结构没有改变，只是各常设委员会增多了，不止规定的七个，相应干部的人数也增多了。

3. 农业合作化运动对基层政权组织的影响

全国第一次互助合作会议 1951 年在北京召开，制定的《中共中央关于农业生产互助合作的决议（草案）》明确指出，农业生产互助合作要从临时的互助组转变为常年的互助组，进一步发展为土地入股的初级农业生产合作社，并要求基层干部切实加强对合作社的领导，有重点地办好合作社试点，适时地加以推广。

农业合作化运动突破了基层政权单一行政事务的局限，全方位地加强了对农村的管理和控制。土改完成后，乡镇人民政府的工作重心转为经济建设、发展生产、领导互助合作以及兴办文化教育等方面。不仅粮食和经济作物的生产以及畜牧业、手工业、商贸、企业、金融、服务等领域都成立了相应的合作组织，而且合作化运动的动员程度比土改运动还要高。这就必然要求基层政权直接参与实施，使基层政权的职能无限地扩大。在上级高指标的任务面前，基层政权根本不去考虑其行政职能的规范，而是在工作中普遍采取全民动员或行政命令的方式来对农业生产和农民生活进行控制和管理，造成了党政不分、政企不分的局面。

（二）人民公社体制时期的农村基层政权组织

人民公社起源于农业合作化运动，伴随“大跃进”运动在农村大规模建立的工农商学兵一体、政社合一的社会经济组织和基层政权，形成了农业征税单位、农村土地所有和国家政权结构完全统一的现代治理体系①，将几乎所有的生产、经营、居住及迁徙活动都掌握在基层政权手里，主要的农业资源及其分配由基层政权支配，使乡村社会处于高度行政化、组织化状态②。

1. 人民公社组织的建立与发展

1957 年冬到 1958 年春，全国出动上亿的劳动力去大搞农田水利基本建设。在农田水利建设掀起高潮的时候，毛泽东已经从这种准军事化的大动员、大协作中看到了创建农村基层政权新模式的可能。1958 年在南宁会议上，毛泽东听说广西有几个合作社合并的事情，当时就表示支持说："可以搞联邦政府，社内有社"。这样一来，全国农村迅速掀起了小社并大社的浪潮，基层政权的规模一下子扩大了几倍，合作化运动的推进"使农民社会前所未有的国家化了"③。

当时，全国农村以兴修水利，大力积肥，小社并大社可以提前实现农业发展纲要为主要内容的"大跃进"和人民公社运动，很快就把各行各业都动员进来。高度组织、一元化领导、政权直接管理一切，等等，这些做法在政治上和意识形态上成了无产阶级和资产阶级、社会主义道路和资本主义道路的斗争内容。在这样的时代背景下，农村基层政权无论如何也不可能只作为一级行政机构了，乡镇人民政府也越来越需要一种新的合法形式直接去领导政治运动，推进阶级斗争，人民公社因此应运而生。

人民公社的基本特点可以概括为"一大二公"和"政社合一"，前者指人民公社的组织规模大，生产资料公有化程度高，后者则指公社既是农村的基层单位，又是经济组织，还是政权组织。通过自上而下的纵向权力整合机制，建构了以"公社—生产大队—生产队"为基础的"政社合一"治理格局④，形成了组织规模扩大化、日常管理军事化、社会生活政治化、行政体制科层化等特征的"集权式乡村动员体制"单轨治理，实现了国家对乡村社会的全面改造，全方位支配着农民的社会生活⑤，这种治理模式深刻地影响着中国农村基层政权的发展。

2. 人民公社组织的内容

人民公社基本负责全社的农林牧副渔业生产，同时也管理工农商学兵等各方面的工作。

（1）人民公社的性质和法律地位。性质和法律地位主要体现在政社合一、基层单位、基层政权三个方面，包括政社合一的组织形式、经济和政治的双重职能。人民公社是在高级农业生产合作社的基础上联合组成，是中国社会主义农村中的基层单位，又是中国社会主义政权在农村中的基层单位。在法律上具有双重地位，既是经济组织，也是一级政府机构，是基层政权和社会的统一体。

（2）人民公社的组织结构。人民公社的组织结构主要由公社、生产大队和生产队三级构

① 陈文胜：《论中国乡村变迁》，社科文献出版社，2021，第 119 页。

② 张静：《基层政权：乡村制度诸问题》，上海人民出版社，2006，第 35 页。

③ 徐勇：《政权下乡：现代国家对乡土社会的整合》，《贵州社会科学》2007 年第 11 期。

④ 李友梅：《中国社会管理新格局下遭遇的问题：一种基于中观机制分析的视角》，《学术月刊》2012 年第 7 期。

⑤ 马良灿：《中国乡村社会治理的四次转型》，《学习与探索》2014 年第 9 期。

成，三级组织之间具有隶属关系。农村公有生产资料分别为公社、生产大队和生产队所有，并以生产队为基础。公社作为最高一级的组织，负责整体规划和指导。生产大队位于公社和生产队之间，负责协调和管理。生产队作为基本核算单位，负责具体的生产和分配工作。生产队的性质相当于高级社，规模相当于初级社。

（3）人民公社的职能。国家强大制度型权力，通过高度集中的人民公社管理体制，以历史上前所未有的深度和广度全面进入乡村社会生活，从而将亿万分散孤立的农民整体性地组织与整合到政党和国家体制之中，形成了“全能主义”的乡村治理模式[①]，全方位推进了国家政权对农村社会的全面管控。人民公社的管理委员会在管理生产建设、财政、粮食、贸易、民政、文教卫生、治安、民兵和调解民事纠纷等项工作方面，行使乡人民委员会的职权。后来还增加了一个非常重要而独特的职能，即对计划生育工作的领导和管理。从经济和行政的结合角度来看，公社的一个主要职能是在指导和帮助生产队理顺分配机制的基础上，督促生产队完成国家规定的粮食和其他农副产品的征购、派购任务。这样一来，农村社会的村级行政职能从治安、税收等扩大到发展生产、政治动员、文化教育、社会服务，村级组织正式进入了国家的行政体系，不仅是农村基层的社会管理单位，而且是农村基层的生产组织单位[②]。

（4）人民公社基层政权组织评价。人民公社以政治动员和行政强制为主要措施，把小农经济的乡村社会纳入国家的政权体系中，实行公社、生产大队、生产队三级管理，依靠“三级所有、队为基础”的统一经营制度以及剪刀差的方式，以城乡两种不同户籍制度、资源配置制度等制度体系，建构了自上而下和自下而上相结合的乡村治理权力结构，使国家与乡村、农民关系表现为城乡二元结构的制度化，确保了国家对乡村资源的汲取能力。本质上反映了国家汲取乡村资源达成工业化、现代化的目标，保障乡村资源服从于工业和城市发展的需要，由此形成了工业和城市优先发展的城乡二元格局[③]。

在“强国家弱社会”的模式下，农民处于主体缺位状态，除了困守于土地，既没有行动自由，没有自由择业的权利，也没有支配资源的权利，没有处理自己产品的权利，只能依靠国家来配置必需的生产生活资料。因此，尽管人民公社体制实现了国家与农民的有效对接，使国家权力呈现出对乡村社会超强的管制能力，却造成了农民个体意识被集体意识强力吸纳，限制了农民个体自由的成长，压缩了乡村社会的发展空间[④]。对于国家政权建设来说，权力运作的有效性并不能代替权力运作的规范性[⑤]。以牺牲乡村和农民利益为代价的高度行政效率，也同时高度抑制了经济发展效率。进行家庭联产承包责任制的农村改革，全面释放农民的个体自由发展，无疑具有历史的必然性。

---

① 周庆智：《县政治理：权威、资源、秩序》，中国社会科学出版社，2014，第 50 页。

② 曹锦清：《当代浙北乡村的社会文化变迁》，上海远东出版社，2001，第 573 页。

③ 陈文胜：《论中国乡村变迁》，社科文献出版社，2021，第 119－120 页。

④ 马华：《村治实验：中国农村基层民主的发展样态及逻辑》，《中国社会科学》2018 年第 5 期。

⑤ 张静：《基层政权：乡村制度诸问题》，上海人民出版社，2006，第 305 页。

四、改革开放时期农村基层政权组织

进入改革开放时代，户籍制度和农业税赋体系的改革再次深刻影响农村基层政权组织的构建。村民委员会和村民小组这两种组织形式成为基层民主的基础，村民自治成为农村基层政权的重要组成部分。作为基层治理的新实践，村民自治日益显示出其对提升农村治理能力和激发农民参与积极性的积极作用。而经济合作社、农民专业合作社等新型农村经济组织的兴起，为农村基层政权提供了新的功能定位与服务创新，促进了农业现代化和农村社会的稳定发展。

（一）改革开放后基层政权组织的建立和发展

党的十一届三中全会之后，人民公社在以“包干到户”为突破口的农村经济改革中逐步解体，随即展开“政社分离”，通过“社改乡”建立了乡级政权，并在宪法中确立了乡级政权的法律地位，中国农村基层政权又经历了一次变革，乡再次成为中国最低层次的国家政权。同时，广大农村实行村民自治制度，行政村成为基层群众自治组织，并在宪法中明确了农村基层群众性自治组织的制度安排，促使乡、村的政与治分离，国家对乡村社会的治理结构表现为政权在乡镇、民主自治在村的“乡政村治”。

1. 人民公社的终结

“文化大革命”后中国处于前所未有的历史困境，“整个国民经济几乎到了崩溃的边缘”[①]。党的十一届三中全会正式作出把党和国家的工作重点转移到以经济建设为中心的四个现代化建设上来的战略决策，提出把发展社会生产力作为中心任务，从此确定了改革开放以来的根本政治路线，成为中国改革开放时代的历史起点和逻辑起点[②]。

为了尽快在农村改革上取得突破，党的十一届三中全会决定的最重要的一项政策，就是必须认真执行按劳分配的原则，克服平均主义。长期以来的社会主义农村建设就认为集体化和人民公社是必然的方式，而邓小平认为，“过去搞平均主义，吃‘大锅饭’，实际上是共同落后，共同贫穷，我们就是吃了这个亏”[③]，导致农业效率低下到了让农民难以生存的地步。在社会生产力还十分落后的情况下，“必须实行按劳分配，必须把国家、集体和个人利益结合起来，才能调动积极性，才能发展社会主义的生产”[④]。只有首先解决好发展问题，在越来越多的人和越来越多的地区富裕起来之后，才有条件有能力去解决发展起来的问题。这个被邓小平称为的“大政策”在占全国80%人口的农村率先推进，逐步取代了“农业学大寨”运动，标志着人民公社时代的终结[⑤]。

1982年第五届全国人民代表大会第五次会议通过的《中华人民共和国宪法》明确规定，乡、民族乡和镇是中国最基层的行政区域。乡镇行政区域内的行政工作由乡镇人民政府负

① 华国锋：《团结起来，为建设社会主义的现代化强国而奋斗》，人民出版社，1978，第5页。
② 陈文胜：《论中国乡村变迁》，社科文献出版社，2021，第36－37页。
③ 邓小平：《邓小平文选》（第3卷），人民出版社，1993，第155页。
④ 邓小平：《邓小平文选》（第2卷），人民出版社，1994，第351页。
⑤ 陈文胜：《论中国乡村变迁》，社科文献出版社，2021，第43页。

责，乡镇人民政府实行乡长、镇长负责制。乡长、镇长由乡镇人民代表大会民主选举产生。

1983年中央一号文件《当前农村经济政策的若干问题》提出，“人民公社的体制，要从两方面进行改革。这就是，实行生产责任制，特别是联产承包制；实行政社分设。”中共中央、国务院在1983年发出了《关于实行政社分开，建立乡政府的通知》，进一步明确“争取在1984年底以前大体上完成建立乡政府的工作，以改变党政不分、政企不分的状况”。各地在中央文件指导下开始有步骤地推进农村政社分设改革，到1985年春，全国农村人民公社政社分开建立乡政府的工作全面结束，开始了中国农村基层政权的乡政村治时期。

2.“乡（镇）—村—组”阶段

在1985年，中国基本完成了农村基层政权组织形式的过渡，即由“社—队”模式转向“乡（镇）—村”模式。截至1985年底，全国共建乡79 306个、民族乡3 144个、镇9 140个、村民委员会948 628个和村民组588万多个①。从中央一号文件的角度看，1984年和1986年的中央一号文件分别第一次使用了“村民委员会”和“乡政府”的概念，1986年中央一号文件还对乡政府怎样履行行政职能和经济职能提出了具体要求。从1986年开始，以转变乡镇政府职能和减轻农民负担为目的的“撤乡并镇”改革，及以县对乡简政放权为切入点和以理顺县乡关系为落脚点的县乡综合改革试点陆续在各地展开。这些体制机制改革结合“村民自治”制度的推行，对县级政府与乡镇政府的关系、乡镇政府与村级组织及村民的关系变化产生了巨大影响②。从此，中国农村基层政权全面进入“乡（镇）—村—组”结构模式。

3.“乡（镇）—村—组”与“乡（镇）—村（社区）”并行阶段

2006年全面取消农业税及与之配套的权力上收、精简机构、裁撤人员等乡镇行政体制改革，更是打破了以“土地养农民—农民养政府”为主线的乡村治理体系。乡镇与乡村之间的互动也不再是“要钱、要粮、要命”。虽然税费改革使原来的从下往上“收钱收粮”转变为现在的从上往下“发钱发粮”，但是乡镇政府“日子并没有好转”，乡镇由于财政权和人事权的“空壳化”、乡镇干部与农民旧有关系脱离趋于渐行渐远而陷入“悬浮型”状态③。乡镇政府逐渐变成县级政府的“派出”机构，县级财政变成乡镇财政的“家长”。无钱又无权的乡镇政府，在官僚科层组织、乡村基层社会等多重关系中只能扮演“协调者”的角色。这一系列的重大变化，在基层治理过程中，形塑着现行的乡镇政府体制，也积蓄了亟须解决的矛盾和问题。

中共十六届六中全会通过的《中共中央关于构建社会主义和谐社会的若干重大问题的决定》提出“积极推进农村社区建设”的新任务。2008年中央一号文件重申了“创新农村社区管理和服务模式，优先在城市郊区开展农村社区建设实验工作”的要求。此后，中国农村形式各样的社区大量出现，相应的社区管理机构相继建立，有的是乡镇政府主导建立，代表乡镇政府承担公共管理职能，有的是跨村联合设立，为社区居民提供生产生活服务。农村社

① 聂红琴，陈安：《建国以来我国农村基层政权的构建及思考》，《唯实》2009年第11期。

② 陈文胜，汪义力：《乡村振兴背景下乡镇治理现代转型研究》，《农村经济》2022年第4期。

③ 周飞舟：《从汲取型政权到“悬浮型”政权——税费改革对国家与农民关系之影响》，《社会学研究》2006年第3期。

区及其管理机构的建立与运行，改变了“乡（镇）—村—组”的权力结构和配置方式，独立运作20余年的“乡（镇）—村—组”基层政权组织结构也因此发生变化，中国农村基层政权组织结构进入“乡（镇）—村—组”与“乡（镇）—村（社区）”并行阶段。

在乡村治理目标转变为“工业反哺农业、城市支持农村”的新农村建设战略这一重要历史性拐点，乡镇治理的转型逐步开启，构建服务型乡镇政府作为推进农村综合改革的目标和转变乡镇政府职能的方向，在理论和实践中被明确下来。

伴随着社会主义市场经济的高速发展和国家资源越来越多地向乡村输入，乡村经济社会发展大踏步向前，从而引起乡村社会的治理结构、治理生态发生转变，乡镇治理秩序不再是以往单一的熟人社会治理，逐步呈现出政府、市场、社会、个人等多元主体参与治理的共治格局[①]。乡镇治理转型的实践探索在21世纪的第二个十年，尤其是党的十八届三中全会首次提出实现国家治理体系和治理能力现代化的重大命题和党的十九大提出乡村振兴战略背景下，迎来新的发展阶段，显现出不同于过去的新形态和新趋势。

总体而言，从“政社分开”建乡，到“撤乡并镇”改革，到理顺县乡关系，再到乡镇政府职能转变，最终沿着建设服务型乡镇政府的实践探索行进至以乡村振兴为价值导向推进乡镇治理现代化，这是自改革开放40多年来乡镇变革的基本线路图。从新中国成立初期到改革开放前的“政社合一”，到改革开放后的“乡政村治”，再到党的十八大以来的“多元共治”，体现的是新中国成立70多年来乡村治理体制变革的不断深化[②]。

（二）改革开放后基层政权组织的评价

“乡政村治”是新时期中国农村基层政权的管理体制，是立足于中国国情、顺应国家现代化要求而建立的，既改变了人民公社时代“政社合一”的乡村治理结构，也与古代“县政村治”的乡村治理结构存在根本性不同，使国家与乡村、国家与农民的关系发生了前所未有的历史性变化和重大调整[③]。尤其是村民自治制度的建立，村干部只是在行为角色上带有明显的官方色彩，在身份上仍然是没有政府薪酬的村民，官僚化特征不很明显。一方面，体现了民主与法治的原则，为改革开放以来推进农业农村现代化提供了坚实保障，作出了历史性的贡献。另一方面，使广大农民获得了一定程度的政治民主权利，极大地焕发了农民群众的政治和生产热情，推动了农村基层民主的发展，同时也对推动农村经济的发展起到了重大作用。

乡镇政权作为共和国大厦的基石，在处理工业与农业、城市与乡村、政府与市场、国家与社会、农民与土地等多重关系中，始终是中国现代化的现实焦点，也是现实难点。在农村税费改革前的相当一段时期内，由于国家从农村汲取资源的体制没有根本改变，乡镇政权很难完整地发挥一级政权组织的功能，村级组织又陷入“非官非民”的境地，导致乡村治理困境：一方面基层政权从体制设置到运作程序还远未能适应现代市场社会的需要，但自身却出

① 陈文胜：《城镇化进程中乡村治理秩序的变迁》，《浙江学刊》2020年第5期。

② 陈文胜，汪义力：《乡村振兴背景下乡镇治理现代转型研究》，《农村经济》2022年第4期。

③ 陈文胜：《论中国乡村变迁》，社科文献出版社，2021，第124页。

现经济化和营利型特征。另一方面，村级治理刚刚迈开民主化转型的步伐，普遍面临职能错位、缺位、越位等困境，村民自治基础也因此不断被消解。多重困境叠加导致这一时期出现乡镇无法有效地输出公共产品、村干部无法很好地履行职能的状况[①]。

治理困境导致“乡政”与“村治”的力量对比出现逆转，基层政权组织非但没有实现“乡政村治”框架下的博弈、整合和双赢，反而由双方的利益导向进行了“合流”，形成了所谓的“乡村利益共同体”，国家在从农村社会抽取用于现代化建设事业的资源时，却无法有效地控制其代理人，导致农民负担不断加重、乡镇机构膨胀、干群关系紧张，但国家从农村中获取的资源只是略有增加[②]。可以说，这一时期的基层政权扮演着“营利型经纪”的角色，“抓经济”“抓稳定”“抓计划生育”和“抓数字”的组织行为则是其“内卷化”的突出表现[③]。农村基层政权与乡村社会之间的关系发生异化，“三农”危机涌现，最终催生了农村税费改革。

取消农业税后，国家与农民、城市与乡村的关系发生了全新的变化，基层政权职能转型迎来了新的契机，围绕职能如何定位、如何现代转型的问题，推进基层政权的职能加快向社会管理和公共服务回归，是加快乡村治理体系与治理能力现代化的关键所在[④]。而在取消农业税后，地方政府却通过人事管理和基层行政权力框架，全面构建村干部财政薪酬与绩效考核等官僚化制度，村委会越来越“行政化”。村级组织无论在形式上还是实质上均已经发展为具有显著官僚制特性的行政组织[⑤]。虽然沿用“乡政村治”的自治结构，但政府通过项目下乡和财政转移支付为标志的公共财政与公共服务，导致村民委员会不得不依附于乡镇政府，逐渐将村自治组织沦为办事机构，更多地服从于政府的行政需求，村民自治空间在不断缩小。村民自治制度陷入了一个空挂状态，“乡政村治”在很大程度上衰变为“乡政统治”，国家与农民之间的关系在乡村治理层面走向不断疏离。

村民自治权利之所以空置，是因为法律文本留出了太多可供政府部门自由裁量的空间。《中华人民共和国村民委员会组织法》对村党支部的“领导作用”要求十分明确，但法律对村党支部如何发挥“领导作用”、村党支部与村委会的职权边界缺乏可操作性的规范机制。正是由于制度的缺陷才导致村党支部与村委会的冲突频繁发生，上级机构因此才有了进入乡村秩序的正当性，这不仅鼓励了上级的干预，而且错过了农村基层社会自治的发展契机[⑥]。于是，由村党支部书记通过选举担任村委会主任以作为在乡村社会的组织人事保证，而在下级服从上级的党内组织原则下，“乡政村治”中的“乡政”与“自治”合二为一，演变为一种自上而下的“官治”，已经成为一个推向全国的村干部行政化大趋势[⑦]。

在村级组织实实在在地变成了乡镇党委、政府办事机构的现实下，就进一步强化了乡村社会对村干部的政府官员身份认同。那么，民主自治的立法精神能否落实与中国的国情有什

① 吴毅：《缺失治理资源的乡村权威与税费征收中的干群博弈》，《中国农村观察》2002 年第 4 期。
② 欧阳静：《基层政权组织的理想之路与现实之困》，《中国法律评论》2015 年第 1 期。
③ 马良灿：《“内卷化”基层政权组织与乡村治理》，《贵州大学学报》（社会科学版）2010 年第 2 期。
④ 陈文胜：《中国乡村何以兴》，中国农业出版社，2023，第 159 - 160 页。
⑤ 欧阳静：《村级组织的官僚化及其逻辑》，《南京农业大学学报》（社会科学版）2010 年第 4 期。
⑥ 张静：《基层政权：乡村制度诸问题》，上海人民出版社，2006，第 230 页。
⑦ 陈文胜：《论中国乡村变迁》，社科文献出版社，2021，第 127 - 128 页。

么内在联系？中国村民自治最突出的特点就是国家赋权，立法精神能否落实不仅取决于政府简政放权所能够提供的体制空间，而且在实践中需要提供所必要的社会条件①。

第三节 农村基层政权组织在乡村治理中的作用

党的农村基层政权组织在乡村治理中发挥着核心作用，表现在强化政治引领，巩固基层党组织在农村治理中的领导核心地位；全面领导乡镇、村的各种组织和各项工作，是党在农村全部工作和战斗力的基础；发挥整合中心作用，确保村级组织坚强有力和治理有效。

一、农村基层政权组织关系党的执政根基

"基础不牢，地动山摇"。农村基层政权组织作为党在农村基层的政权组织，直接服务于党的领导核心作用的发挥，直接承担着政策宣传、实施和监督的职责，是党与农民群众沟通的桥梁。农村基层政权组织的健全性与效能发挥不仅影响到党的理念与政策能否在广大农村地带得到准确无误的贯彻执行，而且与是否能够维护党的执政根基紧密相连，在确保农村社会稳定、维护农民权益、推动乡村经济发展和农业农村现代化等方面发挥着不可或缺的作用。

作为国家政权在农村的最基层政府，乡镇人民政府和乡镇人民代表大会直接与农民群众接触，负责贯彻执行国家政策、管理农村事务，并反馈农村的社情民意，在党和政府与农民之间建立起更为密切的联系。这些基层政权组织不仅是党和政府政策的执行者，更是党与人民群众之间的纽带，确保了党在农村广泛而深入的影响力。

乡镇人民政府通过管理和服务，确保党的各项方针政策在农村得到落实，确保政治稳定性和政策连续性，维护农村社会的稳定和经济发展。乡镇人民代表大会则代表农村人民的利益，对政府的工作进行监督，确保其符合人民的需求和法律规定。无论是政策自上而下的传达，还是民意自下而上的反馈，农村基层政权组织都是关键环节。这种双向互动巩固了中国共产党的执政基础，确保其政策在农村的有效实施。

加强农村基层政权组织建设，是确保党在基层执政地位的关键。为实现政策的有效落地与乡村振兴战略的全面推进，需更加重视这一战略性力量的作用发挥。农村基层政权组织作为执行者，必须具备足够的权威和专业能力，不断提升农村基层政权的组织化、制度化、规范化和专业化水平，增强基层组织的凝聚力与创新力，通过组织动员与管理协调等多种方式，推动政策实施，促进公共资源的合理分配与利用，为农村的可持续发展和农民的福祉增进提供坚实保障。

二、农村基层政权组织关系乡村振兴战略落地

农业农村现代化是新时代中国乡村治理的核心内容，农村基层政权组织是乡村治理的基石，在促进资源配置、政策宣讲、规范管理、公平调节等多方面发挥了不可或缺的作用，实

① 徐勇：《村民自治的成长：行政放权与社会发育》，《华中师范大学学报》（人文社会科学版）2005年第2期。

现了政策的有效传达和执行，确保了治理目标的实现，其在农业农村现代化进程中的重要作用和深远影响展现出多维度的效力。

农村基层政权在实现乡村治理中发挥了信息传输的关键角色。通过构建信息反馈机制，加强了对农民需求的及时响应，优化了信息沟通渠道，防止了信息在传递过程中的失真与滞后。基层政权对于政策的解读和实施，使治理策略得到了快速和准确地贯彻。而在资源配置方面，农村基层政权组织通过建立公开透明的资源审批和分配体系，有效提高了资源使用效率，保障了公共资源的公平分配。通过发动群众参与乡村建设，基层政权不仅提升了居民的治理参与感，而且也拓展了资源调动的广度与深度。

在农村基层政权组织的推动下，乡村治理结构也得到了优化。组织内部通过合理设立职能部门、明确工作职责和流程，构筑了有效的治理架构。基层政权的规范化和制度化推进，进一步提升了决策的透明度和执行的标准化水平，为农民提供了一个可信赖的治理平台。

具体而言，乡镇人民政府是推动农业农村现代化的重要力量，负责统筹资源，协调各方力量，推进制度建设、人才引进和财政保障等工作，确保乡村治理相关战略能够在基层有效落地。乡镇人民代表大会在乡村治理中承担着立法和监督职能，确保各项政策和措施在农村的执行符合人民的需求和法律规定。通过有效的监督和立法，乡镇人民代表大会推动乡村振兴战略的顺利实施，保障农村治理的制度化、规范化。

三、农村基层政权组织关系乡村经济发展

农业是国民经济的基础，也是保障人民安居乐业、国家长治久安的基础。农业与国民经济关系密切，农业发展顺利对国民经济就会有支撑作用，一旦农业发展滞后，就会影响国民经济的健康可持续发展。而在现代化的进程中，农业效益递减与工业效率递增、农业在国民生产总值的比重不断下降不可逆转，这是社会发展进程中的必然趋势，农业在任何地方任何国家都会或早或迟地必然成为弱势产业[①]。对于中国而言，“在现代化进程中，如何处理好工农关系、城乡关系，在一定程度上决定着现代化的成败”[②]。农业是一个多功能产业，是准公共产品，应站在工业化、城镇化的大趋势中全面保障农业的发展。这就需要农村基层政权组织在推动农村经济发展过程中，通过提升政策传导效率、资源配置能力，以及创新激励机制，激发农村经济的内在活力，为农业现代化提供强有力的支撑。

因此，农村基层政权组织在农村经济发展中起着至关重要的作用，这主要体现在以下几个方面。首先，农村基层政权组织是农村经济发展的组织保障，农村基层党组织是党执政的“终端”，是农村各种组织和工作的领导核心，通过加强农村基层党组织建设，发挥政治优势和组织优势，能够集中智慧和力量，保障农村经济的发展。其次，农村基层政权组织为农村经济发展提供政策支持和基础设施建设，改善村容村貌，优化农民生产生活环境，拓宽农民的增收渠道，增加农民的就业机会。最后，农村基层政权组织在推动农村经济发展中发挥着信息桥梁和创新示范的作用，通过宣传和贯彻执行党的路线方针政策，降低政策传达中的信

① 陈文胜：《中国农业何以强》，中国农业出版社，2023，第9页。

② 《习近平关于“三农”工作论述摘编》，中央文献出版社，2019，第42页。

息失真与滞后性，发挥示范引导作用，引入新型经营模式与技术，提升农村经济创意和产业升级的速度，推进农业的可持续发展。

产业振兴是乡村振兴的首要任务，农业是现代化进程中的弱势产业，必须依靠国家和政府的力量推进“工业反哺农业、城市支持农村”，而农村基层政权组织是推动农村经济发展的决定性力量。具体而言，乡镇人民政府在农村经济发展中扮演着指导者和推动者的角色，负责制定和执行促进农业发展的政策，提供技术支持，组织农业生产活动，并吸引投资，促进农村经济的多元化和现代化发展。通过有效的管理和服务，乡镇政府推动农村经济增长，改善农民生活水平，助力乡村振兴战略的“产业兴旺”目标的实现。乡镇人民代表大会则通过监督政府工作，确保经济政策的制定和实施切实符合农村的实际需求，保障农民的利益，并推动农业供给侧结构性改革，提升农村经济的可持续发展能力。

四、农村基层政权建设关系乡村社会和谐稳定

农村基层政权作为连接国家与乡村社会的桥梁，发挥着对上沟通信息、对下传达政策、灵活分配资源和组织动员群众的重要作用，不仅是联系群众、服务群众的重要纽带，更是维护农村社会和谐稳定的基石，从根本上决定着乡村治理体系和治理能力现代化的顺利实现。在农村基层政权建设中，通过建立多元联动的乡村治理模式，强化村民自治、法治乡村建设与基层治理的内在联系，实现农村基层政权组织与群众的互动，提升农村社会共治的效果。同时，充分发挥本土文化优势，尊重并利用地方习俗和规范，提高政策的接受度和执行效果。这不仅能更好地反映农村社会的实际需求，也有助于提升农村政权的公信力和执行力。

具体而言，乡镇人民政府负责管理农村社会事务，调解社会矛盾，维护治安秩序，确保农村社会的和谐与稳定。乡镇人民代表大会通过代表村民的利益，对政府的社会管理工作进行监督，确保其公平、公正、透明，减少社会矛盾和冲突。

乡镇人民代表大会和乡镇人民政府的建设，直接影响到基层政权的稳固性和有效性。加强农村基层政权组织建设，特别是提高乡镇干部队伍的素质和能力，是实现农村社会稳定、实施乡村振兴战略、保障国家长治久安的关键所在。通过加强管理和服务能力，农村基层政权组织可以更好地解决农村社会中的矛盾和问题，维护农村的和谐与稳定。

在推进中国式现代化进程中，以农业农村优先发展为原则把乡村振兴提高到了前所未有的国家战略地位，越来越多的强农惠农政策密集出台，但在现实中不少政策未能实现预期效果，根本原因就是作为关键环节的农村基层政权，出现了严重的“内卷化”问题①。在压力型体制驱使下，乡镇党委政府和乡镇干部长期面临权责不等、财政拮据、工作被动、形式主义等“体制性困局”②。既源于当前复杂的经济社会发展环境，也源于在推进乡村振兴中对官僚主义和形式主义的防范不足，严重制约了乡村治理现代转型和乡村振兴的顺利推进。

因此，加强农村基层政权建设，迫切需要把握全面现代化进程中乡村治理与人口结构、经济结构、利益结构、思想观念等深刻变化的互动关系及生成机制，围绕农村基层群众对公

① 陈文胜：《中国乡村何以兴》，中国农业出版社，2023，第 129 页

② 周少来：《乡镇政府体制性困局及其应对》，《社会科学文摘》2020 年第 1 期。

共资源配置和基本公共服务的需求表达困难和缺乏影响力的难点堵点，从乡村公共职能、乡村公共决策、乡村公共服务三个层面，破解最迫切需要的供不应求与不是最迫切需要的供大于求这样一个乡村社会公共需求结构性矛盾，确保公共服务满足农民最迫切的需要，公共决策满足农民最广泛的参与，公共权力满足农民最根本的愿望。

第四节　农村基层政权组织建设的进路

全面推进乡村振兴，是脱贫攻坚取得全面胜利后中国农村社会发展和现代化建设的又一次重大战略转变，标志着中国乡村发展已经从追求效率转向追求公平、从偏重于发展生产力转向同时促进上层建筑完善。中共中央办公厅、国务院办公厅在 2019 年印发了《关于加强和改进乡村治理的指导意见》，明确要求推进乡村治理体系和治理能力现代化，不断增强广大农民的获得感、幸福感、安全感。而农村基层政权组织建设，不仅关乎乡镇政府服务能力能否提高，更关乎农业农村发展大局、中国全面现代化大局。

一、合理设置并理顺农村基层政权组织机构

在构建具备现代化特征的乡村过程中，农村基层政权组织机构作为村民自治体制的根基，要发挥农村基层党组织的战斗堡垒作用，其机构设置是起点和基础，也是整个农村基层组织配套建设的中心环节。合理配置农村基层组织机构，不仅要求对内部管理体制进行优化，更要求在农村基层政权组织上实现治理能力的现代化转型。

（一）合理设置组织机构

习近平指出，在现代化进程中，城的比重上升，乡的比重下降，是客观规律，但在我国拥有近十四亿多人口的国情下，不管工业化、城镇化进展到哪一步，农业都要发展，乡村都不会消亡，城乡将长期共生并存，这也是客观规律①。这就必然需要政府在农村维持社会秩序，乡镇政权就必然存在。而乡级机构设置和运行体制是否科学、合理，又直接决定着乡镇工作的好坏，直接影响中国乡村全面振兴的进程。

在农村基层政权建设中，资源汲取目标是国家与乡村、农民关系逻辑的千年历史延续，是政权建设与经济建设的双重旋律②。随着农业税在 2006 年被宣布取消，宣告了中国几千年“皇粮国税”的农业税赋历史正式终结，中国农村基层政权迎来了一个历史性的拐点：治理目标由资源汲取的现代化向资源赋予的“工业反哺农业、城市支持农村”的战略转变③。农村基层政权职能从行政管理转变为公共服务，由“向农民收钱”转变为“给农民发钱”。

由于“条块分割”严重，乡镇的权力体系被肢解，导致“权在上、责在下”，体制机制

① 习近平：《论“三农”工作》，中央文献出版社，2022 年，第 275 - 276 页。

② 杜赞奇：《文化、权力与国家》，王福明译，江苏人民出版社，2004，第 37 页。

③ 陈文胜：《论中国乡村变迁》，社科文献出版社，2021，第 122 页。

呈现出不完善、不全面、不系统的“碎片化”特征，最关键是要纠正“属地管理”的错误做法，以法定职责为依据，按照权责对等的原则，界定乡镇政府责任范围，以维护乡镇政府的法定权力，切实为乡镇政府和乡镇干部减负减压。中共中央办公厅、国务院办公厅在2017年印发的《关于加强乡镇政府服务能力建设的意见》中强调，要结合实际确定乡镇政府的权力清单和责任清单。因此，不能把乡镇政府原本没有管理权限的事项任意摊派给乡镇政府，不能把与基层签订责任状变成上级部门推卸责任和实施懒政的途径①。

面向中国式现代化进程，要围绕推进治理重心和资源向乡镇基层下沉，加快构建简约高效系统的乡镇政权组织机构，形成以乡镇党委领导、乡镇政府主导的多元治理组织体系，最大限度方便广大农民群众，让广大农民群众满意。按照“集中连片、便民利民”的原则，合理设置乡镇办公场所。根据乡镇辖区面积、人口和经济发展水平等实际情况，统一乡镇机构设置模式，不断健全组织架构。编制完成所辖乡镇的权责事项清单，进一步厘清乡镇与县级职能部门的权责边界。全面清理挂牌机构和各类“一票否决”事项，减轻乡镇负担。推行按岗管理，允许乡镇统筹使用行政编制和事业编制人员，综合配置工作力量，实行扁平化管理。

（二）明确组织机构职能

农村基层政权组织本身就是农村公共产品和公共服务的当然供给主体，也是公共产品和服务的决策主体。乡镇政府职能的重心要转移到公共服务职能上来，因此，乡镇政府只能是一个社会的“治理”机构而非“统治”机关。“统治”是自上而下，运用的是政治强制力，对社会公共事务实行单向的管理。而“治理”必须是自下而上，通过上下互动，在合作和协商的基础上，形成共同目标来实施对公共事务的管理②。要顺应社会主要矛盾变化的要求，以破解城乡二元结构、实现城乡融合发展为取向，重塑城乡关系，重新定位乡镇政府的职能。把乡镇政权从包揽一切转变为只提供核心公共产品，从行政管制转变为公共服务，从直接管理转变为间接管理，主要有三大职能：农村居民生存权利保障，农村居民政治权利保障，农村居民公共产品保障③。

1. 农村居民生存权利保障

主要保障农村居民的生存权利，如大病救治、弱势群体的扶助、人身安全等。包括医疗保障，对农村医疗设施、医疗手段的完善和提高，对农村医疗保险制度的建立和落实；养老保障，福利院、敬老院的建设，农村养老保险制度的推行；生活保障，建设乡村社会各种生活基础设施，建立农村特困户的救助制度和救助体系；生育保障，为控制人口数量、提高人口质量提供各种优质服务，等等。

2. 农村居民政治权利保障

主要保障农村居民的民主权利，其中保障农民在村民自治中的民主权利应该是乡政府的

① 陈文胜，汪义力：《乡村振兴背景下乡镇治理现代转型研究》，《农村经济》2022年第4期。
② 陈文胜：《后农业税时代乡镇政府的职能定位研究》，《农村经济》2007年第8期。
③ 陈文胜：《乡镇机构改革从何处破题》，《中国发展观察》2010年第5期。

法定职责。包括抓好农村党建，对村党支部领导班子的推荐与选配，对农村党员的发展和管理，党员干部队伍思想作风建设等；抓好村委会班子建设，依法指导和帮助组织好乡村基层组织和社区自治，为落实公民在选举、决策、管理和监督等方面的民主权利创造条件；抓好农村思想建设，加强农村思想政治工作和社会主义精神文明建设，倡导乡村社会文明新风；抓好民主集中制建设，拓宽群众表达意愿的渠道，建立民主决策、科学决策的程序和机制。

3. 农村居民公共产品保障

主要是保障农村居民生产和生活的公共产品，如水、电、路、文化事业建设及科学技术的普及推广等。包括生产保障，提供水利灌溉、道路运输、电力供应、农技推广、病虫害防治等生产性公共产品；教育保障，协助教育部门普及九年义务教育，大规模开展农村劳动力技能培训，提高农民的科学文化素质。加强社会公德建设，加强农民思想道德教育，倡导健康文明新风尚；加强信息服务，密切与本地农产品的市场衔接，促进农业新技术的推广。

（三）理顺组织机构关系

地方政府组织法与村民委员会组织法虽对乡镇党委、政府间，乡镇党委与村党支部间，以及村党支部与村民委员会间的关系有所规范，但条款模糊且存在冲突，导致了“党政不分”及“以党代政”等问题的频发。在全面推进乡村振兴中，基层政权内部的党政关系调整滞后，急需系统性改革以理顺乡村及部门间的互动机制。

首要任务是县级政府应分阶段实施权力下放，特别是财税、土地、社保、司法等关键领域，以及教育、卫生、文化等民生部门，应逐步赋予乡镇更多自主权。同时，鼓励县级部门在乡镇设立分支机构，对紧密关联农村经济与民生的机构，应下放人财物管理权至乡镇，强化其自我管理能力。

其次，针对业务性较强且与上级部门联系紧密的机构，应探索“条块结合，以块为主”的管理模式；而对于高度专业化的部门，则维持“条块结合，以条为主”，同时秉持协调、效能、服务与法治原则，增强乡镇在财政、经济发展及资金管理上的职能。

再者，乡镇内部需明确党委、政府、人大及各机构的职责分工，避免职能重叠与责任推诿，确保党政分开，各司其职。

最后，在村级层面，应清晰界定村党支部与村委会的职责范围，并将财经、公共管理及公共服务设施的管理权归还给村集体，由村党支部或村委会依据村情民意自主管理，充分发挥村级自治的活力与效能。

总之，为顺应农村改革发展的需求，县（市）与乡（镇）应分级分批推进权力下放，确保权限下放到位，关系理顺清晰，从而有效提升基层政权的管理效能与服务水平。

（四）强化人大权力监督

作为乡镇权力机关和乡村公众代表机关，乡镇人大必须行使决定和监督财政预算执行情况的权力。特别是乡镇政府的所有收支都必须纳入乡镇政府预算，而且必须通过相应的法律程序才得以确立。预算一经批准，任何违反预算的违法行为，都将受到法律的制裁。即使乡镇政府要对预算方案进行调整，也必须经过相应的程序批准才具有合法性。

只有这种权力对权力的监督，才能使乡镇政府的财政制度化。乡镇政府财政的预算不能仅仅是一个报告，列举一些大数字就完事，有许多财政的支出必须接受乡镇人大代表的听证和质询，必要时听证还要吸收村民代表参加，不批准的财政支出，乡镇财政不能拨款。乡镇的公共建设不能乡（镇）书记、乡（镇）长说了算，乡镇人民代表大会要有否决的权力。只有这样，乡镇人大决议通过的拨款方案才具有明确的法律效力，必须不折不扣地执行。随意突破预算限制的违法行为必须得到依法追究，才能促使公权力部门及其官员严格依法行政，促使乡镇财政逐渐回归到公共性的本质上来①。

二、加强农村基层干部队伍建设

政策和策略决定了之后，干部便是决定因素。农村基层干部，作为农村基层政权体系的基石与乡村振兴的中坚力量，承载着直接联结群众、凝聚民心、宣传政策、动员群众以及确保党的方针政策深入基层的重要使命。必须以战略思维为引领，创新工作机制，实施农村基层干部的“素质提升工程”，培育一支想做事、能做事、做成事且被农民群众认可的农村基层干部队伍，为乡村振兴的全面推进提供坚强的组织保障。

（一）推进选人用人的制度改革

事业兴衰唯在用人，用人之要重在导向。加强乡镇领导班子和乡镇干部队伍建设，是农村基层政权组织的一项基础性工程，如何选人用人事关乡村振兴的战略全局，关乎乡村治理体系和治理能力现代化的实现。基于绩效考核框架和激励兼容性原理，设定明确的绩效指标和公正的选拔程序，确保干部选拔既能激发内部竞争又能保证公平性和透明度，推进以不拘一格选人用人为关键的人事制度改革，激活干部队伍活力，形成乡镇干部“个个都有干劲、人人都有希望”的工作局面。一方面，必然要强化党纪政纪的严格管理，把纪律和监督挺在前面。另一方面，要敢于下放权力，不拘一格选人用人。对于具有突出才干的，要敢于打破身份、年龄、学历等条条框框，唯才是举。特别是对于那些经过复杂环境锻炼又有突出才干的干部，即使有过问题也可以大胆使用，在严管厚爱的条件下用其所长、避其所短，做到人尽其才、才尽其用②。

（二）优化农村基层干部队伍结构

乡镇干部的素质直接影响着农村的经济发展和社会进步，必须不断优化农村基层干部队伍结构，提升其服务农村发展的能力。

1. 优化乡镇干部队伍梯次配备

根据本区域乡镇干部队伍基本情况和编制空缺配比，打破地域、身份、职业界限以扩宽选人用人渠道，优化调整学历、专业、来源等报考条件，推动招录计划向基层倾斜，为干部队伍注入新鲜血液。需要特别强调的是，乡镇领导班子结构和干部队伍结构有着不同年龄阶

---

① 陈文胜：《后农业税时代乡镇政府的职能定位研究》，《农村经济》2007 年第 8 期。

② 陈文胜：《中国乡村何以兴》，中国农业出版社，2023，第 195 页。

段和相应学历的客观要求，但并非每个班子都需要“一刀切”配备。如年龄结构，“老中青”三结合是最为理想的配备，但实践的复杂性不可能是每个地方都可以实现最优化的顶格管理，需要“老中中”“老青青”“中中青”等多元模式的干部优化组合[①]。因此，应根据客观实际当作一道“选择题”而非当作一道“判断题”。既要给符合条件的优秀干部更多机会，又要让同样优秀而条件不同的干部拥有“人尽其才”的发展空间。

2. 优化乡镇领导班子素质结构

推进干部职业化道路，以党的事业需要和群众满意度为导向，注重实绩表现和群众认可度，实行能力本位领导干部选拔机制，选拔经验丰富、熟悉农村工作、综合素质全面的领导班子成员。注重领导干部的履历搭配，注重长期扎根基层与机关工作经历相结合，多岗位经历与领域业务专精相结合，优化乡镇领导班子素质结构，确保乡村振兴等重点工作有最前沿的力量支持。

3. 优化乡镇干部队伍整体功能

选好基层骨干，认真梳理符合干部条件的人选，建立干部信息库，对不同类型人员细化分类进行动态管理，把政治可靠、实绩突出、群众公认的干部储备到乡镇公务员和乡镇领导干部队伍中。对于缺乏专业技术人才的乡镇，可以采取公开选聘的方式，引进具有较高素质和业务水平的社会人才。鼓励县级部门选派年轻干部到乡镇挂职锻炼，增强干部队伍的活力与创新力。加强对干部队伍全方位管理和经常性监督，推进政治监督具体化、精准化、常态化，坚决遏制不正之风和腐败问题发生。建立健全科学合理的干部考核机制，涵盖工作业绩、能力素质、群众满意度等多维度考核体系，实现干部队伍专业化和高效化。

（三）提高农村基层干部综合素质

开展专业技能培训和现代农业知识教育，通过实践锻炼、专业训练，灵活采取集中培训、辅导讲座、在线学习等多种方法手段，多维并进分类开展教育培训，改善干部队伍知识结构，培养干部的创新能力与解决问题能力。结合国际视野，引入先进的农业技术和农村管理模式，拓宽干部的视野。

一是强化理论素养。定期组织宣讲团队深入乡村，充分利用现代传媒手段，如广播、电视、报刊、网络等，确保最新理论成果迅速传达至基层。重点加强马克思主义经典理论、国家领导人重要讲话精神、党与政府重要会议决议及政策方针的学习，以深化干部对理论的理解，保持其思想的前瞻性与先进性。

二是提升文化水平。农村基层干部文化水平参差不齐，尤其是部分村干部文化程度偏低，影响政策理解与执行能力，提升其文化素质成为重要任务。将成人教育视为提升干部科学文化素质的根本途径，鼓励并支持基层干部通过自学、进修等方式提升学历层次，确保基层干部都能有效理解政策精神，掌握法律法规，胜任基本工作需求。

三是培养综合素质。随着农村工作重心向服务型转变，对干部的综合素质提出了更高要求。需结合农村经济结构调整与本地发展实际，制定针对性培训计划。依托各级党校等教育

① 陈文胜：《中国乡村何以兴》，中国农业出版社，2023，第135页。

资源，开展集中培训与专题研讨；邀请专家学者授课，提升干部的市场经济、法律知识及农业实用技术水平。同时，实施挂职锻炼、现场教学、组团下村等多种培训模式，增强培训的实效性与针对性。探索实施持证上岗制度，通过定期考核激励干部自我提升，以适应农村工作新形势、新任务的需求。

四是完善激励机制。为激发农村基层干部的工作热情与创造力，需从政治、经济等多方面提升其待遇水平，建立一套科学合理的激励机制。通过明确岗位职责、优化考核体系、加大奖励力度等措施，让“干与不干不一样”“干好干坏有差别”成为常态，从而充分调动干部的工作积极性与主动性，增强农村基层干部队伍的凝聚力与战斗力。

三、强化农村基层政权组织能力建设

乡村振兴战略的有效推进，离不开强有力的农村基层政权组织能力建设。针对农村基层政权组织能力短板和功能滞后问题，加强执政能力建设，提升服务能力，强化社会监督能力，以实现政权组织自身能力的持续增强和乡村社会治理水平的全面提升。

（一）增强基层政权组织的执政能力

基层党组织是农村基层政权组织的领导核心，各级党委尤其是农村基层党组织的执政能力直接决定着农村基层政权组织建设水平的高低。加强农村基层政权组织的执政能力，需要提高农村基层党组织驾驭社会主义市场经济、发展社会主义民主政治、建设社会主义先进文化等诸方面的能力。

制定和出台相关政策，赋予乡镇更多的行政职权，如综合管理权、统筹协调权和应急处置权，推进行政执法权限和力量下沉，增强乡镇行政执行能力。建立健全民主议事工作规则和工作流程，搭建多层面的协商平台，推动政协协商向基层延伸，增强乡镇议事协商能力。构建基层应急管理体系，修订完善各类应急预案，组建应急救援队伍，储备应急物资或救援装备，适时组织应急演练和培训，提升乡镇应急管理能力。按照“党政主导、综治中心协调推动、职能部门协同办理、社会力量协同共治”的原则，建立农村社会治安综合治理体系，增强乡镇平安建设能力。

（二）提升基层政权组织的服务能力

全心全意为人民服务是党和政府的基本职能，农村基层政权组织也不例外。强化农村基层政权组织的服务能力建设，不仅是新时代中国特色社会主义的根本要求，也是完善社会主义市场经济体制的必然途径，更是农村基层政权组织建设的客观需要。

提升服务能力的关键环节，是加快基层政权组织的职能转型，突破传统行政管理模式，大力引进现代管理理念与技术支持。推广电子政务平台，实现信息资源共享与业务协同处理，优化服务农民工作流程，提高办事透明度与效率。全面推进“放管服”改革和“最多跑一次”改革，优化乡镇政务服务流程，提供“一门式办理”“一站式服务”。在基层实践中，不少地方推行首问负责、一次告知、一窗受理、并联办理、限时办结等制度，实现“一套资料、一窗受理、集成服务”。

（三）强化社会的监督能力

加强农村基层组织的民主决策和监督机制建设，是提升农村基层政权组织公信力的重中之重。以社会组织、公民大众、新闻媒体、互联网络为代表的社会监督是各级组织监督重要组成部分，具有信息来源广、监督动力足、监督效率高等优势。加强农村基层政权组织建设，打造高效廉洁的农村基层政权组织，有必要大力提升农村基层政权组织以及其他社会治理主体的监督能力。

规范农村基层组织的行政行为已成为不容忽视的任务，尽管政务公开、村务公开度得到了提升，但在实际操作中仍存有不少形式主义和官僚主义现象。在数字化深入推进的大背景下，应当通过信息化手段，实现决策过程的在线直播、互动交流，以及政务公告、村务公告的即时更新，确保农民群众对公共事务有充分了解和监督能力。同时，反腐倡廉不应仅限于上行监督，通过授权乡镇人大、村民监督委员会更多的审计权、调查权，可以有效地增强农民参与土地使用、集体资源配置等重大决策的能力，提高整个乡村治理体系的透明度。

◎ 思考题

1. 中国农村基层政权组织有哪些？其功能分别是什么？
2. 中国农村基层政权组织建设面临哪些挑战，其成因是什么？
3. 进入新时代，如何进一步完善中国特色农村基层政权组织？

第四章

农村基层群众自治组织

农村基层群众自治组织是中国基层民主政治建设的重要组成部分，是实现农村社会自我管理、自我教育、自我服务、自我监督的基层群众自治性组织。随着改革开放的深入推进和社会主义市场经济的快速发展，基层群众性自治制度成为中国的一项基本政治制度，村民自治制度在农村基层社会中逐渐确立并不断完善，成为保障农民群众民主权利的重要机制。

第一节　农村基层群众自治组织概述

农村基层群众自治组织，作为一种法定的民主管理形式，是乡村社会自主治理和民主决策的基本单位。其组织性质体现了党和政府在农村基层治理中权力下放的政策取向，同时指向农民通过自我管理、自我服务、自我教育和自我监督实现乡村社会和谐稳定的目标，不仅是基层社会治理的基础力量，也是社会主义民主政治在农村基层的具体实践。

一、农村基层群众自治组织的基本概念

农村基层群众自治组织是中国乡镇所辖行政村的“村委会”，全称为“村民委员会”以及所包括的“村务监督委员会”，由村民选举产生而进行自我管理、自我教育、自我服务的农村基层群众性自治组织。《中华人民共和国村民委员会组织法》第二条明确规定，基层群众性自治组织，实行民主选举、民主决策、民主管理、民主监督。

在选举方面，除了依照法律被剥夺政治权利的人外，凡年满十八周岁的居民不分民族、种族、性别、职业、家庭出身、宗教信仰、教育程度、财产状况、居住期限，都有选举权和被选举权，都能参与基层自治组织成员的选举。这充分体现了基层群众自治的直接性和广泛性。

在管理方面，村民委员会依照法律规定，管理本村属于村民集体所有的土地和其他财产，引导村民合理利用自然资源，保护和改善生态环境；村民委员会在基层党组织领导下，对本村公共事务进行管理，为村民提供服务。

在决策方面，基层群众通过村民代表会议、村民会议等形式，对涉及自身利益的重大事项进行民主决策，实现民事民议、民事民办、民事民管，让村民充分参与决策过程。

在监督方面，建立村务监督委员会或其他形式的财务监督机构，负责民主理财、监督村务公开等制度的落实。同时，村民也可以通过各种方式对基层自治组织的工作进行监督，确保基层自治组织办事公道、廉洁奉公，热心为群众服务。

二、村民委员会的组成

农村基层自治组织根据村民居住状况、人口多少设立，主要由村民委员会、村民小组长和村民代表组成。村民委员会根据需要设立人民调解、治安保卫、公共卫生等委员会，村民委员会成员可以兼任下属委员会的成员。人口少的村的村民委员会可以不设下属委员会，由村民委员会成员分工负责人民调解、治安保卫、公共卫生等工作。

根据村民居住状况、集体土地所有权关系等情况，村民委员会下设村民小组，主要是对本集体所有的土地、企业和其他财产进行经营管理。村民小组对集体土地、集体财产的经营管理以及公益事项的办理，应当由村民小组会议依照有关法律的规定讨论决定，所作决定及实施情况应当及时向本村民小组的村民公布。村民小组长是在村民委员会下设立的小组负责人，负责传达村委的日常工作安排和村民的诉求。

村民代表由每个小组的村民推荐选举产生，代表全体村民的意愿，在重大资金使用、重要人事任免、重要项目规划和大额资金使用等事项上，通过召开村民代表会进行集体议定，遵循民主决策原则。

依据《中华人民共和国村民委员会组织法》的规定，村民委员会成员由主任、副主任和委员共三至七人组成，成员中应当有妇女成员，多民族村民居住的村应当有人数较少的民族的成员。

从施行情况来看，这一规定与中国农村实际状况较为契合。村委会成员数量既不宜过多，以免造成机构臃肿、效率低下，增加农民负担；也不宜过少，导致无法有效履行自治组织的各项职能。根据规定可知，村委会成员最少为三人，最多可达七人，不得少于三人或多于七人，具体人数可根据当地实际情况确定。同时为便于民主决策，村委会成员应为单数。

对村委会成员的数量规定一个幅度范围，主要是因为中国农村地域广阔，各地农村在经济、社会发展方面存在较大差距，不同村庄的自然条件以及村民的人口数量、居住状况差异巨大，村委会所承担的工作任务的多少也存在较大差异。通常情况下，村民数量多、居住分散的村，村委会承担任务一般较繁重，村委会成员应相应增加；而村民数量少、居住相对集中的村，村委会承担的任务相对较轻，村委会成员可以相应减少。

村民委员会的成员中应当有妇女，多民族村民居住的村应当有人数较少的民族的成员。这一规定主要从以下两个方面考虑：

一方面，保障妇女和少数民族权利的需要。担任村委会成员，办理村民自治范围内的事务并协助上级政府进行工作，行使一定的社会事务的管理权，这是一项重要的政治权利。中国宪法对保障少数民族以及妇女的权利都有特殊规定。宪法第四条规定："中华人民共和国各民族一律平等。国家保障各少数民族的合法的权利和利益，维护和发展各民族的平等团结互助和谐关系。"① 第四十八条规定："中华人民共和国妇女在政治的、经济的、文化的、社

① 《中华人民共和国宪法》，人民出版社，2018，第 9 页。

会的和家庭的生活等各方面享有同男子平等的权利。”[①]“国家保护妇女的权利和利益，实行男女同工同酬，培养和选拔妇女干部。”[②]妇女权益保障法也规定：“妇女有权通过各种途径和形式，管理国家事务，管理经济和文化事业，管理社会事务。”[③]村民委员会组织法的这一规定是对宪法等有关规定的具体化。

另一方面，推进村民自治的需要。中国是一个统一的多民族国家，形成了大杂居、小聚居的民族分布状况，即使是人口较多的少数民族，也是聚居的少，分散杂居的多，形成了你中有我、我中有你、互相融合、互相依存的关系。在中国农村有相当数量的多民族杂居村庄，而且一般有几个民族的村民共同居住，各民族的习惯和利益存在一定差异。在村民委员会成员中，如果没有人数较少的民族的成员，就不便于村委会开展工作，不便于村民实行自治。在这里应当注意的是，村民委员会组织法中“多民族村民居住的村应当有人数较少的民族的成员”[④]，既包括在汉族村民集中的村中，应有少数民族村民担任村委会成员，也包括在一个或多个少数民族聚居的村中，应有人数较少的汉族或其他民族的村民担任村委会成员。同样，村委会成员中如果没有妇女，许多需要发动妇女参加或直接涉及妇女权益的工作就不易开展，也不利于村民自治。

三、村民委员会的主要职责

村民委员会作为村民自治组织的核心，直接承担着办理本村的公共事务和公益事业，调解民间纠纷，协助维护社会治安，向人民政府反映村民的意见、要求和提出建议等职责，同时，还负责宣传宪法、法律、法规和国家政策，教育和推动村民履行法律义务、爱护公共财产等任务。基本权利包括决策权，如村民大会通过村规民约；管理权，涉及村级财务和资源的管理；以及监督权，对村级领导班子成员的行为进行监督。

根据《中华人民共和国村民委员会组织法》的相关规定，其主要职责如下：

（1）支持并组织村民依法发展各种形式的合作经济及其他经济，承担本村生产的服务与协调工作，促进农村生产建设与经济发展。

（2）依照法律规定，管理本村属于农民集体所有的土地及其他财产，引导村民合理利用自然资源，保护和改善生态环境。

（3）尊重并支持集体经济组织依法独立开展经济活动的自主权，维护以家庭承包经营为基础、统分结合的双层经营体制，保障集体经济组织和村民、承包经营户、联户或者合伙的合法财产权和其他合法权益。

（4）宣传宪法、法律、法规和国家的政策，教育和推动村民履行法律规定的义务、爱护公共财产，维护村民的合法权益，发展文化教育，普及科技知识，促进男女平等，做好计划生育工作，促进村与村之间的团结、互助，开展多种形式的社会主义精神文明建设活动。

（5）支持服务性、公益性、互助性社会组织依法开展活动，推动农村社区建设。

---

① 《中华人民共和国宪法》，人民出版社，2018，第25－26页。

② 《中华人民共和国宪法》，人民出版社，2018，第26页。

③ 《中华人民共和国妇女权益保障法》，人民出版社，2022，第6页。

④ 《中华人民共和国村民委员会组织法》，人民出版社，2010，第4页。

(6) 协助乡、民族乡、镇的人民政府开展工作，在多民族村民居住的村，村民委员会应当加强教育和引导，促使各民族村民增进团结、互相尊重、互相帮助。

(7) 组织实施村民自治章程、村规民约，执行村民会议、村民代表会议的决定、决议，热心为村民服务，接受村民监督。

从权力边界来看，村民委员会的职能可以分为农村村民自治职能与委托事务处理职能。处理委托事务时的职能行使，属于委托行政。村民委员会组织法第5条第2款规定："村民委员会协助乡、民族乡、镇的人民政府开展工作"①，而"协助"的主要方式，就是接受乡镇人民政府的委托办理某些国家事务。

作为村民自治组织载体的村民委员会，是在废除人民公社、实行"政社分开"并建立乡镇政府的进程中逐步建立起来的。村委会作为农村基层群众的自治组织，既非国家政权机关，亦非国家政权机关的派出机构。与工会、妇联、共青团等其他群众组织存在相似之处，但在设立方式、承担任务、服务对象以及发挥作用等方面又有着明显差异。因此，党在农村的基层组织在村民自治中应发挥领导核心作用，需结合本地实际情况制定正确决策，引导和支持人民当家作主，而绝非包办代替人民当家作主②。

第二节　农村基层群众自治组织发展的历史演进

农村基层群众自治组织的发展历程，是中国农村基层民主建设不断深化和完善的过程，也是社会主义民主政治在农村逐步落地生根的过程。从20世纪80年代初开始，以村民委员会为代表的村民自治组织逐步建立起来，开启了农村社会治理的新篇章。从国家制度设计的预期看，村民自治权不仅是国家政权体系中关于乡村治理的一种制度建构，也是"国家赋予农民的一项不可剥夺、不可转让的基本权利"③，体现了对农民当家作主的民主政治权利的尊重。

一、村民自治的萌芽

党的十一届三中全会后，全国农村普遍推行家庭联产承包责任制。农民从此拥有了生产经营自主权，生产方式与分配方式相应发生了重大变革，使建立在"三级所有、队为基础"之上的人民公社体制丧失了存在的组织形态与物质基础。

改革初期，农村出现了一定程度的无序状况，如集体资产管理、人民调解、社会治安、农业生产基础设施建设等无人组织、无人负责。正是在这样的背景下，1980年广西河池地区的宜山、罗城两县农村为走出乡村治理困境，农民自发组建了新的组织，全国第一个村民委员会——"合寨村村民委员会"正式成立。农民以盖手印的方式选举村委会主任。村委会

① 《中华人民共和国村民委员会组织法》，人民出版社，2010，第4页。

② 徐勇，徐增阳：《论村民自治与加强农村基层组织执政能力》，《当代世界与社会主义》2005年第4期。

③ 徐勇，《村民自治的深化：权利保障与社区重建——新世纪以来中国村民自治发展的走向》，《学习与探索》2005年第4期。

最初的功能是协助政府维持社会治安，之后逐步扩展为对农村基层社会、政治、经济、文化生活中的诸多事务进行自我管理的组织，其性质也逐渐向群众性自治组织演变。

二、村民委员会正式建立

村民委员会的出现，实现了以自然村为基础自生自发的村民自治，得到以邓小平同志为核心的党中央的肯定与鼓励，由民间方案变为国家方略。1982 年 12 月第五届全国人民代表大会第五次会议通过的《中华人民共和国宪法》确认了村民委员会的合法地位，从而为农村实行村民自治提供了宪法依据。在中国古老而厚重的乡土中，内生的村民自治制度从此登上了乡村政治舞台，历史性地改变了乡村社会的治理结构，将传统农民带入现代的民主政治体系之中，使农民从几千年以来的被管理者演变为乡村治理中的民主管理者，对中国乡村社会的民主进步和治理现代化具有里程碑式的意义[①]。

随着原有的生产队与大队逐步解体，村民委员会应运而生。全国各地依照宪法要求，展开了建立村民委员会的试点工作。1983 年 10 月，中共中央、国务院发布《关于实行政社分开，建立乡政府的通知》，宣布结束人民公社体制，建立乡政府体制。通知明确指出，村民委员会是基层群众性自治组织，村民委员会主任、副主任和委员应由村民选举产生。此后，村民委员会的建立进入了普遍且具体的实施阶段。人民公社改革为乡镇政府，生产大队改革为行政村，村由此处于现代化进程国家与农民、城市与乡村、工业与农业、政府与社会多重关系的交会点。从此，国家权力通过村进入到乡村社会之中，农民则要通过村对接国家的公共权力与公共服务，并通过村级组织行使民主自治权，村因此成为乡村治理体系中“最基本的政治单元”[②]，标志着中国农村基层治理结构的重大变革。

1986 年 9 月，中共中央和国务院发出《关于加强农村基层政权建设工作的通知》。该通知在强调进一步加强农村基层政权的同时，对如何搞好村民委员会建设提出了明确要求，由国家民政部门具体负责村委会建设的日常工作。由于党中央的高度重视，极大地激发了广大农民参与自我管理、自我服务、自我教育和自我监督的积极性，充分发挥了决策民主化、管理规范化以及监督有效性的本土化制度创新优势。

1987 年 10 月召开的党的十三大，在明确提出建设高度的社会主义民主是社会主义现代化建设的重要标志之一的同时，指出现阶段民主政治建设必须注重实效，着眼于调动基层和群众的积极性。在这样的背景下，村委会在基层民主中的地位更加明确，不仅推动了中国乡村治理模式的转型升级，也为进一步深化农村民主政治体制改革奠定了基础。

三、法制框架基本形成阶段

村民委员会从初期自然村的自治组织，逐步发展成为以建制村为基础的本土自治机构[③]，功能也由基本的行政管理向民主选举、民主决策、民主管理和民主监督转变，治理能

① 陈文胜：《论中国乡村变迁》，社科文献出版社，2021，第 123 页。

② 徐勇：《中国农村村民自治》，华中师范大学出版社，1997，第 3 页。

③ 徐勇，赵德健：《找回自治：对村民自治有效实现形式的探索》，《华中师范大学学报人文社会科学版》2014 年第 4 期。

力开始将传统的民事调解、治安管理等事务，与农村经济发展、社会事务管理相结合，探索适应各地实际的管理模式。

为了在法律上赋予村民自治权利与自主管理空间，1987 年 11 月，第六届全国人大常委会第二十三次会议通过了《中华人民共和国村民委员会组织法（试行）》（以下简称“试行法”）。该法自 1988 年 6 月 1 日开始实施以来，村民自治步入了法治化阶段，村民自治法律制度基本框架形成。

1990 年 9 月，民政部发布《关于在全国农村开展村民自治示范活动的通知》，要求进一步积极稳妥地推进村民自治。1994 年 2 月，民政部发布《全国农村村民自治示范活动指导纲要（试行）》，进一步对村民自治示范活动的目标、任务、指导方针以及具体措施等进行了全面系统的规定，并首次明确提出要建立民主选举、民主决策、民主管理、民主监督等四项民主制度。

1994 年 10 月，中央召开全国农村基层组织建设工作会议，随后又下发了《关于加强农村基层组织建设的通知》，提出了新时期加强农村基层组织建设的目标、重点和政策措施，明确提出完善村民选举、村民议事、村务公开、村规民约等制度，村民自治的内容和形式进一步得以完善，从而促使全国的村民自治示范活动逐步走向规范化和制度化。1995 年底，全国有 29 个省份确定了村民自治示范县、市 63 个，示范乡镇 3 917 个，示范村82 266个，形成了省有示范县、地市区有示范乡镇，县市有示范村的格局①。

1997 年党的十五大召开，特别强调要扩大基层民主，进一步完善民主选举制度和村务公开制度。1997 年，民政部在《关于进一步建立健全村务公开制度深化农村村民自治工作的通知》中进一步指出建立健全村务公开制度是加强农村村委会建设的重要内容，要求注重实效，致力于实现村务公开的规范化与制度化。1998 年，中共中央办公厅、国务院办公厅联合发出《关于在农村普遍实行村务公开和民主管理制度的通知》，对完善民主决策、民主管理、民主监督制度，提出更具体的要求。

至 1997 年 12 月，全国超过 60%的村庄建立起了村民自治制度。村民自治的全面推进，在推动农村经济及社会发展，实现村民自我管理、自我服务、自我教育和自我监督等方面取得了全方位进展，中国农村基层民主的制度化水平进一步提高，广大农民的自治和民主权利得到进一步的保障。

四、自治组织体系健全时期

随着社会主义市场经济体制的确立，村民自治活动不再局限于农业生产管理的固有模式，主要集中于提高决策效率、增强财务透明度、完善村民代表会议制度和村规民约以及村民自治章程，推动法律法规教育和监督实施。在制度建设方面嵌入了更多具有时代特征的内容，使之更加符合农村社会发展的时代需要。这一进程中，全国大多数农村逐渐形成了以村党组织为领导核心、村民会议和村民代表会议为决策机构、村民委员会为管理执行机构、村

① 徐增阳，陈福卫：《中国农村村民自治：缘起、现状与发展趋势（一）村民自治的内涵、意义与发展历程》，《人口与计划生育》2005 年第 5 期。

务监督委员会为监督机构的村民自治组织体系。这种权力结构使农村基层自治的主体回归村民，使治理方式发生了从传统农村基层管理向现代民主治理的深刻变革，在中国政治生活中展现出独特的治理特征与社会效益。

1998 年无疑是中国村民自治迈向成熟化的重大转折之年。废止了已经施行了十年的“试行法”，第九届全国人大常委会第五次会议审议通过新的《中华人民共和国村民委员会组织法》，并于同年 11 月 4 日正式颁布实施。与“试行法”相比较，新组织法主要从村民委员会成员的选举和罢免程序、民主议事制度、民主管理和民主监督制度等方面进行了进一步细化完善，突出了法律的时代性、科学性和可操作性，村民自治也由此步入全面推进与深入发展的崭新阶段。2002 年 7 月，中共中央办公厅、国务院办公厅联合发布了《关于进一步做好村民委员会换届选举工作的通知》，对做好村委会换届选举工作进一步提出了具体要求，在实施细节上更全面、更具针对性。

为了确保人民群众能够依法直接行使民主权利，对基层公共事务和公益事业进行管理，2002 年 11 月，党的十六大报告明确提出，民主政治建设必须着眼于基层民主工作，要求健全基层自治组织以及民主管理制度，完善公开办事的相关制度。2004 年 6 月 18 日，全国第一个“村务监督委员会”在浙江省武义县后陈村选举产生，当时监委会在《中华人民共和国村民委员会组织法》等法律法规上无章可循，曾遭到法律上和可行性上的双重质疑。2004 年 6 月 22 日，中共中央办公厅、国务院办公厅联合下发了《关于健全和完善村务公开和民主管理制度的意见》，要求进一步健全村务公开制度，规范民主决策制度，完善民主管理制度，强化民主监督制度，以保障村民群众的知情权、决策权、参与权和监督权，并明确提出设立村务公开监督小组，为“村务监督委员会”的设立提供了政策依据。

2005 年召开的党的十六届五中全会提出“建设社会主义新农村”，工农城乡的资源配置关系发生了首次逆转，标志着中国乡村治理目标的时代变革。胡锦涛于 2005 年 12 月 29 日发布第四十六号国家主席令，宣布实施 48 年之久的《农业税条例》废止，宣告了中国几千年“皇粮国税”的农业税赋历史正式终结。随着农业税被取消，国家以一种全新的治理方式进入乡村社会。“在这个意义上，资源下乡与权力扩张可谓是同一硬币的两个方面”，意味着政府具有更大的能力按照自身的意志来改变乡村社会，不仅改变了现有的乡村治理格局，而且改变了乡村治理的过程和逻辑①，成为“村干部行政化”趋势的起点。

2008 年，党的十七届三中全会审议通过的《中共中央关于推进农村改革发展若干重大问题的决定》明确指出完善村民自治制度是农村改革发展的一项基本任务，提出：“完善与农民政治参与积极性不断提高相适应的乡镇治理机制，实行政务公开，依法保障农民知情权、参与权、表达权、监督权。健全村党组织领导的充满活力的村民自治机制，深入开展以直接选举、公正有序为基本要求的民主选举实践，以村民会议、村民代表会议、村民议事为主要形式的民主决策实践，以自我教育、自我管理、自我服务为主要目的的民主管理实践，以村务公开、财务监督、群众评议为主要内容的民主监督实践，推进村民自治制度化、规范

① 景跃进：《中国农村基层治理的逻辑转换——国家与乡村社会关系的再思考》，《治理研究》2018 年第 1 期。

化、程序化”[①]。

2010年10月，《中华人民共和国村民委员会组织法》经第十一届全国人民代表大会常务委员会第十七次会议修订发布，其中第三十二条明确规定：“村应当建立村务监督委员会或者其他形式的村务监督机构，负责村民民主理财，监督村务公开等制度的落实，其成员由村民会议或者村民代表会议在村民中推选产生，其中应有具备财会、管理知识的人员。村民委员会成员及其近亲属不得担任村务监督机构成员。村务监督机构成员向村民会议和村民代表会议负责，可以列席村民委员会会议”[②]。从而通过制度创新，在法律层面设立村务监督委员会，来监督村委会的财务和权力运行，优化村委会的内部治理结构，强化村民对村委会的监督，确保决策的民主性和合理性，确保行使职权的透明度与责任性，有效应对中国农业社会转型期遇到的基层治理挑战与乡村社会需求。

在这一时期的具体实践中，加强了内部管理与规范操作，增大了透明度和公信力。村民自治组织建立了公开民主的会议制度，议事规范性与效率性大幅度提高；通过使农民参与村级决策，促进信息及时公开和民意的广泛吸纳；采取村务公开栏以定期公开账目、设立财务监督委员会等方式，建立了村级财务管理与监督机制，有效防范了财务风险与不正之风；通过培育社会组织和专业协会，形成分工明确、协调有序的管理体系。通过这些实践探索，乡村治理的决策权和管理权逐步明确，自治机构通过村民大会、村民代表大会等民主形式，推进了农村社会管理逐渐走向规范化和法治化，也反映了中国农村民主政治体制改革的成熟度，并对未来的深化改革提供了可行的路径与经验。

五、新时代多元共治新趋势

从农村基层群众自治组织的历史演进中，可以清晰地识别出村民自治在不同历史时期所面临的社会环境、治理需求以及政策导向的变迁。村民自治组织内部的组织构成、领导模式、动员机制均随着外部经济结构变化、政策导向转换和社会文化变迁而进一步优化和自我革新。

随着中国特色社会主义进入新时代，生产力的前沿变革从根本上撬动了乡村社会的生产关系，中国乡村社会结构日益呈现出主体多元化和诉求多元化的新趋势，乡村治理参与主体和管理模式出现了历史性变化[③]，乡村治理秩序形成了多元形态，单一的治理手段已经难以应对多元的社会现实。因此，乡村自治单元建立在什么层次，对理论和实践提出了探索村民自治有效实现的命题。

2014年中央一号文件指出：“探索不同情况下村民自治的有效实现形式，农村社区建设试点单位和集体土地所有权在村民小组的地方，可开展以社区、村民小组为基本单元的村民自治试点。”[④] 2015年中央一号文件指出：“在有实际需要的地方，扩大以村民小组为基本单元的村民自治试点，继续搞好以社区为基本单元的村民自治试点，探索符合各地实际的村民

① 《中共中央关于推进农村改革发展若干重大问题的决定》，人民出版社，2008，第19-20页。

② 《中华人民共和国村民委员会组织法》，人民出版社，2010，第14页。

③ 陈文胜：《我国农业农村现代化的前沿趋势与路径选择》，《山东社会科学》2024年第6期。

④ 中共中央文献研究室：《十八大以来重要文献选编》（上），中央文献出版社，2014，第715页。

自治有效实现形式。”[①] 2016 年中央一号文件指出：“深化农村社区建设试点工作，完善多元共治的农村社区治理结构。在有实际需要的地方开展以村民小组或自然村为基本单元的村民自治试点。”[②] 回顾村民自治的演进历程，从诞生于自然村到规范于行政村，再进入以村民小组为基本单元的多元共治阶段。

2017 年，党的十九大报告将“产业兴旺、生态宜居、乡风文明、治理有效、生活富裕”作为乡村振兴战略的总要求，提出加强农村基层基础工作，健全自治、法治、德治相结合的乡村治理体系，培养造就一支懂农业、爱农村、爱农民的‘“三农”’工作队伍。[③] 习近平总书记在 2017 年中央农村工作会议上讲话中强调：“健全自治、法治、德治相结合的乡村治理体系，是实现乡村善治的有效途径。要以党的领导统揽全局，创新村民自治的有效实现形式，推动社会治理和服务重心向基层下移”[④]。自治、法治、德治相结合这一新的治理模式，呈现出从单一的党委领导模式向党委领导下的多元主体共治转变，从而能够动员基层党组织、基层自治组织、村民、企业、社会组织等多主体资源，形成了多元共治新格局。

2018 年中央一号文件强调：“乡村振兴，治理有效是基础。必须把夯实基层基础作为固本之策，建立健全党委领导、政府负责、社会协同、公众参与、法治保障的现代乡村社会治理体制。”“发挥自治章程、村规民约的积极作用。全面建立健全村务监督委员会，推行村级事务阳光工程。依托村民会议、村民代表会议、村民议事会、村民理事会、村民监事会等，形成民事民议、民事民办、民事民管的多层次基层协商格局。”[⑤]

2019 年发布的《中国共产党农村工作条例》又进一步明确：“建立健全党委领导、政府负责、社会协同、公众参与、法治保障、科技支撑的现代乡村社会治理体制，健全党组织领导下的自治、法治、德治相结合的乡村治理体系，建设充满活力、和谐有序的乡村社会。”[⑥] 2019 年中央办公厅、国务院办公厅在印发的《关于加强和改进乡村治理的指导意见》中指出，“以自治增活力、以法治强保障、以德治扬正气，健全党组织领导的自治、法治、德治相结合的乡村治理体系，构建共建共治共享的社会治理格局。”对建立多元共治的领导体制和工作机制，提出了全面系统的要求。

到 2020 年，乡村自治单元再次回到行政村，结合新时代农民的实际需求和村庄特点，党中央在强调农民主体地位、防范官僚主义形式主义的同时，更加注重数字化管理手段在村级治理中的应用，既提高了村民委员会的办事效率，也拉近了村民与自治组织之间的沟通距离。2020 年中央一号文件指出：“行政村是基本治理单元，要强化自我管理、自我服务、自我教育、自我监督，健全基层民主制度，完善村规民约，推进村民自治制度化、规范化、程序化。”2022 年中央一号文件指出：“落实乡村振兴为农民而兴、乡村建设为农民而建的要求，坚持自下而上、村民自治、农民参与，启动乡村建设行动实施方案，因地制宜、有力有

① 中共中央文献研究室：《十八大以来重要文献选编》（中），中央文献出版社，2016，第 288 页。
② 中共中央党史和文献研究院：《十八大以来重要文献选编》（下），中央文献出版社，2018，第 122 页。
③ 中共中央党史和文献研究院：《十九大以来重要文献选编》（上），中央文献出版社，2019，第 22－23 页。
④ 中共中央党史和文献研究院：《十九大以来重要文献选编》（上），中央文献出版社，2019，第 153 页。
⑤ 中共中央党史和文献研究院：《十九大以来重要文献选编》（上），中央文献出版社，2019，第 167－168 页。
⑥ 中共中央党史和文献研究院：《十九大以来重要文献选编》（中），中央文献出版社，2021，第 162 页。

序推进”“推行网格化管理、数字化赋能、精细化服务”“开展村级议事协商创新实验”“推广村级组织依法自治事项、依法协助政府工作事项等清单制，规范村级组织机构牌子和证明事项，推行村级基础信息统计‘一张表’制度，减轻村级组织负担。”①

在具体的乡村治理实践模式中，无论是湖北省秭归县的“幸福村落”，还是浙江的“枫桥经验”，都是建立以村党支部为核心、村委会与村民代表大会相结合的组织架构，注重发挥村民自治制度的作用，形成了“党建引领、村民参与、法规支持、科技促进”四位一体的现代乡村治理新模式。村党支部通过定期召开村民大会，公开乡村治理方案和财务情况，从而保障决策的民主性，有效提升村民的满意度。在社会文化建设方面，既尊重乡村原有文化的内在价值与外在特征，又引入现代文化元素以充实乡村文化的内涵，通过推进乡贤文化和“美丽乡村”建设，增添乡村文化建设的鲜活元素，增强乡村治理的文化支撑和精神动力。同时，越来越多的地方依托现代化信息技术构建乡村治理的大数据平台，吸引多元主体参与协商议政，有效增强了乡村治理的透明度与参与度，实现了治理效率和治理能力双提升，加速了乡村治理方式的现代转型②。

第三节　农村基层群众自治组织在社会治理中的作用

农村基层群众自治作为一种原生性的社会治理模式，在实现基层社会治理现代化中具有不可或缺的地位和影响力，集中体现在民主选举、民主决策、民主管理以及民主监督四个方面，发挥着促进自我管理、自我服务、自我教育、自我监督的重要作用，探索了多元化、本土化的治理现代化路径。

一、畅通利益表达渠道，促进社会公平

在中国农村社会结构转型与乡村振兴战略的实施背景下，农民的利益表达与维权活动日益成为农村基层社会治理的焦点问题。农民作为农村社会的主体，在推动社会公平和谐方面具有不可或缺的作用。在此背景下，农村基层群众自治组织作为桥梁和纽带，承担着表达农民利益和实现农民利益诉求的重要功能，在满足农民需求和供给公共服务中发挥着不可替代的作用。

一方面，农村基层群众自治组织能够引导农民树立正确的权利意识，提升他们的自治参与意识和社会责任感，从而增强农村社会的凝聚力。村民通过村民自治组织能够参与民主选举、民主决策、民主管理与民主监督的过程，选举能够代表自身利益的村干部，对涉及自身利益的村内事务拥有表达的渠道，群众自身的利益诉求也能够通过村民自治组织进行表达，作为联系群众与政府的桥梁，村民自治组织能够向政府表达和反馈村民的利益诉求。

另一方面，通过积极探索以村民自治为基础的利益协调机制，如设立专门委员会、定期

① 《中共中央国务院关于做好二〇二二年全面推进乡村振兴重点工作的意见》，《人民日报》2022 年 2 月 23 日，第 1 版。

② 陈文胜：《我国农业农村现代化的前沿趋势与路径选择》，《山东社会科学》2024 年第 6 期。

开展村民大会，自治组织能够更高效地收集和反映农民的利益诉求，有效化解农村社会内部的矛盾和冲突。如在医疗、教育、养老、住房等方面为村民争取社会福利，为弱势群体提供社会救助，能够保障广大农民的基本生活水平，促进社会的公平正义。

农村基层群众自治组织在表达农民利益、推动社会公平方面的功能并非固定和自动的。相反，这一作用的真正发挥需要其他支持条件的共同作用，如自治组织内部的民主氛围、农民自身的法律知识和权利意识，以及外部法律和政策支持等多个层面的因素。因此，实现自治组织功能的最优化不仅要依赖于组织内部的自我强化和自主管理，更要建立健全相关的制度和机制，如完善法律保障体系，加强对自治组织的监督和指导，以及提供必要的财政和政策支持。

二、提高农民群众素质，提升自治能力

农民素质与自治能力的提升是推进乡村治理现代化的关键步骤，只有切实解决现实中不少农民在参与自治过程中存在理解能力不足和表达需求不明确的问题，才能提高农民在自治活动中的积极性，使自治组织更具包容性与活力，促进乡村社会资源的优化配置和社会公平原则的贯彻实施，以顺应乡村振兴战略对乡村治理现代化的必然要求。

一方面，村委会运用各种宣传手段在农村思想领域进行观念更新，贯彻宪法、法律、法规以及国家的政策，教育并推动村民履行法律、法规所规定的义务，有助于增强村民的法治精神，提升村民的权利意识。同时，通过组织系列讲座、发放农业经营管理手册、推行“互联网＋教育”模式等手段，传授现代农业技术，如精准农业实施技巧、种植业与畜牧业智能化养殖方法，以及市场营销和品牌创建知识，提升农民的经营能力与市场竞争力。

另一方面，村委会通过民主选举、民主决策、民主管理与民主监督等基本过程，进行自我服务、自我管理、自我教育，确立民主的制度、章程、程序，保证德才兼备、办事公道、受人敬重的基层精英成为村委会的干部，切实地保障村民参与基层选举、决策、管理和监督过程的权利，能够推动农村基层群众提升治理社会事务的能力。

自治能力的增强不仅仅限于知识和技术层面，更涵盖了决策、管理与协调等多个维度。通过引导农民参与村务公开、财务管理以及公共事务的决策过程，通过“学习－实践－反馈”的循环机制，进一步强化自治能力。

三、推动集体经济发展，促进乡村经济繁荣

在中国乡村治理框架中，集体经济不仅能够显著提升农村公共设施的建设与维护，提高农民群众的收入水平，还有助于实现资源有效配置和社会和谐稳定，激发农村的内生动力，实现社会治理与经济发展协同增效。

农村基层自治组织通过引导村民投入集体项目，有效地带动农业产业化经营，形成了规模化、集约化生产。在这一过程中，农民通过参与现代农业项目建设，如高标准农田建设和农产品深加工，提升了自身技能，增强了市场竞争能力。因此，集体经济的兴盛不仅推动了经济增长，也为农民带来了实实在在的利益。

村民通过选举那些具备带领他们发展经济、实现致富的能人成为村民委员会成员，这些

人往往具有广阔的信息渠道和敏锐的市场洞察力，能够成为集体经济的“带头人”，从而制定出符合本村集体经济的发展规划，引领村民兴业致富。

随着互联网和电子商务的普及，越来越多的农村地区开始尝试将农业与现代信息技术结合起来，创造出了如智慧农业、农村电商等新型业态。这些新模式有效地扩大了农村产品的市场范围，为农产品增值开辟了新渠道，同时也增强了集体经济的抗风险能力。

针对集体经济在推动经济发展方面的多方位效应，治理结构需要作出相应的优化调整。政府应充分发挥引导作用，制定合理政策支持集体经济的发展。应通过提供资金支持、技术培训和市场推广等多重手段，来确保农村能够持续稳定地兴办和发展集体经济。同时，农村基层自治组织应不断增强自身建设，提升管理水平，以便更有效地回应村民需求，推动集体项目的成功实施。

四、加大公共服务供给，实现均衡发展

农村作为基层治理的重要阵地，公共服务供给水平直接关联着区域平衡发展与农民福祉。在城乡二元结构中，公共服务往往呈现供给短缺与不均衡的特点。基础教育、医疗保障、社区建设等多个层面逐渐凸显服务不足的问题。实现农村公共服务供给的增加与优化，已成为农村基层自治组织的关键性任务。

农村基层自治组织通过调整和优化资源配置，建设适合乡村特点的教育网络、医疗网点和社会养老体系，从根本上改善农村基本公共服务状况，形成全覆盖、可持续的公共服务保障体系，实现社会资源优化配置。如教育服务领域，办好村校和幼儿园，提高教育资源的数字化水平，提升教育质量。医疗保障方面，通过建好村卫生室等方式，缓解“看病难、看病贵”问题。在社区建设上，打造具有乡土特色的村综合性服务中心，成立社会化服务网络，包括老年人照护、残疾人辅助等，以应对老龄化社会的挑战。

在文化层面，组织村民开展各种形式的文化娱乐、体育、教育、科普活动，如组织科技知识培训，集资建设乡村图书馆、文化活动中心等文化娱乐设施、建设体育健身工程、组织成立艺术团体、书画社等各种有益的兴趣组织，可以发展农村特色文化，丰富农民的精神生活。

在公益事业层面，村委会以满足广大农民生产生活的切身利益需求为目标，举办和管理本村的各类公益事业。包括引导农民进行村庄规划、环境整治等工作，制定相应的激励机制，激发农民兴办公益事业的热情，整合农民、村集体、社会力量三方资源投入公益事业，形成合力。

在采用信息化手段方面，村委会通过建立线上服务平台，集成下乡政策咨询、农村劳动力培训、农产品电商销售等功能，激活农村内生发展动力。同时，积极构建政府主导、多元参与的农村公共服务体系，通过制定相关政策法规，鼓励和引导民间资本、社会组织、志愿者等多方力量参与农村社会治理，共同推进农村公共服务供给机制的创新与完善。

五、整合多方力量，提升社会保障水平

乡村治理的过程实质上是构建一个广泛包容、责任共担的社会保障体系的过程。农村基

层群众自治组织在这个过程中，发挥了连接政府与农民的桥梁作用，有效地整合了政府资源、社会资本和农民自身力量。因此，农村基层群众自治组织不仅仅是实现政府资源下沉的工具，更是动员社会各界、保障农民福祉的共同参与平台。

农村由于其特殊的经济社会条件，面临着公共服务设施匮乏、医疗保障不足等诸多问题。农村基层群众自治组织通过采集农民意见，实行民主决策，优先配置有限的资源到最迫切的领域。如自治组织与慈善机构合作，建立农民医疗互助基金，显著增强了农民应对疾病的能力；在教育方面，联合私人企业与政府共同投入，使得农村儿童能够享有更为完善的教育资源。同时，通过引入社会保险、社会救助、社会福利和慈善事业等多种形式，建立适合中国农村特色的多元化社保体系，就更具有弹性和适应性，能够更加有效地防范和缓解社会风险。

农村基层群众自治组织在整合多方力量中，之所以能够准确把握农民的实际需求，将技术支持、资金扶持和政策导向有机结合起来，这得益于农民对自治组织具有较强的认同感以及自治组织对农民需求的精准把握。

总之，农村基层群众自治组织作为推动社会保障水平提升的重要力量，通过有效整合政府资源、社会资本以及农民自身的共同努力，已经在解决农村地区服务供给不足、风险管理机制落后等问题上取得了初步成效。

六、维护农村稳定，构建和谐社会

农村基层群众自治组织与政府职能部门形成的互补关系，在构建农村和谐社会方面具备独特优势，对维系农村社会大局的稳定起着至关重要的作用。在全面推进乡村振兴的进程中，农村基层治理模式也在不断创新，其中最具代表性的变革是对传统的村民委员会治理模式的重塑，强调其在维护农村稳定、促进社会和谐中的重要职能。

自治组织通过构建有效的沟通渠道和决策机制，增强了村民对政策的认知度和参与度。村民议事会等形式的运用，实现了农村社会意见的广泛收集和反映，使得决策更加民主、公开，从而显著提升了群众对政策的满意度和执行力。

在推进农村社会和谐方面，自治组织积极挖掘本土文化资源，推动文化复兴，通过组织红白事、庆典节日等活动，增强了村民的凝聚力和向心力。同时，通过发挥乡村能人、老党员的作用，在纠纷调解、法律援助等方面发挥先锋模范作用，从根本上维护了农村社会秩序，减少了因矛盾纠纷引发的不稳定因素。

第四节　农村基层群众自治组织的建设进路

党的十九届四中全会将“坚持和完善中国特色社会主义制度、推进国家治理体系和治理能力现代化”作为中心议题，推进乡村治理体系和治理能力现代化建设是实现乡村全面振兴、巩固党在农村执政基础、满足农民群众美好生活需要的必然要求。村民自治作为乡村治理的重要组成部分，其运行机制的完善至关重要。

一、健全村民自治法律与规章制度

在村民自治制度的演进历程中，自1988年《中华人民共和国村民委员会组织法（试行）》的问世，到1998年该法正式出台并实施，再到2018年的全面修订，每一步都彰显了法律对村民自治制度的坚实支撑。与此同时，各地积极响应，依据《中华人民共和国村民委员会组织法》纷纷出台了地方性的法律法规，从而逐步建立了一个全面的村民自治法律框架，为基层民主法治建设提供了根本保障。然而，尽管法律体系在不断完善，但在村民自治的实际运作中，依然面临着诸多法律层面的挑战与困境。

（一）完善村民自治相关法律法规

从立法层面进一步健全村民自治制度相关法律法规，是加强农村基层民主建设的关键保障。在实践中，村民自治法律制度一定程度上契合了村民自治法的理念，但其制度设计上仍存在差距，导致在实际运行过程中仍缺乏充分的法律保障，若要从根本上解决这一问题，未来立法应在遵循村民自治权作为村民自治制度逻辑起点的立场上①。

首要之务在于填补法律空白。尽管已有《中华人民共和国村民委员会组织法》等法律规范为村民自治提供了基本框架，且全国人大也已赋予各省根据本地实际情况制定实施办法的权力，但由于村民自治涵盖的内容广泛且实践发展迅速，现行的法律体系仍显得捉襟见肘，存在大量的法律空白区域。为了应对这一挑战，必须充分认识到问题的紧迫性，将加快立法进程作为重中之重。具体而言，应迅速填补那些尚未被法律覆盖的关键领域，确保村民自治的每一个环节都能有法可依。同时，针对村民自治中的核心环节，如选举、民主监督等，应单独制定更为详尽的法律法规，如村民选举法、村民民主监督法等，以进一步提升法律的针对性和可操作性。

当务之急是明晰权责划分。主要在明确村民自治事项范围、细化完善村民会议制度、构建民主协商制度、健全村务监督机制等方面，对村民委员会组织法作出相应修改②，进一步细化法律条款。同时，应增强相关法律法规的规范性与强制性，使村民自治做到有法可依。在法律条款中，应明确各方职权，对村党组织和村民委员会的职权范围作出具体、明确且科学合理的划分。针对村庄空心化的现实情况，探索运用科技手段实现村民"不在场"参与户籍所在地村民委员会换届选举的可能性，完善具体制度安排③。

根本要求是适应时代需求。随着农村的快速发展，现行的村民自治制度相关法律法规已难以满足当下需求。特别是村民委员会组织法在实施中出现了乡村关系模糊、村务监督薄弱、权利救济不完善以及法律责任缺乏等问题④，需要根据村民自治实际对村民委员会组织

① 秦小建：《村民自治立法的定位：现实检讨及未来走向——以2010年新〈村民委员会组织法〉为对象》，《四川师范大学学报》（社会科学版）2011年第4期。

② 高其才，张雪林：《完善村民自治制度——〈村民委员会组织法〉修改的建议》，《贵州大学学报》（社会科学版）2022年第6期。

③ 陈荣卓，金静：《远程投票：村民委员会换届选举的适应性变革与走向》，《学习与探索》2021年第2期。

④ 高其才：《〈村民委员会组织法〉修改的理念与基点》，《法学杂志》2023年第3期。

法进行修改。应创新村民民主监督程序、民主决策程序以及权利救济程序等制度，以确保法律法规的适应性和有效性。

（二）严格执行村民自治法规政策

毫无疑问，村民自治制度真正落到实处的关键在于抓好制度执行。在实践中让村民自治制度真正产生效用，不仅需要做到“有法可依”，更要做到“有法必依”，使村民自治制度真正走上法制化、规范化的道路。政府、村民及村民组织作为村民自治制度实行的三个核心主体，在执法方面应当各司其职，发挥其自身的作用。

村民自治制度能否真正发挥其效用，关键在于制度的有效执行。要确保这一制度在实践中落地生根，不仅要构建完善的法律体系，做到“有法可依”，更要确保法律得到严格执行，实现“有法必依”，从而推动村民自治制度走向法制化、规范化的道路。政府、村民及村民组织作为推动村民自治制度实行的三大核心主体，各自扮演着不可或缺的角色。政府应当发挥其引导和监督作用，确保村民自治活动在法律框架内有序进行，同时提供必要的支持和保障。村民则是自治的主体，应积极参与自治过程，依法行使自己的权利，履行相应的义务。而村民组织，如村民委员会等，则是连接政府与村民的桥梁，负责具体执行自治事务，保障村民的合法权益。

村级组织作为村民自治制度的基石和实际操作者，必须严格依法办事，将民主选举、民主决策、民主管理等制度贯穿于日常工作的每一个环节。这不仅要求村级组织在决策过程中充分尊重村民的意愿，还必须在执行过程中做到公开透明，确保每一项决策都能反映村民的真实需求，每一项管理都能维护村民的切身利益。村民作为村民自治的主体，其参与程度直接影响到自治制度的效果，应积极投身到自治过程中，充分利用自己的选举权、决策权、管理权和监督权，为村庄的发展贡献智慧和力量。这要求村民不仅要了解并熟悉自治制度的相关规定，还要勇于表达自己的意见和诉求，通过合法途径参与到村庄事务的管理和决策中来。

村级组织作为村民自治制度的实际运行者，应做到廉洁奉公，依法办事，严格贯彻落实民主选举、民主决策、民主管理等制度，确保村民自治各项制度落到实处。村民作为村民自治的主体，在严格执法的过程中不可或缺，村民自治制度的实质是还权于民，村民应积极参与村民自治过程，确保自己的选举权、决策权、管理权、监督权落到实处。

《中华人民共和国村民委员会组织法》对乡村关系以及各自的权限仅仅作出了原则性的一般规定，即乡镇政府有权指导村民委员会的工作，村民委员会在乡镇政府的指导下自主管理村务工作。必须从乡村关系的实际工作需求出发，列举出哪些事项需要乡镇政府进行指导、支持和帮助，哪些事项是在村民自治范围内乡镇政府无权干涉的，从制度层面合理划分乡镇政府和村民委员会各自的权限，以促使“乡政”和“村治”实现有机衔接①。

乡镇政府及其工作人员要转变观念，改进工作方式，切实转变政府职能，依法履行“乡政”职责。作为村民自治的关键实践主体，乡镇政府行政行为影响着村民自治的趋向与成

① 郭新安：《村民委员会选举中存在的问题及对策研究》，《山西农业大学学报》（社会科学版）2009 年第 1 期。

败。因此，正确理解乡镇行政管理与村民自治的关系，转变乡镇政府对农村的管理模式，引导村民正确行使民主权利，对促进“乡政村治”格局长期稳定且规范化运行至关重要[①]。

（三）健全村民自治法律救济机制

为了更有效地应对村民自治过程中可能出现的纠纷，及时维护广大村民的合法权益，当务之急是建立一套高效、全面的村民自治法律救济机制，确保村民在遭遇不公或权益受损时，能够迅速获得法律援助和救济，从而切实保障合法权益不受侵害。同时，着力完善信访以及监督救济机制，使之真正成为村民表达诉求、反映问题的重要途径，对村民自治过程进行有力监督，以及时发现并纠正自治过程中的不当行为，防止权力滥用和腐败现象的发生。

诉讼救济机制应涵盖违宪审查和行政诉讼机制，以及与人身、财产等相关的刑事和民事诉讼等机制，确保当村民的自治权遭受侵害时，其权利能够通过诉讼途径寻求到法律救济。例如，破坏村委会选举罪并不在刑法所规定的破坏选举罪的范畴之内，这就意味着，一旦在村民选举中出现威胁、暴力、贿赂、虚报选举票数等各种妨害村民行使自治权利的行为，村民便无法通过刑事诉讼的方式来捍卫合法权益，而这也正是村委会选举存在各种弊端的关键之所在。

因此，政府应着力创新选举工作的体制机制，并通过人大监督机制、村务监督机制等进行有效监督，为破解村民委员会换届选举困局探索出最佳救济机制。

二、优化村民自治组织运行机制

随着中国农村经济成分、组织形式、就业方式、利益关系和分配方式日益多样化，乡村社会结构发生了深刻变化。在此背景下，不同社会阶层的利益诉求日益多元化，私营企业主更关注经济利益的最大化和市场竞争优势的提升，农民工则关心就业机会、劳动权益保障和子女教育等问题，农业劳动者则聚焦于农产品价格、农业补贴和土地流转等方面。这些不同的利益诉求使村民自治面临巨大压力，给乡村传统的权力结构带来了前所未有的挑战，需要不断优化村民自治组织运行机制，提升乡村治理水平，为推进乡村振兴奠定坚实的基础。

（一）明确村民委员会与基层政府的关系

在村民自治的框架下，乡镇政府与村委会之间的关系正经历着深刻的转型，从传统的领导与被领导模式转变为指导与被指导的协助与合作关系。这一变革不仅要求双方重新定位角色，更需要在实践层面进行一系列的创新与调整。

重构权力关系，明确权力边界。上级政府应积极推动乡镇政府与村民委员会权力关系的重构，合理地配置双方权力，明确划定权力边界。这意味着要清晰界定哪些事务属于政府的管理范畴，哪些则应由村民委员会自主处理。在此基础上，基层政府应更新管理模式，勇于放权，从具体的管理事务中抽身出来，由“领路人”转变为“守夜者”，站在宏观层面为村民委员会提供指导和支持，为村民自治制度的顺利发展保驾护航。

---

① 郭新安：《村民委员会选举中存在的问题及对策研究》，《山西农业大学学报》（社会科学版）2009年第1期。

细化双方职权，确保村民自治。村民委员会组织法虽规定了乡镇政府与村民委员会之间的指导与被指导、协助与被协助的关系，但相关条款过于笼统和模糊，导致在实际工作中容易出现偏差。须进一步细化双方的职权范围，明确两者之间服务与监督、指导与协助的具体内容和方式。基层政府应主动下放权力，打造有限型政府，确保村民自治的真正实现。

转变政府职能，提升服务水平。转变基层政府职能是推进乡村治理现代化的必然要求。乡镇政府应积极响应这一变革，从以往的事无巨细转变为只抓重要领域和关键环节，更加注重为村民自治制度提供高质量的指导和服务。这要求乡镇政府不仅要提高工作水平，还要增强基层政权的公信力，通过改革政绩考核制度等方式，推动基层政府真正向村委会让渡权力，将建立服务型政府的目标落到实处。

（二）理顺村民委员会与党支部的关系

村党支部与村委会之间属于领导与被领导的关系，在村党支部处于领导核心地位的前提下，村党支部要创新领导方式，避免对村委会的具体事务进行过多干预。通过分工协作机制，建立健全职责清单制度，明确村民委员会在公共事务管理、经济发展规划、矛盾纠纷调解等方面的具体职责；明确村民小组长在传达上级决策、收集村民意见、组织村民参与村庄建设等方面的任务；明确村民代表在反映村民意愿、监督村务工作、参与决策讨论等方面的责任。而随着专业协会、老年人协会、红白理事会、禁赌协会等组织的不断兴起，在农村基层日益扮演着相当重要的角色，一定程度上影响着农村公共权力体系的运行，乡村社会权力结构需要顺应向多元共治模式转变。

从根本上解决“两委”（即村党支部和村民委员会）之间的矛盾，关键在于从法律和制度层面明确二者的职权，清晰界定村党支部和村民委员会的职能。由于相关法律法规对二者职权的界定较为模糊，导致在实际操作中容易引发矛盾和冲突。必须通过修订和完善如村民委员会组织法等相关法律法规，明确党支部与村民委员会的职能、职责以及相互关系，不仅可以增强法律的可操作性和执行力，还能为“两委”提供清晰的行为准则和权责边界。同时，乡镇党委应转变领导方式，尽量避免直接参与村民自治的具体事务。这并不意味着削弱乡镇党委的领导，相反，乡镇党委的领导应该更多地体现在政治领导、组织领导和思想领导上。在村民自治中，乡镇党委的领导应主要表现为对村民思想、政治倾向的指导，以及对村民自治的监督和制约。此外，针对村民自治是在建制村层面上开展的，规模过大导致自治困难，逐渐出现将自治下沉在建制村以下的实践①，中央文件也鼓励探索村民自治的有效实现形式，条件适合的地区在明确职权的基础上，可以尝试以村民小组为基本单元开展村民自治制度试点。

（三）协调村民委员会与农村集体经济组织的关系

村委会与农村集体经济组织之间关系厘定不清、功能混同，村委会总是代行农村集体经济组织职能，客观上将造成农村基层组织“政经不分”的状态，这不符合宪法结构确定的属

---

① 郝亚光，徐勇：《让自治落地：厘清农村基层组织单元的划分标准》，《探索与争鸣》2015 年第 9 期。

性分配，应在明确两者性质定位和职能重构的基础上理顺两者关系：在农村集体经济组织依法设立之前，由村委会代行农村集体经济组织的职能，管理和经营集体资产是必要的。但在农村集体经济组织设立以后，凡是与农村集体资产的经营、管理、土地发包、投资、入股、联营、合作等有关的经济活动，均应由农村集体经济组织实施。依此职能分工，在村委会的组织基础上，突出了以农民为对象的基层民主政治建设，在职能上突出了村民自治，在农村经济职能上突出了民主监督①。

三、强化村民自治监督体系建设

通过多渠道监督协同，强化健全村务监督机制，形成全方位监督合力，确保农村基层群众自治组织的权力规范运行，为农村基层群众自治组织的健康发展提供有力保障。

（一）强化村民自治监督机制

强化村务监督委员会的组织架构与职能，明确监督职责和权限，加大对村委会等自治组织的监督力度。村务监督委员会是村民对村务进行民主监督的重要机构，由村民代表会议选举产生，候选人应是非村“两委”成员及其直系亲属的村民代表，经村民代表会议授权对村务管理、财务收支等进行监督。

要赋予村务监督委员会的职能，包括对村务、财务管理等情况进行监督，受理和收集村民有关意见建议。具体来说，具有知情权，可列席村民委员会、村民小组、村民代表会议和村“两委”联席会议等，了解掌握情况；有质询权，对村民反映强烈的村务、财务问题进行质询，并请有关方面向村民作出说明；有审核权，对民主理财和村务公开等制度落实情况进行审核；有建议权，向村“两委”提出村务管理建议，必要时可向乡镇党委和政府提出建议；还有主持民主评议权，由村务监督委员会主持村民会议或村民代表会议，对村民委员会成员以及由村民或村集体承担误工补贴的聘用人员履行职责情况进行民主评议。

通过村务监督委员会对村级财务的严格审核，及时发现并纠正不合理的开支，有效防止村级资金的滥用和浪费。同时，村务监督委员会还应积极收集村民意见，对村务决策中的不合理之处提出询问，促使村“两委”及时调整决策，更好地满足村民需求。

（二）强化村务公开制度

完善监督手段，建立村务公开常态化平台，让村民可以随时查看村务信息，对村干部的工作进行监督和评价，对村干部的违规行为要建立严格的惩处机制，确保村民的合法权益得到保障。

村务公开是确保村民权益、增进基层组织公信力的关键环节，直接关系到村民的切身利益与乡村社会的大局稳定。必须将“公开透明”作为村务工作的铁律，通过广泛听取村民意见，不断创新和规范公开形式，确保村务信息的及时、全面、真实公开，以赢得广大村民的满意和政府的信任。

---

① 罗猛：《村民委员会与集体经济组织的性质定位与职能重构》，《学术交流》2005年第5期。

在明确村务公开范围时，要严格遵循相关法律法规，确保国家法律和政策要求必须公开的项目得到及时披露[①]。这些项目包括但不限于政府各项补贴政策的落实情况、宅基地的划拨和使用情况、村集体的收支明细账目、村“两委”成员的报酬情况以及“低保户”的申请和审批流程等，这些信息的公开，不仅有助于提升村民的知情权、参与权和监督权，还能有效防止腐败和权力滥用。

在具体推进中，应结合乡村振兴过程中出现的新情况、新问题和新变化，不断丰富和完善村务公开的内容。特别是针对农村土地流转这一社会普遍关注的焦点问题，村委会必须及时将农村机动土地和“四荒地”的发包情况、土地征用的补偿和分配情况、土地退耕还林还草款物的兑现情况等纳入村务公开范畴。

在村务公开的过程中，应注重公开形式的多样化和规范化。除了传统的公告栏、广播等方式外，还要利用现代信息技术手段，如村务网站、微信公众号等，实现村务信息的实时更新和便捷查询。同时，建立健全村务公开的监督机制，鼓励村民积极参与监督，确保村务公开工作的有效落实。

（三）强化多渠道协同监督

村民监督是农村基层监督体系的基础，整合村民监督、上级监督等多渠道协同监督，形成监督合力。村民可以通过多种方式参与监督，如对村务公开内容进行查看和质疑，对村级重大事项的决策过程进行关注和提出意见。发挥上级监督的重要作用，县级监察、政府、人大等部门应将定期和不定期巡察制度化，针对村务情况建立专门的监督委员会制度，对村务进行定期公开审查。乡镇党委和政府应通过定期检查、专项审计等方式，对农村基层群众自治组织的工作进行监督。

在监督制度落实过程中，要充分发挥社会舆论的作用，引入新闻媒体监督、网络监督等各类新的监督手段，拓宽监管渠道。新闻媒体对农村基层的先进经验和存在问题进行报道，引起社会关注，推动问题的解决。网络监督则借助互联网平台，让更多的人了解农村基层情况，对不良行为进行曝光。通过多渠道协同监督，随时将村务监督等有关情况向群众公开，让群众拥有更多监督方式，使民主监督真正落到实处。

◎ 思考题

1. 村委会是什么性质的组织，其基本职能有哪些？

2. 当前中国农村基层群众自治组织建设存在哪些突出问题，这些问题的成因是什么？

3. 村民自治组织建设的有效途径是什么？

4. 结合本章内容，讨论完善“村规民约”在促进村民自治、推动村民组织发展中的重要意义。

---

① 程同顺，赵学强：《村务公开的路径障碍与制度改进—兼评新〈村民委员会组织法〉的修改》，《学习与实践》2013年第4期。

第五章

农村群众团体组织

农村群众团体作为农村社会治理的基础性组织，充分发挥收集基层信息、汇聚村民意愿、协调利益冲突功能，是党直接领导的群众组织，是党和人民政府联系人民群众的桥梁和纽带。随着乡村振兴战略的深入实施，农村群众团体组织作为农村社会的重要组成部分，在促进乡村产业振兴、乡村人才振兴、乡村文化振兴、乡村生态振兴、乡村组织振兴方面发挥着不可替代的作用。

第一节　农村群众团体组织概述

农村群众团体组织是指广大农民在生产生活中，因某一方面的目的、意愿、利益和需求，自愿结成的具有互助、合作性质的群众组织。其主要特点在于自治性、广泛性、服务性和公益性，成员通常是本村或周边农村的居民，组织成本低且贴近村民实际需求，组织结构相对简单，决策机制以民主协商为主，显著提升了对社会的响应速度与效率，有效推进了村民自治参与度和民主管理进程。

一、农村群众团体组织的基本概念

农村群众团体组织，作为中国特有社会结构的重要组成部分，其定义涵盖了一系列农民自发成立的、以共同利益和需求为纽带的非营利性质的社会团体，通常依据村民的共同需求和利益以各种形式存在，发挥着资源整合、信息交流和利益表达的重要作用。农村群众团体的形成机制是多方面的，涉及经济、社会、文化等多个因素的综合作用，这些因素交织在一起，塑造了农村群众团体的基本面貌。

从社会学的角度来看，农村群众团体组织为农村社会的成员提供了自我表达、互助合作和社会身份的确认空间。从政治学的角度来看，农村群众团体组织主要体现在政府治理体系中的角色和功能，通过沟通协商、利益表达等途径，对农村公共事务管理产生影响。从经济学的角度来看，农村群众团体组织主要体现在资源配置效率和农民经济行为上的集体理性，对乡村经济发展发挥着推动作用。

在中国式现代化进程中，农村群众团体组织必然是在中国特定政治、历史、文化条件下形成的组织形态，既不同于党政机关、国有企业、事业单位，也不同于社会组织，更不同于西方国家以政治游说为主的利益联合团体或以协助政府部门管理的准自治组织，是基于中国特殊的国情、民情、社情所形成的体制内诉求表达组织，具有较强的“国家化”“准政权”色彩。

毫无疑问，农村群众团体组织是指在农村基层由中国共产党领导的群众团体组织。中共中央2019年印发的《中国共产党农村工作条例》指出，“各级党委应当发挥工会、共青团、妇联、科协、残联、计生协等群团组织的优势和力量，发挥各民主党派、工商联、无党派人士等积极作用，支持引导农村社会工作和志愿服务发展，鼓励社会各界投身乡村振兴”。

因此，中国农村群众团体组织类型，主要包括工会、共青团、妇联、科协、残联和计生协。从组织形态看，共青团、妇联等群众团体组织是在党和国家统一安排下发动社会力量、自上而下成立的，一定程度上是国家公共权威的延伸。新中国成立至今，在中国农村乡镇、行政村普遍发展的农村群众团体组织，是共青团和妇联。

二、农村群众团体组织的发展历程

在中国从革命到建设的现代化道路上，农村群众团体组织是党和国家实现乡村社会动员的重要载体，为汇聚广大农民力量、协调乡村群体利益和促进农户权益保障提供组织纽带。

党历来高度重视农村群众团体组织的发展和运作，早在20世纪20年代中国共产党就通过组织农民协会开展农民运动。由于农民长期受到封建社会的残酷剥削和压迫，生活困苦不堪，农民协会的出现，为农民提供了一个团结起来、共同抗争的平台。1921年，在浙江省萧山县衙前村正式成立农民协会。随后，1922年9月，广东海丰农民在彭湃的领导下成立了全国第一个农民运动组织——赤山约农会，并在1923年1月，正式成立海丰总农会。此后，广东多地农民纷纷组织起来。

1924年，共产党人利用有利条件深入农村发动农民运动，广东成为全国农民运动的中心。到1927年3月，山西、福建、山东、湖南、广东、广西、四川等17省份都有农民协会的活动，农会会员接近900万，形成农村土地革命的高涨形势①。特别是毛泽东等领导的农民协会迅速兴起，农民协会成为广大农民反抗封建势力的重要组织形式，不仅组织农民开展减租减息、反对苛捐杂税等斗争，还组织农民进行土地革命、争取土地权益，组织农民武装收缴地主的武器，推翻封建统治。到1926年湖南全省75个县中，37个县建立了农会组织，会员人数约有150万②。

1927年5月，在武汉成立了全国农民协会。这一时期农会会员数量迅速增加，至1927年6月底，共成立县协会201个，区协会4 102个，乡协会16 144个，村协会4 011个，农会会员总数近一千万人③。一方面，农民协会在政治上、经济上打击了地主、豪绅等封建势力，冲击甚至推翻了县乡封建统治政权，激发了全国人民的革命热情，促进了全国范围内的革命运动的发展。另一方面，农民通过参与农民协会的活动，逐渐认识到自己的力量，学会

① 汪效驷：《组织与动员：华中抗日根据地群众团体研究》，《安徽史学》2022年第1期。
② 赵志峰：《毛泽东民主思想研究》，吉林人民出版社，2016，第48页。
③ 高熙：《中国农民运动纪事（1921—1927）》，求实出版社，1988，第261页。

了团结协作和斗争的方法，提高了政治觉悟和组织能力，为后来的革命斗争培养了一批有觉悟、有组织的农民骨干力量。

到抗日战争时期，为团结动员各方力量参与抗日，中共中央于1936年4月在陕北发表《中国共产党中央委员会为创立全国各党各派的抗日人民阵线宣言》，提议创立包括中国各党、各派、各教门、各帮会、各商会等组织在内的广泛的抗日人民战线，以抵御日寇的入侵[①]。1938年至1939年间，党领导的各根据地的乡也都设立妇救会，成为各抗日根据地最普遍的妇女组织，为动员、团结广大妇女群众支援前方抗战，巩固和建设抗日根据地，促进妇女的自身解放作出了贡献。

1939年11月，中共中央发出《关于深入群众工作的决定》，将组织群众团体作为深入群众工作支撑点的政策方向，要求地方民众团体“必须由党员领导，深入群众内面去发动为着群众自己利益而斗争的群众运动，依照自愿原则，将最大多数群众一步一步组织于工会、农会、妇女团体、青年团体、儿童团体及民众武装团体（自卫军少先队）之中，为参加抗日改善生活提高文化而斗争。”[②] 可见，群众团体在民主革命时期，作为党在农村的组织延伸，承载着政治动员功能，在抗战时期成为维护统一战线的重要力量[③]。

新中国成立后，国家权力向乡村社会不断深入，县、乡基层逐步建立了共青团、妇联等组织机构，在乡村经济恢复、基础设施建设和农业技术推广等方面发挥了重要作用。但“文革”导致政治生活不正常，各种群众团体组织基本停止活动，党的八大和党的九大报告甚至未提及共青团。

改革开放后，工会、共青团和妇联等各级群众团体组织逐步恢复工作，农村群众团体组织建设步入正轨，成为调节农村地区国家和社会关系的组织支柱之一。党和国家逐步在乡村基层建立健全了共青团、妇代会、民兵、治保委员会等人民团体的基层组织，并促使其发挥团结、组织、动员广大农民群众的政治功能，进而成为农民群众沟通协商平台，最终使之成为执政党推进事业发展、巩固执政基础的有力抓手。

随着农村社会管理体制的急剧转型和社会主义市场经济的全面转轨，农村基层群众组织发展一度出现纪律涣散、制度空转和工作队伍流动性大等组织弱化现象，农村劳动力外流、基层群众自治组织重构和城乡发展等失衡问题对农村基层群众组织建设带来巨大挑战，如何重新让农村社会实现组织化并建立稳固而有力量的群众团体组织秩序成为中国农村基层治理的重要议题。

党的十八大以来，以习近平同志为核心的党中央不断推进党的理论创新，从巩固党执政的阶级基础和群众基础的政治高度来审视群众团体组织工作，要求群众团体组织坚定不移地履行“服务群众”使命，在社会公共事务、公益事业和志愿服务等领域发挥重要积极影响。农村群众团体组织建设在新时期党的群众团体工作中的位置更加突出，在国家治理体系和治理能力现代化建设以及推进乡村振兴战略的背景下，加强和改进农村群众团体工作，做好青

① 中央档案馆：《中共中央文件选集》（第十一册），中共中央党校出版社，1991，第17－19页。

② 中央档案馆：《中共中央文件选集》（第十二册），中共中央党校出版社，1991，第191－192页。

③ 陈周旺：《组织维度下的中共党史研究——评〈中国革命的乡村道路〉》，《学术评论》2021年第1期。

年、妇女、外出务工人员、留守儿童、老年人和残疾人等特殊群体的群团服务工作，正成为新时期农村群众团体组织工作的重要内容，这也彰显了农村群众团体组织建设的时代性、持续性和创新性。

三、农村群众团体组织的功能定位

农村群众团体组织是群众利益表达、利益吸纳、利益整合、利益协调、利益协商的有机平台①，是党联系群众的桥梁和纽带。其决策和执行体现着党统一领导下的政治性②，组织队伍及其行动具有先进性，组织体系的广覆盖和高效能具备满足人民期待的群众性。从性质上看，政治性是群众团体组织的灵魂，保持和增强群众团体组织的先进性是重要着力点，群众性是群众团体组织的根本特征，上述三个性质特征构成了农村群众团体组织的功能要义。

（一）政治引领功能

政治引领功能是中国农村群众团体组织政治性的必然要求。具体表现为以下两个方面：一是自上而下的政治整合作用。改革开放以来，群众团体组织领导体制的最大变化是群众团体双重领导体制的变化。改革开放以前，群众团体组织不仅受同级党组织的领导，也受上级群众团体组织的领导，而且这种双重领导没有主次之分。改革开放以后，群众团体组织虽然也实行双重领导体制，但却有了主次之分，以同级党委的领导为主，以群团组织的上级组织领导为辅。因而，党的领导体现在凝聚农村群众团体组织的力量和资源，并使这些力量和资源成为有力支撑基层治理体系合法性、权威性、有效性的有效要素。

二是自下而上的政治参与作用。农村群众团体组织居于党和农村特定群体的“中间”位置，是党深入群众、联系群众和动员群众的重要法宝，既有充足的政治合法性资源，又有扎根基层群众的社会合法性基础。农村群众团体组织必须切实维护相关群体的合法权益，形成相关群体群众参与基层治理的合法渠道，“帮群众说话、为群众办事”，激发广大农民群众通过群众团体组织参与全过程人民民主的活力。

（二）价值弘扬功能

中国农村群众团体组织的价值弘扬功能表现为以先进性为特征的价值宣传、教育和传播作用。一方面，农村群众团体组织要发挥“大学校”作用，坚持用社会主义核心价值观培育农村群众，强调以先进引领后进、以文明消除愚昧，不断提高农民群众的政治觉悟。另一方面，农村群众团体组织通过宣传先进群体的先进事迹和崇高品格来感召激励农村社会，并广泛传播积极向上、促进发展、维护稳定的正能量，从而引导农村群众保持识大体、顾大局、听党话、跟党走的优良传统。

不仅如此，农村群众团体组织本身是其所联系群众的公共空间，能够促进相关群众的空间交往和网络化沟通，通过上述实践过程培养并塑造农村群众的公共精神，进而有利于促进

① 康晓强：《群团组织的中国逻辑》，《学习时报》，2017 年 9 月 20 日，第 2 版。
② 葛道顺：《关于群团组织治理和发展的思考—学习习近平系列重要讲话的体会》，《社会发展研究》2016 年第 4 期。

社会主义核心价值观深入到乡村治理过程之中。因此，农村群众团体组织不是一般、普通的社团组织，承担着组织动员人民群众的重要职能，对其自身的领导干部、工作人员和成员均有特定资格条件的要求。

（三）社会管理功能

社会管理功能是中国农村群众团体组织群众性的重要体现，群众性是农村群众团体组织的力量源泉，脱离广大农民群众必将导致群众团体组织走向官僚化和空壳化。农村群众团体组织的职责任务，就是以马克思主义的群众观为指导，集中反映最广大农民群众的智慧和愿望，并与农民群众共同奋斗，创造社会主义新农村的幸福生活。

具体而言，农村群众团体组织的社会管理功能主要包括社会服务和社会治理两个方面。社会服务功能集中反映在农村群众团体组织对相关群众对象的联系、沟通和资源输送等服务内容上，如乡镇街道共青团、妇联和残联必须做好服务本组织成员的日常工作，同时以自身组织为核心动员社区内的各类国有企事业单位、集体经济企业、市场经济类组织中的群众团体组织，与村级群众团体组织联动开展面向基层农村群众的各类社会服务，打通社会服务下沉的“最后一公里”。

社会治理功能集中表现在农村群众团体组织参与基层多元协商共治上。农村群众团体具有密切联系群众的组织特点，能够以较为直接的方式在参与社会治理过程中实现对群体利益的代表与整合，畅通和规范群众诉求表达、利益协调、权益保障通道，在化解社会矛盾时发挥疏解和调蓄作用，从而成为基层治理的“解压阀”和“节制闸”。

第二节　农村基层团组织

中国共产主义青年团是中国共产党领导的先进青年的群团组织，是广大青年在实践中学习中国特色社会主义和共产主义的学校，是中国共产党的助手和后备军①。作为联系农村青年的桥梁和纽带，农村基层团组织是共青团在农村开展工作的基本单位和重要载体，履行引领凝聚青年、组织动员青年、联系服务青年的职责，团结带领团员青年在新型工业化、信息化、城镇化、农业现代化中发挥生力军和突击队作用。截至 2023 年 12 月底，全国共有共青团员 7 416.7万名，共青团组织 431.6 万个，其中城市街道、乡镇、社区（居委会）、行政村团组织 94.2 万个，团员 2 173.7 万名②，是中国式现代化进程中推进农业农村发展的重要力量。

一、农村基层团组织概述

农村基层团组织包括设置在乡镇的团的基层委员会（以下简称乡镇团委），设置在行政村和农村社区（以下简称村、社区）的团组织，设置在农村经济组织、社会组织等中的团组

① 《中国共产主义青年团章程》，中国青年出版社，2023，第 1 页。

② 《截至 2023 年底全国共有共青团员 7 416.7 万名》，《人民日报》，2024 年 5 月 4 日，第 2 版。

织，以及各类灵活设置的农村团组织。

（一）农村基层团组织的设置

根据共青团中央2020年印发的《中国共产主义青年团农村基层组织工作暂行规定》，农村基层团组织设置应基于团员人数和工作需要，经同级党组织和上级团组织批准，农村可以分别设立团的基层委员会、总支部委员会、支部委员会。团员人数3人以上的，成立团支部。团员人数7人以上的团支部，设立团支部委员会。

适应当前农村团员分布的实际情况，团员人数50人以上的村、社区，可以成立团的总支部委员会；团员人数100人以上的村、社区，经县级团委批准，可以成立团的基层委员会，下设若干团支部。

农村团的支部委员会一般由3至5人组成，团的总支部委员会一般由5至7人组成。团（总）支部委员会设书记1名，可以设副书记和组织委员、宣传委员等若干委员。团员人数不足7人的团支部，设书记1名，必要时可以设副书记1名。

农村团的基层委员会不设常务委员会。应当根据团员人数和所属团组织数量，相应确定委员会成员数量。一般情况下，团的基层委员会由10至14人组成；团员人数1 000人以下的，委员会一般由7至9人组成；团员人数3 000人以上的，委员会一般由15至21人组成。团的基层委员会设书记1名，一般设副书记1至3名[①]。

（二）农村基层团组织的运行

农村基层团组织建设应当从实际出发，按照有利于开展团的各项活动，有利于加强对团员的教育管理，有利于组织动员团员青年发挥作用，有利于服务乡村振兴的要求，主动适应农村团员青年生产生活相对分散的实际，积极应用互联网等载体，推动团的组织和工作创新。

1. 村、社区团组织的产生

村、社区团的（总）支部委员会一般由团员大会选举产生，每届任期2年至3年。村、社区团（总）支部书记、副书记一般由团员大会从新当选的委员会委员中选举产生，不设委员会的团支部书记、副书记由团员大会选举产生。

村、社区团的基层委员会由团员大会或者团员代表大会选举产生，每届任期3年至5年，一般与同级党组织任期保持一致。村、社区团的基层委员会书记、副书记一般由本级委员会全体会议选举产生；召开团员大会选举的村、社区团的基层委员会书记、副书记，也可以由团员大会从新当选的委员会委员中选举产生。

村、社区"两委"换届时，一般应当同步推动村、社区团组织换届工作。

2. 乡镇团组织的产生

乡镇应当设立团的基层委员会，由乡镇党的委员会和县级团的委员会领导。乡镇团委由团员大会或者团员代表大会选举产生，每届任期3年至5年，一般与同级党的委员会任期保持一致。

---

① 《中国共产主义青年团农村基层组织工作暂行规定》，《中国青年报》，2020年11月16日，第1版。

根据工作需要，经县级团委批准，乡镇团委可以派出团工委。经同级党组织和上级团组织批准，委员会人数可以根据实际需要适当放宽。任期届满应按期进行换届选举，选举结果须报同级党组织和上级团组织批准。同级党组织和上级团组织认为有必要时，经过共同研究，取得一致意见，可以调动或指派下级团组织的负责人。

（三）农村团的基层组织形态

县乡两级团委应当积极创新农村团的基层组织形态。县级团委要主动培育组建青年志愿服务组织、青年致富带头人组织、创业服务组织、文艺体育组织、返乡大学生社会实践组织等青年组织，联系培育青少年事务社工机构，拓展共青团主导的基层青年组织体系，并在工作中发现和培育青年骨干。县乡两级团委应当主动联系本地区已有的各类青年组织、专业合作社等，具备条件的要及时成立团组织。

乡镇、村团组织可以通过示范引导团员青年组建专业合作社等方式，探索农村基层团组织的“实体化”运行方式。

（四）农村团的活动方式

县乡两级团委应当积极创新团的活动方式。团员短期参加活动的团组织可以与其所归属的团组织不完全对应。加强乡镇团委服务能力建设，通过建立联席会议、定期会商、共办领办活动项目、充实工作力量、完善隶属关系等方式，推动建立可持续的工作联动机制。

根据工作需要，积极探索有效的村团组织联建方式。发挥学校团组织的作用，探索“村校联建”；把团组织建在产业链上，探索“村企联建”；推动地域相邻的村成立联合团组织，探索“村村联建”；推动村团组织与青年社会组织联合开展工作，探索“村社联建”等。

乡镇辖区内的各类团组织和青年组织要与乡镇团委建立联系，主动融入区域化团建格局，积极支持、配合乡镇团委开展工作，发挥各自优势，共同推动本地区团的工作和少先队工作。

二、农村基层团组织的建设历程

自中国共产主义青年团成立以来，农村基层团组织经历了从新民主主义革命时期到社会主义革命和建设时期、从改革开放和社会主义现代化建设新时期，到中国特色社会主义新时代的发展历程，在适应不同时期社会历史条件与青年工作任务的变化中不断发展壮大。

（一）农村基层团组织的创建与初步建设时期（1919—1949 年）

五四运动为中国青年提供了直接的斗争经验，锻造了一批进步分子，为社会主义青年团的成立创造了思想准备、组织基础和队伍前提。1920 年 8 月，在共产国际代表团的帮助下，陈独秀成立了上海共产党早期组织。在上海成立党组织后，陈独秀就考虑“组织一个社会主义青年团，作为中共的后备军”①，并指派最年轻的成员俞秀松筹建社会主义青年团。

① 中国社会科学院现代史研究室，中国革命博物馆党史研究室选：《“一大”前后 中国共产党第一次代表大会前后资料选编》（第 2 册），人民出版社，1985，第 138－139 页。

中国第一个共产主义性质的青年团组织——上海社会主义青年团，在1920年8月22日正式成立[①]。上海社会主义青年团积极指导其他地方团组织的建立与发展工作，并且，遵照团的临时章程的“正式中央机关未组成时，以上海机关代理中央职权”在上海建立了团临时中央局[②]。1922年5月5日至10日，中国社会主义青年团第一次全国代表大会在广州东园召开，中国社会主义青年团正式成立[③]。中国社会主义青年团是中国共产党领导建立的中国青年群众组织，其正式成立标志着中国有了统一的青年团组织，中国共产党拥有了忠实助手和得力后备军，中国的青年运动有了自己的领导核心。

随着国民大革命不断推进，中国共产党、共青团组织也不断发展壮大，农民阶级的力量愈发受到重视，农村青年作为在农民阶级中最为先进的群体，最容易受到感召。因此要发动广大农民群众，就需要加强共青团的基层组织建设，并通过农村基层团组织来唤醒农村青年群体，发动青年农民，从而由点到面激活整个农民阶级。

1925年中共四大总结国共合作的经验教训，第一次提出“工农联盟”的主张，大会通过的《对于青年运动之议决案》明确了“目前S. Y.（社会主义青年团）的最重要的青年工作有三方面：青年工人运动，青年农民运动和青年学生运动。”[④] 国民大革命失败后，中国共产党及时做出符合中国实际的“农村包围城市”的战略决策调整，共青团五大明确了团在最近时期中的根本任务：“取得全部青年工人和被剥削的青年农民群众，以保证夺取政权的工农斗争。”[⑤] 各地共青团积极响应党对团组织在土地革命中的任务要求，组织团员和广大农村青年加入创建革命根据地的队伍，为建立牢固的工农联盟作出了不可磨灭的贡献。

抗日战争爆发前夕，中共中央决定将中国共青团组织改造成为群众性的青年抗日救亡组织。1937年7月卢沟桥事变爆发后，这类青年抗日救亡组织在中国共产党的领导下，高举抗日民族统一战线的旗帜，团结中国社会各阶层力量，为夺取中国抗日战争的最后胜利作出了重要贡献。青年抗日救亡组织的实践也为共青团的青年工人运动、青年学生运动以及青年农民运动工作积累了丰富的理论与实践经验，为农村基层团组织的建设奠定了坚实的基础。

在1946年8月26日和9月13日中共中央书记处两次召开工作会议专门讨论关于建立青年团的问题。1946年9月，中共中央青委就同陕甘宁边区青联一起研究制定了《在陕甘宁边区试办青年团的计划》，决定在延安、绥德和米脂三县进行试点，延安的冯庄成为农村办团试点地[⑥]。中共中央于1946年11月5日发出《中央关于建立民主青年团的提议》，要求各个解放区建立一个统一的、全国性的、包括一切先进青年积极分子的组织[⑦]。

1946年11月22日，中国共青团第一个农村团支部——冯庄团支部正式成立，由于中央青委没有统一规定名称，决定命名为“新民主主义青年团”。1946年12月24日，中国共

① 李玉琦：《中国共青团史稿1922—2008》，中国青年出版社，2010，第30页。

② 李玉琦：《中国共青团史稿1922—2008》，中国青年出版社，2010，第36页。

③ 共青团中央青运史研究室：《中国青年运动史》，中国青年出版社，1984，第41页。

④ 中国新民主主义青年团中央委员会办公厅：《中国青年运动历史资料》（第2册），中国青年出版社，1980，第77页。

⑤ 中共中央文献研究室，中央档案馆：《建党以来重要文献选编（一九二一——一九四九）》（第5册），中国文献出版社，2011，第493页。

⑥ 李玉琦：《中国共青团史稿1922—2008》，中国青年出版社，2010，第188-189页。

⑦ 李玉琦：《中国共青团史稿1922—2008》，中国青年出版社，2010，第191页。

青团第二个农村团支部、山东第一个新民主主义青年团支部在金沟官庄村正式成立[①]。1947年7月，全国解放区青年工作代表会议在西柏坡召开，中共中央书记处书记刘少奇代表党中央明确提出“在土改中把青年团下层组织形成起来”[②]，要求各解放区在土地改革中扩大团的试建工作[③]。从此，全国各地农村基层团组织纷纷建立，为党团结发动广大农村革命青年的力量发挥了重要作用。

（二）农村基层团组织的探索与曲折前进时期（1949—1978年）

新中国成立后，为了尽快恢复长期遭到破坏的国民经济，加快完成从新民主主义社会向社会主义社会的过渡，1950年在全国农村青年工作会议上，团中央明确要求青年团要在新解放区农村发动青年农民，并带动全体农民一起参加土地改革和减租反霸斗争。青年团组织在土地改革、镇压反革命运动、“三反”“五反”运动中，动员几十万知识青年深入农村开展工作，绝大多数农村青年参加了土地改革运动，大批城乡青年积极分子在土地改革运动中加入青年团。

1955年12月，团中央发出《关于在七年内扫除全国农村青年文盲的决定》，1956年1月又发出《关于普遍建立青年扫盲队的通知》，在农村青年中大力开展知识教育、科技宣传和科普工作，组织农村青年学习农业生产新技术。这一时期，团组织在完成党赋予青年团的历史任务中，带领广大团员和青年艰苦奋斗，努力改变中国农村地区的“一穷二白”面貌，为新中国社会主义建设作出杰出贡献[④]。

1957年5月，青年团正式更名为中国共产主义青年团。到1958年10月，中国农村已基本实现了人民公社化，《农村人民公社工作条例（修正草案）》中规定，人民公社的管理层级可以是两级，即公社和生产大队；也可以是三级，即公社、生产大队和生产队，“人民公社中的党组织，必须领导好共产主义青年团和妇女代表会议的工作，使它们真正发挥党联系群众的纽带作用。”[⑤] 1961年1月，团中央书记处召开常委扩大会议，提出“整顿基层组织，加强团的组织作用”[⑥]，后明确规定：“农村人民公社有脱产干部5人以上的，配团的干部1人。”

在党开始独立探索社会主义建设道路时期，广大农村青年牢记嘱托，怀着尽快改变国家面貌的强烈愿望，在农业战线“大办农业，大办粮食”，推广优良品种和先进生产技术，协助开展青年上山下乡和支援边疆建设工作。

1966年“文化大革命”爆发后，共青团中央书记处被迫改组，各地团组织受到冲击，相继停止工作。1969年党的九届一中全会要求开展整团建团工作，恢复各基层团组织。

---

① 《青春之火在这里点燃》，《中国青年报》，2022年03月18日，第3版。

② 中共中央文献研究室中央档案馆：《建党以来重要文献选编（一九二一——一九四九）》（第24册）中央文献出版社，2011，第371页。

③ 李相久，李英，郭丽娟，梁占武：《当代中国青年运动史》，吉林文史出版社，1990，第23页。

④ 张良驯：《百年来共青团历史任务变迁及贡献》，《人民论坛》，2022年第9期。

⑤ 中共中央文献研究室：《建国以来重要文献选编》（第14册），中央文献出版社，2011，第356页。

⑥ 共青团中央青运史工作指导委员会办公室：《中华人民共和国青年工作编年纪事 1949.10—1994.12》，天津人民出版社，1996，第142页。

1970年7月，中共中央发出《关于整团建团工作的通知》，并在中央组织部设立整团调查小组。1972年8月，共青团中央《关于当前整团建团工作情况的报告》指出，全国团支部的整顿已基本完成，基层团委也大都建立起来[①]。到1973年，陆续恢复了省以下各级团组织领导机构，县级层面的农村团组织工作得以重新展开。

（三）农村基层团组织的恢复与巩固发展时期（1978—2011年）

党的十一届三中全会后，共青团跟随党实现工作重点的转移，带领广大青年投身改革开放事业，引导农村青年积极适应农村经济改革新形势。1978年10月，共青团第十次全国代表大会在北京召开，选举出共青团第十届中央委员会，全面恢复共青团工作的任务基本完成。1979年3月，团中央在延安召开共青团全国农村青年工作座谈会，确定了当前农村团的工作任务，要求各级团委要面向基层，每个公社至少要有一名专职团干，保证每年至少有1/3的时间做团的工作[②]。

1980年共青团中央组织部《关于各级团委编制的参考意见》提出，“农村人民公社和街道团委一般应配团的专职干部1至2人”，基层团干部的配备逐年增长，但直至1982年全国仍有1/5的公社未配备专职团干部。1983年共青团中央组织部印发了《关于地方各级团委编制、机构设置和领导干部配备的参考意见》提出，“区、公社、乡、街道团委专职团干部1至2人”的要求，后又提出：“一社改一乡的地方，乡设团委。乡团委配备专职团委书记1人，配备兼职团委副书记1至2人。”

1984年2月，共青团在农村开展以勤劳致富报告团和发展青年专业户、科技示范户为内容的“一团两户”“两户一体”活动。1986年6月，共青团全国农村“青年之家”建设工作会议召开，团中央要求把建设“青年之家”作为农村精神文明建设的一项实事来抓，有力配合了农村经济体制的改革[③]。1992年1月，团中央颁发《共青团基层组织建设纲要》《共青团地方各级代表大会组织选举规则（暂行）》《共青团基层组织选举规则（暂行）》，坚持“团要管团”的建设原则，明确基层团组织的建设发展标准，主动强化基层团委的建设工作，精简乡镇臃肿人员机构，凝聚广大基层团组织的力量。

1995年3月共青团中央启动“共青团服务万村脱贫致富奔小康行动”，通过实施对贫困乡村青年农民的科技服务、信息服务、文化服务、政策服务、资金服务焕发农村基层团组织的活力。2003年7月，共青团十五大提出探索以乡镇、街道团组织为核心，直接组织联系团员的青年中心，青年中心以35岁以下团员青年为主要服务对象，以现代电子信息技术等为主要服务手段，以服务青年成长发展为主要目标。与此同时，共青团中央引领农村各级团组织以“青春建功新农村行动”为统筹，引导团员青年在建设社会主义新农村中建功立业，

---

① 共青团中央青运史工作指导委员会办公室：《中华人民共和国青年工作编年纪事1949.10—1994.12》，天津人民出版社，1996，第292页。

② 共青团中央青运史工作指导委员会办公室：《中华人民共和国青年工作编年纪事1949.10—1994.12》，天津人民出版社，1996，第329页。

③ 共青团中央青运史工作指导委员会办公室：《中华人民共和国青年工作编年纪事1949.10—1994.12》，天津人民出版社，1996，第427页。

面向农村青年广泛开展技能培训，推进农村青年转移就业和创业，帮助贫困地区农村青年脱贫致富。

2006年，国务院《关于做好农村综合改革工作有关问题的通知》明确要求，归并乡镇事业单位，规范精简乡镇机构设置①。在改革中，乡镇团委逐渐并入党政办公室，团干部多由党委工作人员兼职，导致了党团工作界限趋于模糊，基层团组织的职能被弱化。

改革开放以来，农村所有制结构从单一的集体所有制转变为以公有制为主体、多种所有制经济共同发展，农村产业结构由传统的以农为主的农业经济向多种经营产业转变，农村青壮年劳动力大量流入沿海经济发达地区务工，劳动力流向由主要从事粮食生产的第一产业向乡镇企业和其他所有制形式的二、三产业转化，无疑使团组织生存和发展环境的农村经济、社会结构，以及作为团组织工作对象的农村青年都发生了重大变化。这些变化导致了农村团组织团员覆盖不足的问题、传统团组织活动难以吸引团员青年的问题，形成行政化工作手段弱化、工作对象减少和流动加剧的工作困境。

（四）农村基层团组织的成熟与改革创新时期（2012年—）

党的十八大以来，中国特色社会主义进入新时代，实现全面建成小康社会、推进乡村全面振兴成为中华民族的时代课题，将农业农村现代化作为首要任务，无疑是农村基层团组织的历史使命。

2013年，中国共产主义青年团第十七次全国代表大会在总结过去五年共青团工作的基础上，强调要坚持基层导向，推动团的基层组织建设和基层工作实现突破，推进乡镇团组织格局创新和乡镇实体化“大团委”建设，增强基层团组织的活力和凝聚力。

2014年12月，中共中央印发的《关于加强和改进党的群团工作的意见》指出：中国发展的内外环境正在发生深刻变化，党面临的挑战和考验前所未有，要用制度保障群团组织承担部分政府功能，用实际行动提高群团组织的政治地位②。

2015年，中央党的群团工作会议明确了新时期共青团改革发展的方向，强调了政治性的首要地位。这是党的历史上第一次由党中央召开党的群团工作会议，表明了新形势下党中央对群团工作的高度重视，确保共青团在党的领导下，更好地服务青年、引导青年，为实现中华民族伟大复兴的中国梦贡献力量。

2016年8月，中共中央印发《共青团中央改革方案》，强调全面从严治党就必然要求共青团深化自身改革、全面从严治团③。针对担负枢纽重任的基层团组织，存在的组织建设薄弱问题被摆在了改革的重要位置。根据现代化不断推进时代背景，不断有效组织整合农村青年、发挥群体价值，既是农村基层团组织的群众性特征的具体要求，也是农村基层团组织保持生机活力的客观要求。2017年，中共中央、国务院印发了新中国历史上第一部青年发展规划《中长期青年发展规划（2016—2025年）》，明确指出共青团肩负着引领青年建功新时

① 中共中央文献研究室：《十六大以来重要文献选编》（下），中央文献出版社，2011，第643页。

② 中共中央文献研究室：《十八大以来重要文献选编》（中），中央文献出版社，2016，第304-317页。

③ 《中共中央办公厅印发〈共青团中央改革方案〉》，《中国青年报》，2016年8月3日，第3版。

代的历史使命，全方位为农村基层团组织建设指明了方向①。

在2017年党的十九大提出实施乡村振兴战略之后，2018年召开的中国共产主义青年团第十八次全国代表大会提出贯彻落实党的十九大精神及乡村振兴战略。2019年3月，共青团中央印发《关于深入开展乡村振兴青春建功行动的意见》，进一步组织动员广大青年投身乡村振兴战略实施，为实施乡村振兴战略、加快农业农村现代化步伐贡献青春力量②。农村基层团组织积极开展各类创新创业活动，培养农村青年人才，组织“脱贫攻坚青春建功行动”，激发农村青年的创业热情，扶持有志青年在农村地区扎根创业，为农村经济发展注入新的活力。同时，农村共青团组织积极参与农村文化建设，丰富农村青年的精神文化生活。举办各类文化活动，如文艺演出、读书分享会等，提升农村青年的文化素养，为乡村文化振兴贡献力量。

只有建设充满活力的共青团，才能使党的执政基础更加坚强有力，为乡村振兴战略的实施提供源源不断的青年人才支持。2020年，共青团中央印发了《中国共产主义青年团农村基层组织工作暂行规定》，系统地总结和提炼农村基层团组织工作成果，用改革的思路推动农村基层团组织的创新发展③。2022年8月，共青团中央印发《关于推进县域共青团基层组织改革的指导意见》，着力推动共青团在县域强化政治功能、形成社会功能，增强基层团组织的引领力、组织力、服务力和大局贡献度④。

三、农村基层团组织的职能任务

根据共青团中央2020年印发的《中国共产主义青年团农村基层组织工作暂行规定》，按照乡镇团委、村团组织、农村社区团组织、农村学校团组织、农村集体企业中的团组织、农村专业合作组织中的团组织、农村非公有制经济组织中的团组织、农村社会组织中的团组织、农村流动团员团组织、农村的网络团组织等10类农村基层团组织的特点，主要承担如下职能任务⑤。

（一）农村基层团组织的主要职能

农村基层团组织是上级团组织在县级以下农村地区的组织分支机构，主要包括设置在乡镇的团基层委员会，设置在行政村和农村社区的团组织，设置在农村经济组织、社会组织等中的团组织，以及各类灵活设置的农村团组织。主要职能包括：宣传、执行党的指示和团组织的决议，教育团员青年带头贯彻执行党的路线、方针、政策，大力培育新型职业农民，加强农村青年实用人才队伍建设，培养农村青年致富带头人，支持返乡青年创业就业，带领动员团员青年在乡村振兴中彰显作为。

引领职能。坚持党的领导，强化政治功能，组织团员青年深入学习贯彻习近平新时代中

① 《中长期青年发展规划（2016—2025年）》，人民出版社，2017。
② 《团中央部署开展乡村振兴青春建功行动》，《中国青年报》，2019年3月28日，第3版。
③ 《中国共产主义青年团农村基层组织工作暂行规定》，《中国青年报》，2020年11月16日，第1版。
④ 《共青团中央印发〈关于推进县域共青团基层组织改革的指导意见〉》，《中国青年报》，2022年08月17日，第1版。
⑤ 《中国共产主义青年团农村基层组织工作暂行规定》，《中国青年报》，2020年11月16日，第1版。

国特色社会主义思想。宣传、执行党的指示和团组织的决议，教育团员青年带头贯彻执行党的路线、方针、政策。在党的领导下，按照组织隶属关系，领导下级团组织的工作。实事求是地对团的建设和工作提出意见建议，及时向同级党组织和上级团组织报告情况。

教育职能。开展理想信念教育、爱国主义教育和制度自信教育，培育和践行社会主义核心价值观，开展志愿服务、扶贫助困、移风易俗、美丽乡村建设等活动，倡导科学精神，普及科学知识，坚决同违纪违法行为作斗争，坚决抵御非法宗教活动和境外渗透活动，弘扬主旋律，传播正能量。

联系职能。密切联系服务青年，了解青年的思想和需求，反映青年合理诉求，维护青年合法权益，关心困难青年，关爱留守儿童，开展健康有益的文体活动。大力培育新型青年职业农民，加强农村青年实用人才队伍建设，培养农村青年致富带头人，支持返乡青年创业就业。

纪律职能。从严加强班子自身建设和团干部作风建设，协助党组织管理农村基层团干部，对团干部的选拔任用和奖惩提出意见。加强农村基层团组织规范化建设，抓好团员发展和教育管理，严肃组织生活，关心团员的思想、学习、工作和生活。维护和执行团的纪律，依规稳妥处置不合格团员。

协调职能。做好推优入党工作，推荐团员青年中的优秀人才，培养青年乡村治理人才。整合协调资源，支持少先队开展工作。支持城市青年、大中学生等开展乡村志愿服务和社会实践活动。

（二）农村基层团组织的基本任务

在乡村治理现代化的进程中，根据农村基层团组织的客观实际，基本任务主要包括：培养要求入团的青年，做好发展团员、收缴团费、办理超龄团员离团手续等常规性工作；教育、管理和服务团员队伍，健全团的组织生活，落实“三会两制一课”制度；对团员进行党的基本知识教育，推荐优秀团员作党的发展对象；发现和培养青年中的优秀人才，推荐进入更重要的生产和工作岗位。主要在以下几个方面着力：

在乡镇团委层面。要统筹协调本地区团的工作，深化区域化团建，开展乡镇实体化大团委建设，推动团的基层组织设置和活动方式创新，提升团的组织和工作有效覆盖面；积极推动党建带团建机制落实，做好推优入党工作；服务团员青年创业就业；加强流动团员的管理和服务；选拔符合条件的优秀青年担任村、社区团组织书记，积极推动他们按程序进入村、社区“两委”班子。

在村、社区团组织层面。要聚焦乡村振兴，大力培养农村青年致富带头人；积极参与乡村治理，助力培育乡风文明；开展关爱留守儿童、扶贫济困等活动，建设村民自治与多元主体参与有机结合的共建共享机制。

在农村学校、农村集体企业、农村专业合作组织、农村非公有制经济组织、农村社会组织中的团组织层面。要根据农村基层团组织所在单位及其行业的特点，强化青年政治引领，抓好团员发展工作，关心服务青年成长成才、身心健康和日常生活。

在农村流动团员团组织、网络团组织和其他类型的团组织层面。要以有效覆盖、联系服务团员青年为重点开展工作，创新团员活动方式，引导团员履行团员义务，行使团员权利，带领团员和青年承担社会责任、弘扬正能量。

四、乡村振兴中农村基层团组织的发展

在实施乡村振兴战略中，农村基层团组织肩负着重要使命，不仅是乡村产业振兴的推动者，而且是乡村人才振兴的引领者，还是乡村文化振兴的践行者。因此，农村基层团组织应结合青年工作实际，聚焦团的主责主业，以服务、凝聚、培养农村青年人才为切入点，组织动员广大农村青年投身乡村振兴战略，为实施乡村振兴战略、加快农业农村现代化步伐贡献青春力量。

（一）在组织建设上持续探索更加多元化的组织设置形式

随着农村经济社会的不断发展，新的产业形态和社会群体不断涌现，农村基层团组织要紧跟时代步伐，根据农村电商、乡村旅游、特色农业等新兴产业的发展需求，设立相应的产业团支部，将从事这些领域的青年凝聚起来，共同推动产业发展壮大。针对农村留守青年、返乡创业青年、外出务工青年等不同群体的特点和需求，精准施策，建立更加灵活多样的团组织架构，实现对农村青年的全覆盖。

（二）在干部队伍建设上进一步完善团干部选拔任用和培养机制

加大从农村致富能手、返乡大学生、退伍军人等群体中选拔优秀青年担任团干部的力度，提高团干部队伍的整体素质和工作能力。建立健全团干部培训体系，定期组织团干部参加业务培训、交流学习等活动，拓宽团干部的视野和思路，提升他们的创新意识和服务水平。完善团干部考核激励机制，激发团干部的工作积极性和主动性。

（三）在活动创新上紧密结合实际需求拓展活动领域和活动形式

紧密结合乡村振兴的战略目标和农村青年的实际需求，不断拓展活动领域和活动形式。一方面，持续深化青春助农行动，加强与电商平台、农业企业的合作，开展更多形式的直播带货活动，拓宽农产品销售渠道，提高农产品附加值。加大对农村青年创业的扶持力度，通过提供创业培训、金融支持、项目对接等服务，鼓励农村青年积极投身乡村产业发展。另一方面，进一步丰富关爱留守儿童和志愿服务活动的内容。开展留守儿童心理辅导、安全教育等专项活动，提高留守儿童的自我保护意识和心理健康水平。在志愿服务方面，结合农村人居环境整治、乡风文明建设等重点工作，组织青年志愿者开展更加丰富多彩的志愿服务活动，为乡村振兴贡献更多青春力量。

（四）在协同机制上加强农村基层团组织与社会力量合作与联动

积极与政府部门、企业、社会组织等建立合作关系，整合各方资源，共同为农村青年的成长和乡村振兴事业提供支持。与农业部门合作开展农业技术培训，与企业合作建立青年就业创业见习基地，与社会组织合作开展关爱留守儿童等公益活动。通过多方合作，形成强大

的工作合力，共同推动农村基层团组织建设和乡村振兴事业不断向前发展。

第三节　农村基层妇联组织

中国妇联组织是在党的领导下为争取进一步妇女解放而联合起来的社会群众团体，是党和政府联系妇女群众的桥梁和纽带，是国家政权的重要社会支柱。农村基层妇联组织是农村各族妇女群众的组织，是全国妇联在农村的基层组织，是党联系农村妇女群众的纽带，是广大农村妇女的重要代表者。

一、农村基层妇联组织概述

根据全国妇联 2021 年发布的《妇女联合会农村基层组织工作条例》，乡镇妇女联合会（以下简称乡镇妇联）和行政村妇女联合会（以下简称村妇联），是妇女联合会在农村的基层组织。

乡镇妇联的领导机构是乡镇妇女代表大会和它所产生的执行委员会，村妇联的领导机构是村妇女大会或妇女代表大会和它所产生的执行委员会。

乡镇妇女代表大会、村妇女大会或妇女代表大会每五年举行一次，与同级党组织换届同步进行。乡镇妇女代表大会、行政村年满 18 周岁的妇女或妇女代表参加的妇女大会或妇女代表大会选举产生执行委员会，执行委员会全体会议选举主席一人、专兼职副主席若干人，负责日常工作。执行委员会全体会议，一般每年举行两次，可根据工作需要随时召开。

在居住分散的农村山区、牧区、农、林、渔场，非公有制经济组织、专业市场、农民合作社等女性相对集中的地方，根据需要从实际出发灵活设置妇女组织并实行属地化管理。

村妇联应向自然村屯、村民小组以及妇女兴趣组织、联谊组织等妇女生产生活最小单元扎根，与网格化管理有效融合，提高本村妇女的组织化程度。对暂不具备组织条件的，可设立妇女小组，也可通过建设“妇女之家”“妇女微家”等阵地拓展组织覆盖。

乡镇妇联、村妇联接受同级党组织和上级妇女联合会双重领导，其他在农村灵活设置的各类妇女组织接受同级党组织和批准其成立的妇女联合会双重领导。坚持以党的基层组织建设带动妇女联合会农村基层组织建设，重点是带组织、带队伍、带阵地、带工作、带服务，实行代表联系妇女群众制度。

二、农村基层妇联组织的建设历程

在中国的历史进程中，农村基层妇联组织始终围绕党和国家工作大局，积极动员农村妇女参与经济社会发展，为实现中华民族伟大复兴的中国梦贡献了巾帼力量。从新中国成立初期的土地改革、婚姻法颁布、民主选举等重大举措，到社会主义建设时期的农业生产竞赛、“三八”红旗手评选等活动，从改革开放以来的“双学双比”活动，到新时代的“巾帼脱贫行动”“乡村振兴巾帼行动”，农村基层妇联组织始终站在时代前列，为农村妇女的解放和发展作出了积极贡献。

（一）革命时期农村基层妇女组织的奠基与探索

彻底反对封建社会强加于女性的压迫与束缚，始终倡导并坚持男女平等一直是中国共产党人的不懈追求。中国共产党的早期领导人和先进知识分子把几千年传统社会积淀的妇女问题与中华民族的完全独立、无产阶级的彻底解放紧密联系在一起，认识到妇女解放必须伴随全体被剥削被压迫人民的社会解放而得到实现，中国妇女的彻底解放尤其是农村妇女的解放成为中国革命的重要内容之一。

1922 年 7 月，中国共产党第二次全国代表大会上，第一次比较完整地对工人运动、妇女运动和青少年运动提出了要求，并通过了《关于妇女运动的决议》。国民大革命失败后，党的工作重心从城市转向农村，一批优秀妇女干部深入农村开展武装斗争，逐渐形成党建立基层妇女组织的队伍基础。

在抗战时期，农村基层妇女组织成为凝聚妇女力量的核心。1937 年 9 月，中共中央组织部发布《妇女工作大纲》，"动员妇女力量参加抗战，争取抗战胜利"成为妇女工作基本任务①。农村基层妇女组织积极组织抗日儿童团，站岗放哨，为八路军做力所能及的事情。同时，还积极动员妇女参与大生产运动，为夺取抗日战争的彻底胜利作出了妇女应有的贡献。在根据地面临经济紧张的局面下，农村基层妇女组织响应党中央"自力更生、发展生产""自己动手、丰衣足食"的号召，动员姐妹们开荒种地、养殖家畜、纺纱织布、做军鞋、缴公粮，为抗日前线提供了有力的物资支持。

1938 年，陕甘宁边区各界妇女联合会成立，成为之后全国妇联组织体系的雏形。农村妇女广泛参加的妇女抗日救国会和妇女联合会是"根据地最普遍的妇女群众组织""是各党派、各阶级、各种职业、宗教、民族、年龄的妇女抗日统一战线的团体"②。农村基层妇女组织极大地鼓舞了广大妇女的抗日热情，提高了妇女的地位，为妇女解放事业奠定了基础。

解放战争时期，蔡畅、邓颖超、康克清等老一辈妇女运动先驱领导中央妇女委员会致力于动员解放区妇女支援解放战争、参加土地改革运动，着手筹备解放区妇女工作会议和中国妇女第一次全国代表大会，从政治、经济、文化、组织等方面为新中国妇女运动的发展奠定了基础。

（二）建设时期农村基层妇联组织的建立与巩固

新中国成立后，中国共产党通过开展土改运动、婚姻法运动、废娼运动、扫盲运动、普选运动等多项全国大规模群众性运动，推进中国农村社会发生史无前例的根本性变革。在这个过程中，农村基层妇联组织从争取妇女土地权益，到宣传贯彻婚姻法保障妇女婚姻自主权，再到组织妇女参加农业生产和国家建设，为农村妇女的发展和进步发挥了重要作用。

1949 年 3 月，中国妇女第一次全国代表大会开幕，选举产生全国妇女统一组织的领导机构——中华全国民主妇女联合会。中国妇女有史以来第一次拥有全国性的妇女群众组织，

① 中国妇女管理干部学院：《中国妇女运动文献资料汇编》（第一册），中国妇女出版社，1988，第 335 页。
② 中国妇女管理干部学院：《中国妇女运动文献资料汇编》（第一册），中国妇女出版社，1988，第 400 页。

为新中国妇女运动健康发展提供了坚实可靠的组织保障。特别是第一次全国代表大会章程，确立了妇女团体和各地妇联，包括农村基层妇联组织以团体会员身份成为妇女群众组织体系的一部分。

1953年中国妇女第二次全国代表大会通过的《中华全国民主妇女联合会章程》明确，全国民主妇女联合会包括了乡镇妇女代表会，乡镇、街道妇联不设常务委员会。从此将妇联组织系统拓展为乡镇妇代会，农村基层妇联组织具有了明确的政治地位①。至1956年，妇联组织都建立了乡镇组织网络，为妇女事业的发展奠定了组织基础。

1957年召开的中国妇女第三次全国代表大会，大会报告《勤俭建国、勤俭持家，为建设社会主义而奋斗》明确提出鼓励农村妇女参加农副业生产、勤俭建国勤俭持家为社会主义而奋斗的任务②，要求各级妇联组织通过在农村开展爱国丰产运动和农业生产竞赛，组织“铁姑娘队”，评选农村妇女农业劳动模范、社会主义建设积极分子以及“三八”红旗手，充分调动农村妇女的社会主义生产积极性。

1961年，全国妇联通过调查研究，向中央呈报《关于进一步贯彻农村妇女保护政策的请示报告》，指出要在农业生产中实现男女分工合作、合理安排妇女劳动力，因地制宜地做好“四期”（经期、孕期、产期、哺乳期）保护工作，各级党委要定期检查妇女劳动保护执行情况，农村妇女的劳动保护工作制度逐步形成③。

1962年全国妇联党组在《关于当前妇女工作中几个问题向中央的报告》中指出，必须解决农村人民公社做妇女工作的干部问题，各地党委已给大多数农村人民公社配备了一个专职或兼职的妇联干部，但各地进行精简工作以来，大多数地方又都取消了，或者名义上有男干部兼职，实际形同虚设。根据这一要求，各地人民公社按照自身编制大小及干部条件，分别设一个专职、兼职或不脱产、享受补贴的妇女工作干部。

“文革”时期，农村基层妇联组织的工作受到了极大的干扰，不少妇联干部遭受迫害，妇联机构被撤销或合并，许多活动被迫停止或中断。然而，即使在这样艰难的环境下，仍有许多农村基层妇联组织为维护农村妇女权益、推动农村妇女事业的发展而不懈努力。

无论如何，这一时期农村基层妇联组织唤起了亿万农村妇女当家作主和为建设社会主义而奋斗的积极性，组织动员了农村妇女大规模参加农业生产和国家建设，围绕农村地区的男女土地权利平等、妇女获得婚姻自主权、妇女参加普选任务等积极地开展了工作。

（三）改革时期农村基层妇联组织的完善与发展

党的十一届三中全会后，妇女工作紧跟党和国家工作重点的转移实现历史性转折。农村基层妇联组织以经济建设为中心，在提升农村妇女素质、推动妇女投身农业生产和农村建设方面取得了显著成效。

1978年的《中华全国妇女联合会章程》明确，社、镇妇女代表大会选举主任一人，副

① 中国妇女管理干部学院：《中国妇女运动文献资料汇编》（第二册），中国妇女出版社，1988，第181页。
② 中国妇女管理干部学院：《中国妇女运动文献资料汇编》（第二册），中国妇女出版社，1988，第315-328页。
③ 中国妇女管理干部学院：《中国妇女运动文献资料汇编》（第二册），中国妇女出版社，1988，第409-411页。

主任、委员若干人，组成委员会。基层妇女代表会（简称妇代会），在农村设在生产大队一级，在农村的生产队建立妇女代表小组。从此将妇联组织系统拓展到乡镇以下的行政组织，妇联组织更加深入到农村社会最底层①。1979 年 3 月，全国妇联作出《紧跟党的工作着重点的转移做好妇女工作》的决议，重新确立"以生产为中心"的妇女工作方针，并在城乡逐步贯彻部署②。

1982 年全国妇联发布了《农村基层妇女代表会工作条例（试行草案）》，明确了农村基层妇代会的根本任务：组织教育妇女为社会主义物质文明和精神文明建设作贡献，维护妇女儿童合法权益。明确了农村基层妇联的组织设置：农村基层妇代会根据党支部的设置而定，实行代表联系群众的制度，一般设在生产大队，选组长一人，建立代表小组③。从 1953 年《中华全国民主妇女联合会章程》确定妇联组织建立到乡镇以后，农村基层妇联组织体系从此基本形成，全面推动了农村基层妇联组织建设的组织化、制度化、规范化和专业化，广大农村妇女的权利得到了进一步的保障。

1988 年的《中华全国妇女联合会章程》要求，乡镇每三年举行一次妇女代表大会，农村的村民委员会、乡镇企业、农林牧渔场设立妇女代表会。1989 年全国妇联发布的《农村基层妇女代表会工作条例》进一步强调，农村基层妇代会设在行政村、乡镇企业、农林牧渔场和其他经济组织中，在同级党组织的领导下进行工作。基层妇代会代表任期三年，改选工作可与村民委员会换届同步进行。选举基层妇代会代表要注意广泛性和代表性，在民族乡和少数民族聚居的行政村，妇代会的少数民族妇女代表应按相等或略高于民族人口的比例选配。在民族乡和少数民族聚居的地方，妇代会主任或副主任要由少数民族妇女担任④。

1994 年，国务院决定实施《国家八七扶贫攻坚计划》，在全国范围内开展八七扶贫攻坚行动，妇联组织积极响应并把帮助贫困地区妇女脱贫致富作为自身工作重要任务，全国妇联明确要求各级妇联要一手抓致富，一手抓扶贫，各地妇联建立了扶贫联系点、联系户制度等，探索连环脱贫、互助扶贫等创新扶贫模式。在各地开展"巾帼扶贫行动"，通过动员贫困地区妇女参与"学文化、学技术、比成绩、比贡献"的"双学双比"活动，组织农村贫困妇女学习实用技术提高脱贫致富能力，组织农村妇女劳力输出，争取政府、金融及社会扶贫资金支持，实施"幸福工程""母亲水窖"等公益救助项目，开展妇女小额担保贷款等方式，帮助广大贫困农村妇女摆脱贫困。

1995 年，全国妇联在印发的《关于加强妇联基层组织建设的决定》中指出，自 1989 年 10 月全国妇联基层工作会议（福建会议）和 1990 年 8 月全国村级组织建设工作座谈会（莱西会议）以来，各级妇联按照全国妇联提出的"抓组织、抓活动、抓队伍、抓阵地、抓协调、创经费"的工作思路，坚持不懈地加强基层组织建设⑤。截至 1993 年底，全国农村建有村妇代会 733 708 个，占应建数的 98%，村妇代会主任进村委会、村党支部的比例达到

① 中国妇女管理干部学院：《中国妇女运动文献资料汇编》（第二册），中国妇女出版社，1988，第 458 页。
② 中国妇女管理干部学院：《中国妇女运动文献资料汇编》（第二册），中国妇女出版社，1988，第 465 页。
③ 中国妇女管理干部学院：《中国妇女运动文献资料汇编》（第二册），中国妇女出版社，1988，第 764 页。
④ 中共陕西省委农村社教办公室：《农村社会主义思想教育手册》，陕西人民出版社，1991，第 333 页。
⑤ 全国妇联组织部：《妇女工作简明手册》，中国妇女出版社，2002，第 23 页。

64%。同时，要求“把农村妇代会建设纳入以党支部为核心的村级组织配套建设的整体规划”，没有建立妇女组织的村要在1995年底前基本上建立组织；在乡、村企业普遍建立妇女组织，妇女人数少的单位可设妇女委员或妇代小组组长，在1995年底前配齐乡镇妇联干部。

2002年，根据党的十六大要求，全国妇联在进一步深化农村妇女“双学双比”活动、“五好文明家庭”创建活动等传统品牌活动的基础上，创新实施“妇女创业就业促进行动”“和谐家庭创建行动”“妇女人才支持行动”和“妇女儿童权益维护行动”，提高妇联组织科学发展的能力，扎实做好组织妇女、引导妇女、服务妇女和维护妇女儿童合法权益的工作。

2004年全国妇联印发了《妇女联合会农村基层组织工作条例（试行）》，全方位强调了《农村基层妇女代表会工作条例》的相关要求，标志着农村基层妇女代表会到农村基层妇联组织的转变。2008年的《中华全国妇女联合会章程》提出，乡镇妇联的领导机构是妇女代表大会，有条件的行政村可建立妇联①。2010年全国妇联修订了《妇女联合会农村基层组织工作条例》，明确了乡镇妇联和农村妇代会的职责和作用，强调了其在推动中国妇女、儿童发展纲要实施中的重要性。

这一时期，根据党中央的要求，全国妇联明确要求把动员农村妇女投身改革开放和社会主义现代化建设事业，作为农村基层妇联组织的主要任务。在此指引下，农村基层妇联组织围绕经济建设这个中心服务大局，在改革伊始动员妇女在承包土地上发展种养业和农副业产品生产，培养扶持农村女专业户，引导妇女在乡镇企业就业创业，组织开展“学文化、学技术，比成绩、比贡献”等农业生产竞赛活动，大力推进“巾帼科技致富工程”，推动农村妇女参与农业产业化经营，引导和鼓励农村妇女合作经济组织发展，兴建农业产业基地，以“巾帼示范村”创建为载体，发展“妇”字号龙头企业，帮助农村妇女走上规模化专业化生产道路，极大推进了农村改革发展的进程。

（四）新时代农村基层妇联组织的健全与创新

党的十八大以来，以习近平同志为核心的党中央从党和国家事业发展全局出发，关心关怀妇女全面发展、谋划部署推进妇女工作，激励亿万妇女在实现中华民族伟大复兴的新征程上昂首向前、奋斗逐梦。妇联工作取得新进展，妇联改革全面推进，农村基层妇联组织面貌发生了可喜变化，基层妇联组织改革取得突破性进展。

2013年的《中华全国妇女联合会章程》再次强调，乡镇妇女代表大会每三至五年举行一次，妇女代表大会闭会期间的领导机构是执行委员会，执行委员会全体会议选举主席一人、专兼职副主席若干人，执行委员会全体会议一般每年举行一次，农村的行政村设立妇女代表会，有条件的行政村可建立妇女联合会②。

2016年9月，中共中央办公厅印发的《全国妇联改革方案》明确指出：要创新妇联基层组织设置，积极推动在城乡社区普遍建妇联，加强对女性社会组织的联系引导，培育扶持

① 全国妇联办公厅：《妇联工作实用手册》，中国妇女出版社，2009，第114-115页。

② 《中华全国妇女联合会章程》，《中国妇运》2013年第11期。

专业类、公益类、服务类女性社会组织，加强政治引领、示范带动和联系服务[①]。推进重心下移、工作下沉，创新基层组织设置，充实乡镇（街道）妇联队伍是全国妇联改革方案的重心之一，而妇女代表大会改为妇女联合会的“会改联”是其中一个具体举措。各地基层妇联组织贯彻落实中央党的群团工作会议精神，推动村（社区）妇代会改建妇联，让基层妇女组织网络覆盖到农村每家每户。

2018年的《中华全国妇女联合会章程》明确，妇女联合会在乡镇、行政村建立基层组织，乡镇、行政村应当建立妇女联合会。乡镇、行政村妇女代表大会每五年举行一次。妇女代表大会选举产生执行委员会，执行委员会全体会议选举主席一人、专兼职副主席若干人，必要时可选举常务委员若干人[②]。

2021年，全国妇联对《妇女联合会农村基层组织工作条例》进行了又一次修订，进一步明确了乡镇妇女联合会和行政村妇女联合会的组织架构和职责，强调了妇女联合会农村基层组织在高举中国特色社会主义伟大旗帜、坚持党的全面领导、增强“四个意识”、坚定“四个自信”、做到“两个维护”等方面的要求，明确了农村基层妇联组织作为党和政府联系农村妇女群众的桥梁和纽带的重要作用。

这一时期，农村基层妇联组织围绕深入贯彻党中央和习近平总书记对新时代妇女工作重要指示，围绕党和国家工作大局，围绕全国妇联确立中心任务和决策部署，组织实施“乡村振兴巾帼行动”“巾帼脱贫行动”等重点工作，引领农村妇女在决胜全面建成小康社会和全面推进乡村振兴中建功立业，取得了巨大成就和历史性跨越。

三、农村基层妇联组织的职能任务

作为党领导下的人民团体，农村基层妇联组织肩负着双重使命。一方面，要将党和政府的方针政策、决策部署传递至广大农村妇女群体之中，确保妇女群众对国家政策导向有着清晰的认知与理解，从而引导她们在思想上与行动上与党和国家保持高度一致。另一方面，深入基层，广泛倾听农村妇女的心声、诉求与愿望，将其真实意愿如实反馈给党和政府，为政策的制定与调整提供来自妇女群体的第一手信息与参考依据，使政策能够更加贴合农村妇女的实际需求与发展状况。

（一）农村基层妇联组织的主要职能

农村基层妇联组织作为广大农村妇女的代表机构，通过作为党和政府与农村妇女联系的桥梁纽带，深入贯彻相关政策法规，积极开展各项工作实践，在促进农村妇女全面发展、推动乡村文明进步与经济繁荣以及保障妇女儿童合法权益等方面发挥了不可替代的作用。在协调妇女参与乡村事务、推动妇女发展以及促进乡村和谐稳定等方面，承担着多方面重要职能，不仅体现在具体的项目与活动成果上，更体现在乡村社会整体风貌改善与发展活力提升上。根据全国妇联2021年发布的《妇女联合会农村基层组织工作条例》，农村基层妇联组织

① 中共中央办公厅：《全国妇联改革方案》，《中国妇运》2016年第10期。

② 《中华全国妇女联合会章程》，《中国妇运》2018年第11期。

主要职能包括以下方面。

执行职能。农村基层妇联组织贯彻执行上级妇女联合会及同级妇女代表大会或妇女大会决议，履行引领服务联系职能。

参政职能。讨论决定本乡镇或本村妇女工作中的重要问题并及时向乡镇党委或村党组织报告，乡镇妇联应指导所辖村妇联等妇女组织开展妇女工作。

联系职能。乡镇妇联要加强与本乡镇内机关、企事业单位、经济组织、社会组织等的联系与合作，培育以妇女为主体会员的协会、联谊会和农村经济合作组织等，加强对女性社会组织的政治引领、示范带动、联系服务。

自身建设职能。加强乡镇妇联、村妇联自身建设，指导和规范在农村灵活设置的各类妇女组织，建立完善学习培训、工作会议、评比表彰等工作制度，提升妇联干部引领服务联系妇女的能力。

（二）农村基层妇联组织的主要任务

农村基层妇联组织的主要任务涵盖思想政治、经济、权益、家庭与组织建设等多个方面，通过有效履行这些任务，充分调动农村妇女的积极性与创造性，为乡村振兴战略的实施注入强大的巾帼力量，加快农业农村现代化进程。根据全国妇联 2021 年发布的《妇女联合会农村基层组织工作条例》，农村基层妇联组织主要任务包括以下几个方面。

思想政治方面。组织农村妇女学习习近平新时代中国特色社会主义思想，培育和践行社会主义核心价值观，开展中国特色社会主义和实现中华民族伟大复兴的中国梦宣传教育，爱国主义、集体主义和社会主义教育，党的路线方针政策教育，思想道德和民主法治教育，引导农村妇女听党话、感党恩、跟党走。协助党组织做好培养、推荐妇女入党积极分子和基层优秀女干部工作，推动村妇联主席进入村“两委”，发挥妇联作为培养输送女干部重要基地的作用。加强妇女联合会农村基层组织建设。

精神文明方面。教育和引导农村妇女发扬自尊、自信、自立、自强精神，鼓励妇女参与农村新产业新业态发展，提高综合素质，实现全面发展，成为有理想、有道德、有文化、有纪律的时代新女性，在乡村全面振兴中发挥积极作用。引导农村妇女发挥培育文明乡风、弘扬中华民族家庭美德、树立良好家风的独特作用，加强家庭家教家风建设，开展“五好”家庭创建、寻找“最美家庭”等活动，普及科技、环境保护、妇幼卫生保健和优生、优育、优教等知识，推进移风易俗，倡导厉行节约、反对浪费。指导和推进家庭教育，倡导文明、健康、科学的生活方式。

基层治理方面。引导农村妇女依法、有序、广泛参与村民自治实践，参与基层社会治理，向党和政府反映妇女群众的意见、建议和要求，建立完善妇女议事会，组织妇女开展议事协商活动，代表妇女参与村务决策，发挥民主参与、民主管理、民主监督作用，推进农村基层民主建设。重视现代化信息网络的社会治理作用，加强网上妇联建设和线上线下“妇女之家”“妇女微家”等阵地建设，为妇女儿童提供有效服务，组织农村妇女参加现代远程教育学习。

权益保障方面。维护农村妇女儿童合法权益，宣传、普及有关妇女儿童的法律和法规，引导农村妇女合理表达利益诉求，依法维护自身权益。建立发现报告、联防联动等机制，抵制封建迷信、陈规陋习和违法违规宗教活动，反对邪教。配合有关部门打击性侵、拐卖妇女儿童、嫖娼、卖淫、赌博、吸毒等违法犯罪行为，预防和制止家庭暴力，为权益受侵害的妇女儿童提供帮助，维护社会和谐稳定，推进依法治村。深入了解留守流动妇女儿童、困境妇女儿童等特殊群体和家庭的需求，深化关爱帮扶。

四、乡村振兴中农村基层妇联组织的发展

妇女是推动农业农村现代化的重要力量，是乡村振兴的享有者、受益者，更是推动者、建设者。农村基层妇联组织要围绕乡村振兴战略目标，立足于妇联工作的传统阵地和优势领域，发挥其在参与基层社会治理过程中所具有独特的政治、组织和工作优势，全方位激活广大农村妇女群众投身乡村振兴伟大实践的动力。

（一）加强思想引领，激发农村妇女参与乡村振兴的内生动力

把学习宣传贯彻习近平新时代中国特色社会主义思想作为首要政治任务，使农村妇女深刻理解实施乡村振兴战略的重大意义，形成“乡村振兴、责无旁贷”的共识，在激发农村妇女参与乡村振兴主体意识的同时，积极引导其把智慧和力量凝聚到实施乡村振兴战略的目标任务上来。大力宣传党的乡村振兴方针政策，帮助妇女及时了解、掌握和运用强农惠农富农政策，充分发挥积极性主动性创造性，在实现乡村振兴的进程中展现作为、彰显风采。

（二）致力文化振兴，发动农村妇女投身文明家风建设

围绕培育和践行社会主义核心价值观，抓住传统节日节点，不断拓展寻找“最美家庭”内涵，动员组织农村妇女和家庭积极参与寻找“最美家庭”活动。广泛开展好家庭好家风巡讲，在积极倡导夫妻和睦、孝老爱亲、科学教子、勤俭持家、邻里和谐的同时，大力推动农村妇女和家庭崇尚科学文明、抵制封建迷信，带头移风易俗，反对天价彩礼、大操大办等陈规陋习，传播真善美、弘扬正能量。注重挖掘各具特色的家书家规家训等资源，讲好家风家训故事，推动形成爱国爱家、相亲相爱、向上向善、共建共享的社会主义家庭文明新风尚。

（三）强化组织建设，提升农村基层妇联组织能力和干部素质

农村基层妇联组织须积极吸纳妇女骨干，重视各种以妇女为主体的社会组织建设和发展。在基层妇联组织队伍建设中，采用公开招聘、上级选派、跟踪培养等方式，选择有能力的女性带头人来从事基层妇联工作，形成示范效应并凸显女性在乡村振兴中的主体作用。面向农村妇女骨干、基层妇联干部和返乡下乡创业女大学生、女农民工等群体，开展现代农业实用技术、电子商务、乡村旅游、手工制作等技术技能培训，帮助农村妇女提高适应生产力发展和市场竞争的能力，在更广领域、更深层次参与农业农村现代化建设。

（四）维护社会稳定，开创农村妇联组织融入基层治理新局面

全国妇联要加强顶层设计，做好推动妇联参与基层社会治理的方向性和引领性工作，积

极引导农村妇女依法、有序参与乡村社会治理，助推基层社会治理的质量与效能提升。在农村地区，妇联工作往往与其他部门的工作交织在一起，农村基层妇联组织可以利用自身的独特优势，以家庭家教家风建设和巾帼创业等活动为抓手，不断做细、做实与其相关的基层治理工作。与此同时，还要明确妇联组织在乡村治理体系建设中的角色定位，重视并发挥妇女组织的治理功能，不断完善乡村治理妇女参与机制。更进一步地，持续为农村基层妇联组织赋能赋权，增进基层妇联组织弹性和组织能动性，促使其做好农村妇女和儿童的权益保障工作，鼓励农村基层妇联组织在化解家庭矛盾、协调邻里关系和化解社会风险中发挥积极作用。

第四节　农村基层残疾人组织

中国残联组织是由残疾人及其亲友和残疾人工作者组成的人民团体，是党和政府密切联系残疾人的桥梁纽带。农村基层残疾人组织是农村残疾人事业发展的重要依托，在保障农村残疾人权益、促进其融入社会以及推动农村社会和谐发展等方面发挥着不可或缺的作用。

一、农村基层残疾人组织概述

根据中国残疾人联合会2014年发布的《村（社区）残疾人协会工作规范（试行）》，农村基层残疾人组织主要是指以县（市、区）残疾人联合会为主导、乡（镇、街道）残联为骨干、村（社区）残疾人协会为基础的基层残疾人组织网络。

县（市、区）、乡（镇、街道）残联按照《中国残疾人联合会章程》实行代表大会制度，代表大会选举产生主席团，主席团选举产生主席、副主席，主席由政府分管领导兼任；县（市、区）残联副主席由残联理事长、专门协会主席等担任，乡（镇、街道）残联副主席由残联理事长担任。县（市、区）、乡（镇、街道）残联理事长由主席团推举，政府任命；县（市、区）残联副理事长由理事长提名，主席团通过，政府任命。

县（市、区）残联成立专门协会，各专门协会委员按残疾类别由本级主席团委员中的残疾人、残疾人亲友和乡（镇、街道）、村（社区）残疾人工作骨干组成。县（市、区）残联要有适应事业发展需要的人员编制，按照中组部《关于转发中国残疾人联合会党组〈关于选拔残疾人干部充实地方残疾人联合会领导班子和干部队伍的报告〉的通知》（组通字〔2002〕38号）的有关规定，选配残疾人干部。乡（镇、街道）残联要从主席团委员中选聘残疾人委员作为专职委员协助理事长开展工作。

村（社区）残疾人协会是在乡镇（街道）残联指导下，在村民委员会（社区居民委员会）领导下，村（社区）内各类残疾人的自治组织，简称村（社区）残协。村（社区）残协协助村民委员会（社区居民委员会）和乡镇（街道）残联做好村（社区）残疾人工作，团结、动员残疾人参与社区建设和社区活动，是联系残疾人与村民委员会（社区居民委员会）和乡镇（街道）残联的桥梁和纽带。

每个村（社区）都要成立残协。残协要有健全的内部治理结构。残协设主席、副主席、委员。主席一般由村民委员会（社区居民委员会）主任或副主任担任，副主席、委员原则上由各类残疾人和残疾人亲友担任。残协主席、副主席、委员由残疾人民主选举产生，有条件的村（社区）可以直接选举。每届任期 3 年，可连选连任。

设立村（社区）残协专职委员岗位。每个村（社区）残协至少配备 1 名残疾人委员作为专职委员负责协会的日常工作。残疾人专职委员实行公开招聘，择优聘用，原则上从本村（社区）残协委员中选聘。500 人以下的村（社区）可以与相邻的村（社区）联合选聘 1 名残疾人专职委员。残疾人较多且居住集中的村（社区）可选聘 2 名以上专职委员，并可残健融合。

二、农村基层残疾人组织的建设历程

改革开放以来，中国共产党和中国政府实施了一系列发展残疾人事业、改善残疾人状况的重大举措[①]。1984 年成立中国残疾人福利基金会，1987 年开展第一次全国残疾人抽样调查，1988 年成立中国残疾人联合会（即中国残联）。中国残联成立以后，包括县、乡残联在内的地方各级残联的建设进入发展的快车道。

1998 年，国务院残工委又印发了《关于加强基层残联建设的决定》，中国残联成立基层工作办公室。在此后的两年里，中国残联再一次大规模地组派督察组，积极推进县级残联、残疾人服务社、残疾人康复指导站、残疾人用品用具供应服务站的“四位一体”，以及乡镇残联、残疾人服务社、志愿者联络站的“三位一体”。

2005 年国务院残工委下发《关于进一步加强基层残疾人组织建设的意见》，规范县乡村三级残疾人组织的设置，把基层残疾人组织定位为协助地方各级政府做好残疾人工作的参谋和助手，基层残联组织功能建设工作得到整体推进和全面确立。

党的十八大以来，残联组织持续深化自身组织改革和建设。深入贯彻落实习近平总书记关于党的群团工作的重要指示精神，持续深化残联改革，把加强党的全面领导贯穿残联各项工作全过程，切实增强政治性、先进性、群众性，始终把握住“为残疾人解难、为党和政府分忧”这个职责使命，发挥好桥梁纽带作用，履行好“代表、服务、管理”职能，让残联组织成为充满温暖、值得信赖的残疾人之家。加强和改进工作作风，密切与残疾人的血肉联系，努力成为残疾人的知心人、贴心人。持续加强基层残疾人组织建设，打造高素质残疾人工作者队伍，提升政治素质和服务能力。

2020 年 5 月，中国残联、民政部联合印发《关于加强和改进村（社区）残疾人协会工作的意见》，指出在各级残联指导下的基层残疾人协会组织是深化基层残联改革的关键环节和重要着力点，对于残联组织强基固本、履行职能、打通联系和服务残疾人的“最后一公里”具有重要意义。

三、农村基层残疾人组织的职能任务

残疾人权益保障至关重要，不仅是对残疾人基本人权的尊重和维护，更是社会公平正义

① 中华人民共和国国务院新闻办公室：《平等、参与、共享：新中国残疾人权益保障 70 年》，《人民日报》，2019 年 7 月 26 日，第 17 版。

的体现。农村基层残疾人组织通过加强与社会资源的整合，挖掘和动员社会单位、党员干部及社会各界人士参与助残活动，在农村残疾人事业发展中发挥着不可或缺的作用，其职能任务的明确与履行，直接关系到农村残疾人的生活质量和权益保障。

（一）农村基层残疾人组织的主要职能

农村基层残疾人组织是集残疾人自身代表组织、社会福利团体和事业管理机构为一体的残疾人事业团体，是联系农村残疾人和政府及社会的桥梁与纽带，承担着多重职能。根据中国残疾人联合会 2014 年发布的《村（社区）残疾人协会工作规范（试行）》，农村基层残疾人组织的主要职能包括：

联系职能。农村基层残协要经常性联系辖区内各类残疾人，上门入户，走访探视，及时了解掌握辖区内残疾人的基本情况，广泛宣传残疾人事业和相关惠残政策，把党和政府对残疾人的关心关爱传递到残疾人中。

维权职能。农村基层残协要积极主动向村“两委”和乡镇一级残联反映残疾人的需求和愿望，协调帮助残疾人解决困难和问题，组织残疾人群众参与民主协商、民主管理和民主监督，维护残疾人合法权益。

服务职能。农村基层残协要增强服务能力，依托村综合服务设施建立残疾人活动和服务阵地，协助村“两委”和乡镇残联把惠残助残项目落实到残疾人中，多为残疾人提供就近就便的服务，组织动员社会力量开展形式多样的志愿助残服务活动。探索吸纳社工人才和助残社会组织参与残协工作，提供专业化服务。

（二）农村基层残疾人组织的重点任务

农村基层残疾人组织在推动农村残疾人事业发展中，通过掌握残疾人基本情况，落实优惠措施与服务，营造助残良好氛围，确保残疾人能够得到及时、有效的帮助。在中国式现代化进程中，农村基层残疾人组织需要进一步明确重点任务，积极实施各项措施，为更好地服务农村残疾人作出更大的贡献。根据中国残疾人联合会 2014 年发布的《村（社区）残疾人协会工作规范（试行）》，农村基层残疾人组织的重点任务包括：

坚持党的领导，推动以党建引领村残协建设。村残协要坚持党的领导，在村党组织的领导下，履职尽责、开展工作，切实加强各项建设，以党建引领残协正确发展方向。充分发挥村内残疾人党员先锋模范作用，积极宣传党和政府的惠残政策，带动残疾人群众积极参与残协活动。加强残协活动与村党组织活动的有效联动，推动扶残助残工作融入党建活动中。

扩展村残协的代表面，进一步增强代表性。扩展村残协的代表面，广泛吸纳残疾人及其亲友、村“两委”班子成员、村民小组长、网格员、社会组织负责人、扶残助残爱心人士、志愿者等参与残协工作，加强和充实残协的工作力量。村残协要按照残疾类别或区域分布设立若干残疾人小组，将辖区内残疾人全部纳入，实现对残疾人“一个不能少”的组织覆盖。

加强村残协的规范化建设，建立健全工作制度。村残协要建立健全需求调查制度，在动态了解持证残疾人基本状况和需求的基础上，逐步掌握尚未持证但有服务需求的残疾人基本情况。建立入户访视制度，特别是深入特殊困难残疾人家庭，现场了解残疾人真实情况，及时反映其困难诉求，协调推动解决。建立档案管理制度，辖区内残疾人名册和各项工作档案要完整、规范。要有满足工作需要的基本条件，推动无障碍环境建设；工作职责、规章制度等应上墙公示；加快运用信息化手段，建立残疾人需求与服务的动态管理。

明确岗位职责，加强专职委员队伍建设。村残协专职委员岗位是为残疾人服务的工作岗位，主要职责是协助残协主席、副主席做好辖区内的残疾人工作，宣传贯彻党的路线方针政策和国家各项惠残举措，掌握残疾人基本情况，维护残疾人合法权益，配合有关部门做好相关服务。村残协委员中至少明确 1 名为专职委员，负责残协的日常工作，其他残协委员配合专职委员开展工作。

加强村残疾人工作者教育培训，增强履职能力。将村残协负责人和专职委员的教育培训纳入残联系统教育培训计划，对残协主席、副主席、专职委员、残协骨干等开展线上线下多种形式的教育培训，深化理论武装，提升政治素质，增进工作交流，加强残疾人工作政策业务培训，掌握残疾人工作基本知识和技能，学习运用社会工作方法，提高履行职责、整合资源、服务残疾人的能力。

四、农村基层残疾人组织的职能拓展方向

农村残疾人的需求日益多元化、复杂化，这就迫切要求农村基层残疾人组织与时俱进，积极拓展职能，更好地为残疾人解难、为党和政府分忧，真正发挥好党和政府联系服务残疾人的桥梁纽带作用，成为维护残疾人合法权益的守护者。

（一）强化农村基层残疾人组织建设

农村基层残疾人组织的规范化、专业化建设是持续提升服务能力的基础。落实党的群团改革要求，持续加强各级残联党组织建设，全面提高农村基层残疾人组织的政治性、先进性、群众性，密切与残疾人的血肉联系，不断提升服务供给能力。完善基层残疾人组织的架构、职能和权责关系，推进县、乡、村三级残疾人组织体系建设。加强农村基层残疾人组织规范化管理，精准监测掌握残疾人动态和迫切诉求，精准对接并推动扶持政策措施到人到户，提高组织运行效率。创新基层残疾人组织工作人员的培训体系，制定个性化、分层次的培训方案，提高专业素养和服务技能，以更好地满足残疾人多样化的需求。

（二）推进社会资源的整合与保障

整合社会各方资源是农村基层残疾人组织持续发展的关键，要深化农村基层残疾人组织参与社会治理，助力提升村级服务中心能力，开展残疾人社会工作和家庭支持服务，加快培育助残社会组织和企业，引导企业、社会组织、志愿者等社会力量参与到残疾人事业中来。政府应加大对农村基层残疾人组织的资金投入，设立专项经费用于组织建设、服务开展与设备购置等。鼓励社会捐赠与慈善资助，拓宽资金来源渠道。不断探索创新合作模式，整合教育、医疗、就业等部门资源，建立互助平台，鼓励企业提供更多适合残疾人的工作岗位，推动社会组织开展专业化的助残服务项目，提升志愿者的助残技能和服务意识，让残疾人与社会爱心人士可以在平台上进行交流和互动。

（三）提升对农村残疾人的服务能力

随着社会的发展和残疾人需求的变化，农村基层残疾人组织的服务能力也需要不断提升。政策支持是提升农村基层残疾人组织服务能力的重要保障，要进一步完善相关政策法规，为农村基层残疾人组织的建设和发展提供更加有力的支持。在现有服务基础上，要着力从康复服务和托养照护等方面着手，完善重度残疾人托养照护服务，解决特殊家庭困难。拓展康复服务内容与形式，不断提高残疾人的心理健康服务、文化娱乐服务等方面服务能力。开展针对残疾人的心理咨询和辅导活动，帮助他们缓解心理压力，增强自信心。组织丰富多彩的文化活动，如文艺演出、书画展览等，丰富残疾人的精神文化生活。利用现代信息技术，为残疾人提供远程康复指导、在线就业等便捷、高效服务。

◎ 思考题

1. 中国农村群众团体组织具有哪些重要功能？这些功能反映农村群众团体组织所具有的哪些公共性特征？

2. 中国农村群众团体组织的建设历程中，具有哪些重要的历史经验和启示？

3. 农村基层共青团组织、妇女联合会组织和残疾人组织的职能任务的相同点和不同点分别是什么？

4. 乡村振兴背景下农村群众团体组织面临哪些发展挑战和机遇？

第六章

农村公共事业组织

农村公共事业组织是指在中国农村为满足农民群众的公共需求，促进农村社会发展而设立的各类非营利性组织，核心价值在于通过多元化参与模式，有效整合多方资源以满足农村居民的多元化需求，在农村教育、卫生医疗、基础设施建设、环境保护、文化传承、农业科技推广、农村社会保障等多个领域提供公益性服务，既包括体制内的各类国家事业单位，也包括促进农村公共事业发展的相关公共服务组织及各类农民自组织形式。

第一节　农村公共事业组织概述

农村公共事业，作为满足农民生产、生活和社会发展需求的重要服务设施和事业，共同构成了农村经济社会发展的坚实基础，为农民提供了必要的生产和生活条件，促进了农村社会的全面进步。农村公共事业组织是指那些不以营利为目的，致力于协调乡村社会公共利益关系，以服务农村发展、农业生产、农民生活为宗旨的组织，是农村公共服务体系的关键组成部分，肩负着提供农村公共服务和基础设施建设的重任。

一、农村公共事业组织的概念与特征

公共事业组织是依照一定的规则，以独立、公正为原则，并凭借其特有功能为社会提供各种服务的组织，管理体系、资金落实、政策指引和法律保障构成了核心发展框架。在概念界定上，农村公共事业组织既包含了传统的基础设施建设和维护，也拓展至新兴的智慧化服务与环境保护等方面，涵盖了供水、供电、交通、教育和医疗、文化、社会保障等多个领域。农村公共事业组织的特征在于它的公共性，筹资、管理和运营机制要保证每个农民都能获得基础服务的合理权益，内涵融合了服务公众、提升公共福祉、促进农村社会经济进步等多重功能，形成了一个多元互动、协同发展的复杂体系。

非营利性与公益性。农村公共事业组织的核心特征在于其非营利性，即不以追求利润最大化为目的，而是将服务社会、增进公共利益作为首要目标。它们通过提供免费的或低成本的公共服务，直接惠及农村地区的广大居民，尤其是经济困难群体，因此具有较明显的公益性质。

自治性与灵活性。这类组织通常拥有较大的自治权，能够根据农村社区的实际需求和情

况，灵活调整服务内容和方式。相比政府机构，它们能够更快地响应农村居民的需求变化，提供更加贴合实际的公共服务。同时，在管理模式上，也倾向于采用扁平化、参与式的管理模式，增强服务的针对性和有效性。

多元参与与合作共治。农村公共事业组织在运作过程中，强调多元主体的参与和合作。它们不仅与地方政府、村委会等正式组织保持密切联系，还积极吸引村民、企业、社会组织等力量参与，形成多方协同、合作共治的局面。这种多元化的参与机制，有助于汇聚更多资源，提高公共服务的供给效率和质量。

本土性与文化敏感性。农村公共事业组织往往深深扎根于乡村社会，对当地的地理环境、历史文化、风俗习惯等有着深刻的理解和认识。这使得它们在提供服务时，能够充分考虑到当地居民的实际需求和文化特色，提供更具针对性和亲和力的服务。同时，这些组织也是传承和弘扬农村优秀文化的重要力量。

可持续性与自我发展能力。为了确保长期有效运行，农村公共事业组织需要具备一定的可持续性和自我发展能力。这包括建立稳定的资金来源渠道、培养专业化的服务团队、不断提升服务水平和创新能力等。通过这些措施，这些组织能够在不断变化的社会环境中保持活力和竞争力，为农村居民提供更加持久和优质的公共服务。

二、农村公共事业组织的类型与作用

不同的农村公共事业组织根据性质和职能的不同，可分为多种类型，主要包括：政府直属事业单位，如农业技术推广站、农村水利管理站等，直接承担政府在农村的公共服务职能；非营利性服务机构，如农村医疗卫生机构、教育机构、图书馆等，提供专业性公共服务，满足农民多样化需求；农民自组织，如农民合作社、文化艺术协会等，基于共同兴趣和需要自发形成，服务于特定群体或领域。

（一）农村公共事业组织的类型

农村公共事业组织可以根据其服务领域的不同划分为以下类型：

农村科技组织。主要指面向“三农”（农业、农村、农民）提供科技服务的组织、机构或社会化服务实体，其服务范围包括农业科技研发、新品种引进与推广、农业技术培训、病虫害防治、农业信息化服务等。

农村教育组织。主要指在农村地区提供教育服务的机构或组织，旨在提高农民及农村子女的知识水平和综合素质，其服务范围包括基础教育（如小学、初中）、职业教育（如农业技术学校）、成人教育（如扫盲班、技能培训）等。

农村文化组织。主要指在农村地区传承、发展和弘扬农村文化的组织或机构，其服务范围包括组织文化活动（如文艺演出、民俗节庆）、文化遗产保护（如古建筑、非物质文化遗产保护）、文化宣传和教育等。

农村卫生组织。主要指在农村地区提供医疗卫生服务的组织或机构，旨在保障农村居民的身体健康和生命安全，其服务范围包括疾病预防控制、医疗救治、妇幼保健、健康教育、卫生监督等。这些服务对于提高农村居民的健康水平、减少疾病发生、促进农村经济发展具有重要意义。

其他组织。如提供基础设施建设、环境保护、社会保障等公共服务的组织机构。

（二）农村公共事业组织的作用

农村公共事业组织在农村社会经济主体多元化进程中，体现为为农村经济社会发展提供交通、水利、电力等基础设施的基本保障，体现为以服务农民、提高农民生活质量和福利水平为宗旨，体现为涉及农民生活从教育到医疗、从文化到环保的方方面面。

提供基本公共服务。农村公共事业组织在科技、教育、文化、卫生等领域持续发力，通过建设科技平台、农村学校、卫生院、文化广场等设施，提供优质的科技、教育、医疗和文化服务，满足农民日益增长的公共服务需求。同时，还积极开展各类培训活动，提高农民的科技文化素质和就业技能，为农村培养了一大批新型职业农民和乡村治理人才。

促进农村经济发展。农村公共事业组织通过整合资源，提供农业技术推广、市场信息等服务，助力农民精准对接市场需求。例如，通过引入智能灌溉系统、病虫害绿色防控技术等现代农业技术，有效提高了农业生产效率和产品质量，帮助农民实现增收。同时，农村公共事业组织还积极搭建农产品销售平台，拓宽销售渠道，降低交易成本，使农民能够分享到更多产业链增值收益。

推动农村可持续发展。农村公共事业组织通过改善农村教育、医疗、文化等公共服务水平，缩小城乡差距，使农村居民享有与城市居民同等的服务和福利。同时，提升农村居民的科学文化素养和身体素质、增加乡村产业发展和就业机会，提高农民收入水平，推动乡村经济社会的全面发展，实现全体居民富裕，让农村发展具有更长远的可持续性和稳定性。

三、农村公共事业组织的建设历程

农村公共事业组织的建设历程，承载了中国乡村发展的时代足迹，经历了从零起步到逐步完善的演变过程，随着中国农村社会的发展变革而不断演进。

（一）农村公共事业的萌芽与探索阶段（1949—1978 年）

新中国成立后，农村各项公共事业都处于百废待兴状态，农村地区开始出现一些零散的公共服务机构，乡镇层面和农村自身开始提供一些基本的、零散的公共事业或服务。农民需要缴纳公粮，为国家经济建设和农村公共事业发展作出贡献。国家将一部分粮食收入用于修建水利设施、修路、建学校等农村公共设施的建设和改善。

1955 年，毛泽东在《农业合作化的全面规划和加强领导问题》中指出，“农村全部的经济规划包括副业，手工业，多种经营，综合经营，短距离的开荒和移民，供销合作，信用合作，银行，技术推广站等等，还有绿化荒山和村庄”“还有文化教育规划，包括识字扫盲，办小学，办适合农村需要的中学，中学里面增加一点农业课程，出版适合农民需要的通俗读物和书籍，发展农村广播网、电影放映队，组织文化娱乐等。”① 上述规划构成这一时期农

① 中共中央文献研究室：《毛泽东文集》（第六卷），人民出版社，1999，第 475 页。

村公共事业的主要内容，为中国农业农村产业的良性发展保驾护航。

农村的文化、娱乐、教育以及卫生等工作并不只属于消费领域，也是对劳动者和农业生产进行的重要投资领域。如1956年党中央下发《一九五六年到一九六七年全国农业发展纲要（草案）》（又称《农业发展纲要四十条》）倡导，农村农业发展也包括扫盲、移风易俗、开展农村文化教育和卫生工作等农村公共事业的内容，以及对农田灌溉、基础设施、农业技术推广站等方面的投资，需要国民经济的各个部门进行全面的配合才能实现，反映这一时期国家对农村公共事业“整体规划、统筹实施”的特点①。

1956年中国农业社会主义三大改造基本结束后，党中央开始制定全面建设社会主义的各项政策，农村建设成为重点。特别是在“大跃进”时期，为了建设农村公共事业如水利、农村社办工业以及大炼钢铁等，农村开始组建公共食堂、学校以及农业技术学校和民兵组织。到1958年，土改时期的农业社组织逐渐成为兼顾政治、经济、社会、文化和军事的农村基层实体，即农村人民公社，成为中国在特定历史时期实行的一项重要农村经济组织形式。

随着农村行政权高度集中到人民公社组织后，人民公社不仅成为辖区范围内农村教育、农田水利设施、乡村公路、医疗卫生的建设主体，而且部分成为农村社会救济和保障等事业的承载主体，农村公共事业管理由公社包揽。在农村公共事业管理上，政府通过倡导、鼓励、扶持以及强制等手段，为了达到农村公共事业共同建设的目的采取了一系列措施。在国家对农业农村的规划安排中，农业生产要素不仅包括土地、资本（物质）和劳动等传统意义上的要素，更包括现代的科学技术以及具有一定技能和知识的农民。

这一时期，人民公社包揽农村公共事业管理，在初期确实促进了农村经济整体的发展，起到了稳定农村社会的作用。在一些地区，人民公社集中力量修建了大量的水利设施，改善了农业生产条件，提高了粮食产量。同时，公社还大力发展农村教育和医疗卫生事业，使得农村孩子有学可上，农民看病更加方便。但在公社管理的模式下，农村各项公共事业主要由农民承担，政府财政并不承担提供农村基本公共服务的职责，严重损害了农民的积极性。

（二）农村公共事业的改革与成熟时期（1978—2012年）

党的十一届三中全会后，中国社会主义事业进入了改革开放和现代化建设的历史新时期。原有的人民公社制度逐步瓦解，农村的体制改革以家庭联产承包责任制为突破口，在全国迅速推开。从“包产到户”到“包干到户”，农村家庭联产承包责任制把每个农户的切身利益紧密联系起来。

农户取代原来的生产大队成为农业生产经营的主体，获得了充分的生产经营自主权。村民委员会作为村民自治组织，替代了人民公社体制下的生产大队成为村范围内公共服务供给主体。在乡村集体经济薄弱、市场化进程缓慢的背景下，农村公共事业的创建初期，多以党支部、村委会为主导，依靠村级集体经济和政府资助进行基本建设，主要承担着土地整治、农田水利建设等基础设施项目，旨在提升农业生产力和农民生活水平。

① 中共中央文献研究室：《建国以来重要文献选编》（第八册），中央文献出版社，1994，第46－59页。

在家庭联产承包责任制推行后，农村公共事业发展面临困境。农村公共产品供给政策本质上仍然是公社时期政策的延续，农村基层兴办公共事业仍然依靠农业本身的资金积累和劳动积累，农民必须承担的税外费用的村提留、乡统筹、农村义务工等公共事业成本。农民依然是农村公共事业支出成本的直接承担者，由此农民负担问题成为社会普遍关注的焦点。

随着市场经济体制建设的推进，农村公共事业组织开始向多元化方向转型。一些地区出现了合作医疗、养老保障等新型组织，初步构建起服务于农民的公共服务体系。然而，资金不足和政策支持有限，导致许多组织功能单一，服务效率低下。

进入 21 世纪以来，随着中国全面进入工业化、城镇化发展阶段，党的十五大报告强调“坚持把农业放在经济工作的首位”①，党的十六大报告首次提出城乡统筹发展。2003 年召开的中央农村工作会议，首次提出“把解决好农业、农村和农民问题作为全党工作的重中之重”②。2004 年召开的党的十六届四中全会提出“两个趋向”的重大历史论断③，强调中国总体上已经到了以工促农、以城带乡的发展阶段，必须实行工业反哺农业、城市支持农村的方针。

2005 年，党的十六届五中全会提出“建设社会主义新农村”的战略目标，开启了城乡基本公共服务均等化的历史进程。2006 年全部取消了农业税，从而宣告延续两千多年以农养政、以农补工、以乡补城的“皇粮国税”历史正式终结，为农村公共事业发展带来了新的机遇。2007 年召开的党的十七大首次提出了“城乡经济社会一体化”④，明确把公共财政和基础设施建设覆盖到农村作为统筹城乡发展、推进城乡一体化的重要任务。

在新农村建设推进以来，以推进农村公共服务均等化为要求，政府财政越来越多向农村基层倾斜，对农村公共基础设施建设的投资力度不断加大，农村公路“村村通”不断推进，有效地缓解了城乡二元结构体制问题导致城乡差距不断扩大的趋势，农村公共事业组织迎来了发展的黄金期。国家加大财政投入，农村医疗卫生、基本教育、社会救济、就业服务和养老保险等基本公共事业及其服务体系逐步完善，加快推进了农村公共事业组织的全面发展，推动农村社会事业多元化发展。

（三）农村公共事业的发展和完善时期（2012—）

党的十八大以来，党中央高度重视“三农”工作，把农村公共事业作为全面建成小康社会和实现乡村振兴的关键环节。党的十八届三中全会强调，“必须健全体制机制，形成以工促农、以城带乡、工农互惠、城乡一体的新型工农城乡关系，让广大农民平等参与现代化进程、共同分享现代化成果。”⑤ 随着一系列政策的出台和实施，农村公共事业在教育、医疗、社会保障、文化等方面都取得了长足进步。

---

① 江泽民：《在中国共产党第十五次全国代表大会上的报告》，《人民日报》，1997 年 9 月 22 日，第 1 版。

② 中共中央文献研究室：《十六大以来重要文献选编》（上），中央文献出版社，2011，第 112 页。

③ 中共中央文献研究室：《十六大以来重要文献选编》（中），中央文献出版社，2006，第 311 页。

④ 胡锦涛：《在中国共产党第十七次全国代表大会上的报告》，《人民日报》，2007 年 10 月 25 日，第 1 版。

⑤ 中共中央文献研究室：《十八大以来重要文献选编》（上），中央文献出版社，2014，第 523 页。

“现阶段，城乡差距大最直观的是基础设施和公共服务差距大。”① 为了破解城乡二元结构带来的城乡基础设施及公共服务设施投入力度存在的差距，习近平总书记在2017年的中央农村工作会议上明确要求，“逐步建立健全全民覆盖、普惠共享、城乡一体的基本公共服务体系”②。为此，各级政府立足于城乡居民的基本需求，以提升农村公共服务水平为核心，着力推进教育、医疗、社会保障等公共服务供给制度改革③。

党的十九大报告首次提出实施乡村振兴战略，要求“要坚持农业农村优先发展，按照产业兴旺、生态宜居、乡风文明、治理有效、生活富裕的总要求，建立健全城乡融合发展体制机制和政策体系，加快推进农业农村现代化。”④ 关键要以农业农村优先发展为原则，补齐农村在教育、医疗、养老等公共事业重点领域的突出短板。2018年中央一号文件进一步强调，必须把“坚持农业农村优先发展”的要求落到实处，“在干部配备上优先考虑，在要素配置上优先满足，在资金投入上优先保障，在公共服务上优先安排，加快补齐农业农村短板”⑤。以补齐农业农村发展的短板，缩小城乡差距，实现城乡融合发展。

习近平指出：“党的十九大提出实施乡村振兴战略，就是为了从全局和战略高度来把握和处理工农关系、城乡关系。”⑥ 针对农村居民享受到的基本公共服务数量与质量仍然较低，城乡社会融合范围较窄，公共资源配置不均等，党的二十大报告提出，“坚持教育优先发展”“加快义务教育优质均衡发展和城乡一体化”“发展壮大医疗卫生队伍，把工作重点放在农村和社区”“推进城乡人居环境整治”，健全覆盖全民、统筹城乡、公平统一、安全规范、可持续的多层次社会保障体系⑦。

自乡村振兴战略提出以来，特别是在脱贫攻坚推进以来，农村基础设施建设极大改善，水电路网加快建设，全国范围内所有行政村已基本实现通电、通电话、通有线电视信号和通公路全覆盖。到2023年末，全国有96.0%的村通自来水，全国具备条件的乡镇和建制村全部通硬化路、通客车，全国99.4%的村进村主要道路路面为水泥或柏油（沥青），全国98.5%的村村内主要道路路面为水泥或柏油（沥青），全国超过99%的村通宽带互联网。

农村公共事业快速发展，使农村公共服务体系不断完善，服务能力不断提升。到2023年末，全国平均每个乡镇拥有幼儿园（托儿所）达到7.1个，全国乡村义务教育阶段专任教师195.3万人，全国农村居民家庭户主初中及以上文化程度的占比为64.9%，全国有87.6%的村生活垃圾集中处理，全国有63.0%的村生活污水集中处理或部分集中处理，全国农村基本医保参保覆盖面稳定在95%以上，全国农村低收入人口和脱贫人口参保率稳定在99%以上，全国农村最低生活保障支出1 484.2亿元，全国农村养老服务机构和设施达到

①② 中共中央党史和文献研究院：《十九大以来重要文献选编》（上），中央文献出版社，2019，第143页。

③ 陈文胜：《论中国乡村变迁》，社科文献出版社2021年版，第159－160页。

④ 习近平：《决胜全面建成小康社会 夺取新时代中国特色社会主义伟大胜利——在中国共产党第十九次全国代表大会上的报告》，《人民日报》，2017年10月28日，第1版。

⑤ 中共中央党史和文献研究院：《十九大以来重要文献选编》（上），中央文献出版社，2019，第160页。

⑥ 习近平：《论“三农”工作》，中央文献出版社，2022，第275页。

⑦ 习近平：《高举中国特色社会主义伟大旗帜 为全面建设社会主义现代化国家而团结奋斗——在中国共产党第二十次全国代表大会上的报告》，人民出版社，2022，第25－51页。

14.4万个，全国超过91%的乡镇有文化站，全国超过71%的村有农民业余文化组织①。

随着脱贫攻坚和乡村振兴成为全党全社会的共同意志与共同行动，在公共服务供给方式上，以农村公共服务优先安排为原则，不断改革完善公共财政制度，优化财政支出结构，健全财政支农资金稳定增长机制，使更多财政资金投向农村公共服务领域。农村公共事业组织真正步入了规模化、专业化建设轨道，涌现出一批具有地域特色和前瞻性的组织模式，农村公共事业取得了历史性成就。

随着信息技术的不断发展，农村公共事业组织开始探索利用大数据、云计算等先进技术。通过互联网、大数据等技术了解农村居民的需求，对农村公共服务需求进行精准预测和智能匹配，提高服务的针对性和实效性，农村公共事业组织的建设正在悄然发生着质的飞跃。

四、农村公共事业组织的发展思路

农村公共事业及其服务领域广且错综复杂，涵盖了民生保障、公益服务、基础设施和保障体系等多个维度的公共产品与服务。要进一步提升农村公共服务的质量与效率，就必须推进组织机制创新，不断探索和尝试新的管理方式、合作模式以及技术应用，以适应农村发展的实际需求。

（一）建立城乡统筹机制

按照党中央推进城乡融合发展的要求，建立城乡统筹机制，推进公共财政向农村倾斜，公共服务向农村辐射，不断缩小社会保障城乡差距。通过城乡融合发展，充分发挥城市的带动作用，加快城市优势资源向农村流动、城市基础设施向农村延伸，逐步构建起城乡一体化的农村公共事业发展机制，确保农村公共事业与城市发展紧密相连，共同繁荣。在此过程中，意味着要在公共财政分配上给予农村更多支持，确保农村能够享受到与城市相当水平的公共服务。同时，要不断缩小城乡之间在社会保障方面的差距，让农民也能享受到完善的社会保障体系。为了提升资金的使用效率，可以采取“渠道不乱、用途不变”的方式，将分散在各部门的支农项目资金进行集中整合使用。根据乡村发展的实际需求，通过科学规划和合理调配，每年优先解决一批重点公益事业项目，不仅有助于集中力量办大事，还能确保资金使用的精准性和有效性，为农村公共事业的持续发展提供有力保障。

（二）优化资金投入机制

随着农村税费体制向城乡统一税制的转变，农村公共事业的发展责任也需相应调整。政府在此过程中应承担起更多的投资义务，确保农村公共事业的均衡发展。各级政府应明确将公共事业发展的重心转向农村，通过创新融资机制，如购买服务、设立专项基金等，为农村公共事业组织提供持续稳定的资金来源。为了保障农村公共事业的资金投入，应坚持“以工促农，以城带乡”的原则，积极调整财政支出结构、固定资产投资结构和信贷投放结构。这

---

① 《农村发展取得历史成就乡村振兴开启崭新篇章》，《中国信息报》，2024年9月24日，第1版。

意味着政府需要优化资源配置，确保农村公共事业获得足够的财政支持。同时，应建立农村公共事业投入增长的稳定机制，确保随着经济发展农村公共事业的投入能够持续增加。

在农村基础设施建设方面，政府应切实加大投入力度，提升农村基础设施的现代化水平，为农村经济发展和社会进步提供坚实支撑。此外，农村公共服务也是政府应重点关注的领域，包括教育、医疗、文化等，这些都直接关系到农民的生活质量和社会福祉。为了促进农村公共事业的多元化发展，应以政府投入为主导，建立多元参与机制，吸引企业、社会组织和个人等各方力量共同投入到农村公共事业的建设中来。

（三）创新组织激励机制

为了解决农村公共服务事业发展的人才问题，政府应采取相应的激励机制，吸引、鼓励和支持优秀人才和社会的闲置资本，不断地给农村公共事业的发展输送工作队伍。探索以效益为导向的薪酬分配机制，调动员工积极性，促进组织内部良性竞争，从而提升整体服务效能。综合运用内部培训、高校合作、行业交流等多渠道，强化人才队伍建设，特别是在财务管理、项目管理等关键岗位上的专业人才培养。对于具有战略眼光和创新精神的人才，应给予更大的发展空间和奖励，以此吸引更多优秀人才参与到农村公共事业组织中来。吸引并鼓励高校优秀毕业生投身“三支一扶”计划，以改变农村中小学师资、医务人员、农技人员等短缺的现状。

（四）完善组织管理机制

建立符合市场经济要求的农村公共事业管理制度，合理划分政府与市场的责任，形成以政府为主导，政府、社会和市场多主体参与、协同推进农村公共事业发展和提供公共服务的机制。推行扁平化管理，减少层级，提升决策效率。引入多方利益相关者，如非政府组织、民间资本，通过股权合作等方式，实现资源共享，风险分散，增加组织的活力与竞争力。进一步探索农村公共事业发展与管理的规律，建立农村基本公共服务清单及其质量标准。设立专业化的管理团队，配以现代管理理念和技术手段，如利用大数据和物联网技术优化资源配置，提高服务水平。

（五）强化组织监督机制

农村公共事业组织是国家事业单位及相关组织的最基层组织，农村公共事业事关广大农民的切身利益，为防范暗箱操作、杜绝腐败现象，须持续加大监管力度，从根本上保障组织运营的透明度和效率。为规避风险设立预案，确保组织在面临突发事件时能够迅速、有效应对。通过严格执行相关法律法规，强化对农村公共事业发展、公共资源使用与保护等方面的法律监督。推行公开透明的管理机制，落实乡、村两级政务公开、事务公开、财务公开，提升公共资源使用的透明度，实行全方位、全过程的科学管理与财务监督[①]。充分发挥农民群众、社会团体、基层干部的监督作用，形成强大的监督合力，促使农村公共事业发展成为

① 苏宝芳：《我国农村公共事业发展现状、成因与对策》，《西北工业大学学报》（社会科学版）2009 年第 3 期。

“阳光工程”“民心工程”和“清廉工程”。

第二节 农村科技组织

科技创新的每一次革命，都促进农业发生质的飞跃，对农业发展产生革命性影响，成为推动农业新质生产力和农业现代化发展的核心要素和主要力量[①]。在建设农业强国的进程中，如何构建现代农村科技服务体系，推进农村科技成果转化，对农村科技组织建设提出了时代要求。

一、农村科技组织的概念

农村科技组织是在农村地区以推动农业科技进步、促进农村经济和社会发展为目标而形成的社会组织形式，主要涉及农业科技领域的研究、开发、推广、应用，发挥对政府、农户、企业、大学和科研院所等各类主体之间联结、沟通、协调作用，提供社会化、专业化的科技服务。

农村科技组织主要作用是服务“三农”，即通过实验、示范、宣传、培训等方式向农民普及科技知识和推广农业先进技术，提高农民的科学文化水平；了解农业生产中的产供销、储运加及经营管理情况，指导农民解决农业生产、经营管理中的技术问题，提供信息、咨询与产前、产中和产后等各个环节的服务；提供与研究农业生产中需要解决的科学问题，加速科技兴农步伐。农村科技服务体系则是由这些组织、机构及其相关的基础设施、政策支撑环境等构成的系统。

在计划经济时代，中国曾经建立起了一套完整的单一型、垂直结构式农村科技服务体系，以国家农业推广机构为主，多部门共同参与的农村科技组织系统，主要包括农技推广站、植保站、土肥站、环保站、畜牧养殖试验站、水产养殖试验站等。

改革开放以来，中国的农业技术推广体系建设取得了明显的进展，逐步形成了从中央到省、地、县、乡的五级推广网络，为农业科技成果转化、促进农业和农村经济发展作出了新的贡献。随着市场经济发展的逐步深化，除了传统的农业推广系统外，各种适应“三农”发展需求的农村科技服务组织类型不断涌现。

（一）农村科技组织的主要类型

农村科技组织可以是政府设立的专门机构、农民自发组建的团体，也可以是企业在农村开展科技业务而形成的组织，或者是科研机构与农村合作延伸出的组织形式。

1. 政府主导型农村科技组织

由政府部门设立的农村科技组织，如各级农业科技推广站，主要职责是执行国家的农业科技政策，将经过验证的农业科技成果推广到农村地区。这些组织具有较强的行政资源支

① 陈文胜：《我国农业农村现代化的前沿趋势与路径选择》，《山东社会科学》2024 年第 6 期。

持，能够在较大范围内开展工作，并且具有较高的权威性。如国家设立的农业技术推广中心，可以利用政府的财政资金，购买先进的农业检测设备，为农民提供免费的土壤肥力检测服务，帮助农民科学施肥。

2. 农民合作型农村科技组织

农民自己组织起来的科技团体，如农民科技协会、专业合作社等，这些组织的特点是能够紧密结合农民的实际需求，因为成员本身就是农民，他们最了解自己在农业生产中面临的问题。例如，水果种植专业合作社，为了提高水果的品质和产量，会组织成员共同学习新的果树修剪技术、套袋技术等，并共享市场信息，联合购买农资，降低生产成本。

3. 企业型农村科技组织

企业在农村开展科技活动形成的组织，如农业科技企业在农村设立的研发中心、技术服务站等，这些组织主要是为了推广企业的产品和技术，同时也会根据农村市场的反馈进行技术研发。如大型化肥企业在农村设立技术服务站，一方面向农民推销自己的化肥产品，另一方面为农民提供施肥技术指导，根据当地土壤和农作物的特点，帮助农民合理施肥。

4. 科研机构延伸型农村科技组织

科研机构与农村合作而设立的组织，如农业高校、科研院所在农村的实验基地、科技示范点等，这些组织的目的是将科研机构的研究成果在农村进行试验和示范，同时收集农村生产实践中的数据，为进一步的科研提供支持。如农业大学在农村建立的作物育种实验基地，通过与当地农民合作，在田间地头进行新品种的选育和改良工作，将实验室的科研成果在实际环境中进行验证。

（二）农村科技组织的主要功能

农村科技组织是农业科技创新的重要力量，是农业科技成果转化的桥梁，能够将农业科研机构和高校的先进技术成果，以通俗易懂的方式传递给农民，为农民提供科技咨询服务，解答农民在生产过程中遇到的各种技术问题。

1. 技术传播

农技推广体系通过多种渠道将先进的农业技术传播给农民。一方面，利用传统的培训、讲座、发放资料等方式，向农民传授种植、养殖、病虫害防治等技术。每年农闲时节，各地都会组织农民参加农业技术培训班，邀请专家讲解最新的农业技术。另一方面，随着信息技术的发展，利用互联网、手机短信、微信公众号等新媒体平台，及时发布农业技术信息，提高技术传播的效率和覆盖面。在具体工作中，地方农技推广机构建立了微信公众号，定期推送农业技术文章和视频，农民可以随时随地学习。

2. 成果转化

农技推广体系将农业科技成果转化为实际生产力。农业院校和科研部门是农业科研教学的中心，掌握着大量最新科研成果和技术。农技推广机构通过与科研部门合作，将这些成果和技术迅速运用于实践，加快科研成果和新技术的转化。同时，农技推广机构还通过建立示范基地、组织农民参观学习等方式，让农民直观地看到科研成果的实际应用效果，提高农民对新技术的接受度。

3. 服务农民

农技推广体系为农民提供全方位的服务。除了技术指导外，还包括信息咨询、市场分析、政策解读等方面的服务。农技人员为农民提供农产品市场价格信息，帮助农民合理安排生产；解读国家农业政策，让农民了解政策红利，提高生产积极性。此外，农技推广机构还通过组织农民专业合作社、开展农产品展销会等方式，为农民搭建销售平台，拓宽农产品销售渠道。在具体工作中，不少基层农技推广机构组织当地农民专业合作社参加农产品展销会，帮助农民推销农产品，提高农民收入。

4. 产业支撑

农技推广体系为农业产业发展提供技术支撑。通过推广先进的农业技术，提高农产品质量和产量，促进农业产业结构调整。通过推广优质品种、绿色种植技术等，提高农产品的市场竞争力，推动农业产业向优质、高效、绿色方向发展。同时，农技推广机构还通过参与农业产业化项目，为企业和农民提供技术支持，促进农业产业链的延伸和完善。在今天工作中，不少基层农技推广机构为当地的农产品加工企业提供技术指导，帮助企业提高产品质量，增加产品附加值。

二、农技推广组织

农技推广组织是指以农业技术的试验、示范、培训、指导以及咨询服务等为主要工作内容，以推动农业科技进步、提高农业生产效率、促进农民增收为根本目的，将农业科研成果和实用技术普及应用到农业生产实践中的机构或团体，在整合资源、传递信息、提供技术咨询等方面发挥着核心作用，是农业科技创新和应用传递的重要载体，是连接农业科研机构、农业教育单位与广大农民的桥梁和纽带，其服务模式直接影响着农业生产力的提升与农村经济的发展。

（一）农技推广组织的主要构成

中国已建立起较为完善的农技推广组织体系，包括从中央到地方的各级农业技术推广机构。在中央层面有农业农村部直属的相关推广部门，负责制定全国性的农技推广政策、规划与重点项目。省级农业推广机构则在中央政策的指导下，结合本地区农业特点，组织开展技术示范、培训等活动。县级农技推广中心是基层推广工作的核心力量，承担着直接面向农户推广实用技术的重任。乡镇级的农技推广站深入到农村一线，与农民有着最为紧密的接触，能够及时了解农民的技术需求并提供相应服务。

1. 人员构成

包括专业技术人员、管理人员和推广辅助人员，专业技术人员是核心力量，通常具备农学、园艺、畜牧兽医等相关专业知识，能够为农民提供技术咨询、技术指导等服务；管理人员负责组织的日常运作管理，制定推广计划、组织培训活动等；推广辅助人员则协助专业技术人员开展工作，准备推广资料、组织农民参加活动等。

2. 技术构成

涵盖了各种农业技术，从传统的农作物良种繁育技术、高效施肥技术、畜禽疫病防治技术等种植养殖技术，到现代的精准农业技术、农业生物技术、智能农业技术等，是农技推广组织开展工作的核心内容，通过推广这些技术，提高农业生产效率、提升农产品质量和保障农业生态安全。

3. 设施与资源构成

主要包括办公场所、培训场地、试验示范基地等设施，办公场所用于组织的日常办公和管理；培训场地是开展农业技术培训的地方，配备有教学设备，如投影仪、电脑等，方便进行理论知识的传授；试验示范基地是展示农业技术成果的重要平台，农民可以在这里直观地看到新技术的应用效果。此外，还包括推广资金、推广设备（如农业检测仪器、小型农机具等）等资源，这些资源是保证农技推广工作顺利开展的物质基础。

（二）农技推广组织的主要类型

根据农业推广组织的特点，可以将农业推广组织划分为以下四大类型：

1. 政府主导型

最常见的一种类型，由政府部门设立，如各级农业技术推广中心，依托政府的财政支持和行政资源，在农技推广工作中发挥主导作用。其优点是推广工作具有权威性、系统性和稳定性。政府主导型农技推广组织可以有效地将国家的农业政策与技术推广相结合，推广一些关乎国家粮食安全的重大技术，如高产水稻种植技术，能够通过行政力量迅速组织实施。

2. 科研单位附属型

主要是农业科研院校设立的推广机构，依托科研单位的科研实力，能够将最新的科研成果直接推广到农业生产中。如农业科研机构研发出一种新型的蔬菜品种，其附属的推广组织可以第一时间将该品种引入试验基地，然后向周边农户示范推广。

3. 企业型

由农业企业设立，主要是为了推广企业自身研发或代理的农业产品和技术，如种子公司、化肥公司、农药公司等设立的推广部门，不仅提高了产品的市场占有率，而且为农民提供了技术支持。如种子公司为了推广其新研发的玉米种子，会组织技术人员到农村为农民讲解种子的特点、种植方法和优势。

4. 农民合作组织型

由农民自发组织或在政府引导下组织起来的农技推广组织，如农民专业技术协会。这种组织的优势在于能够根据农民的实际需求开展推广工作，因为成员都是农民，更了解彼此的生产情况和问题。如水果种植专业技术协会，会根据会员种植的水果品种、种植季节等实际情况，组织技术培训和交流活动，分享病虫害防治、果实保鲜等技术经验。

（三）农技推广组织的发展历程

新中国成立初期，面对农业生产亟待恢复与提高的紧迫任务，以及人民温饱问题的严峻挑战，国家将发展农业建设置于重要位置，并着手构建农业科技推广体系。1951 年，华北与东北地区率先设立了农业技术推广站试点，标志着农业科技推广工作的正式启动。随后，1953 年农业部发布了《农业技术推广方案》，明确要求各级政府设立专职机构并配备专业人员，负责农业技术的推广工作，从而初步构建了全国性的农业技术推广网络。

为了进一步规范与加强农业技术推广工作，1955年农业部颁布了《农业技术推广站工作条例》，明确规定了农业技术推广站的任务与性质，并推动在县以下层级广泛建立农业技术推广站。随着1956年党中央发出“向科学进军”的号召，农业科技推广体系建设迅速推进，至1957年已在全国范围内建立了13 669个农业技术推广站，汇聚了近10万名农业技术推广人员，形成了中央至乡四级完善的推广体系。

1959年至1961年的三年严重困难时期，众多农技推广人员被迫回乡，农技推广体系几近崩溃。1962年农业部及时提出加强与整顿农技推广工作的要求，体系得以逐步恢复。至1965年，全国农技推广站数量回升至14 460个，农技推广人员数量也达到8万人。

1966年“文化大革命”的爆发，给农技推广工作带来了前所未有的冲击。在极“左”思潮的影响下，多数农技推广机构再次陷入解体困境，农技推广工作几乎陷入停滞。尽管如此，在“以粮为纲”的战略指引下，地方政府仍积极寻求解决方案，探索并成立新的科技组织以应对农业生产中的技术难题，努力维持农业技术的传承与发展。

1969年，在“农业学大寨”的号召下，湖南省华容县为了组建干部、群众、技术人员三结合的农业科研组织，建立了县、公社、大队、生产队“四级农业科学实验网”，简称“四级农科网”，即县办农科所、公社办农科站、大队办农科队、生产队办实验小组。1971年，华容经验在湖南全省开始推广①。1972年，这种推广体系得到农业部的认可，国家每年拨出专款，支持四级农科网的建设。为了在全国推广四级农科网，财政部拨了专款予以补助。

到1975年年底，全国有1 140个县建立了农科所，2.6万多个公社建立了农科站，33万多个大队建立了农科队，224万多个生产队建立了农科组；参加这四级活动的农技队伍有1 100多万人，试验地达280多万公顷②。1974年，经过国务院批准，中国科学院和农业部在华容召开现场会议。至1975年，全国四级农科网已有农技队伍1 100多万人③。

在当时，“四级农业科学试验网”对于提升农民科技文化素质、普及农业科技知识以及促进农业科技成果转化发挥了巨大作用，有力地推动了中国粮食总产量的增长。然而，由于特殊的历史环境限制，该体系也存在着明显的局限性。主要体现在过分强调群众科研运动，导致在实际操作中严重忽视了专家和科研机构的专业作用，使农业科研缺乏科学性和系统性，影响了科技成果的质量和推广效果。推广的形式和内容相对单一，缺乏创新和多样性，在一定程度上限制了农民对农业技术的接受程度和应用效果，也使得推广工作难以持续深入地开展。由于当时全面集体化，农民的生产积极性难以得到充分调动，导致推广工作在很大程度上依赖于行政命令来推动，而非农民自身的内在需求，不仅效率低下，而且容易引发农民的抵触情绪，从而偏离了农业技术推广的初衷和方向。随着“文化大革命”的结束与人民公社的解体，“四级农业科学试验网”也迅速退出了历史舞台。

改革开放以后，中国的农技推广体系发生了重大变化，主要强调发展农业社会化服务以

---

①③ 陈义媛：《中国农技推广体系变迁、农业转型与技术政治》，《开放时代》2021年第3期。

② 《当代中国》丛书编辑部：《当代中国的农业》，当代中国出版社，1992，第572－573页。

促进商品化生产，科学技术的生产逐渐走向了专业化。尽管国家仍然承担着公益性农技推广的责任，但也将技术推广的大部分活动都交给了市场及相关组织。1982年中央一号文件强调要恢复和健全各级农技推广机构，农技推广仍然是公共服务。

1983年中央一号文件明确表明，“农业技术人员除工资收入外，允许他们同经济组织签订承包合同，在增产部分中按一定比例分红。”① 这一政策为农业技术人员参与农业生产提供了激励，也为多元化主体参与农技推广奠定了基础。在这个阶段，一些农业技术人员开始与经济组织合作，共同推广农业技术，取得了一定的成效。

1985年《中共中央关于科学技术体制改革的决定》提出农技推广机构可以创办企业型经营主体，鼓励和支持有条件的单位逐步做到事业费自给②。1989年《国务院关于依靠科技进步振兴农业加强农业科技成果推广工作的决定》则提出要逐步改变农技推广机构经济上单靠财政拨款、无偿服务的办法，引入竞争机制③。

1988年，开始在全国范围内推广山东“莱芜经验”，该经验的核心在于管理权下放，即将乡镇农技推广站的人员、财物以及事务的管理权限从县农业局下放到乡镇。至1993年，全国基本完成了这一改革，这一举措标志着农技推广体系变迁的一个重要转折。

为强化农技推广组织服务功能，自2000年开始逐步推动公益性农技推广和经营性推广的分离，由政府主导的农药、化肥、种子等农资专营局面开始改变，国家对农技推广体系的改革和对农资市场的开放，使农业技术的生产、推广活动日益市场化。2001年，国务院发布《农业科技发展纲要（2001—2010年）》，明确提出“公益性、共性关键技术的推广与示范工作，主要由政府支持的推广机构承担，……有市场前景的开发类技术，鼓励和支持企业、农民去推广”④。随后，在《中共中央 国务院关于做好2002年农业和农村工作的意见》中，中央又进一步提出要“逐步建立起分别承担经营性服务和公益性职能的农业技术推广体系”⑤。

尽管国家为改变上述状况出台了各种法规、政策，要求稳定农技推广机构的人员编制、足额拨付经费等，但在市场化改革的大趋势下，农技推广部门的困境并未得到根本扭转，农技推广组织体系呈现出“网破、线断、人散”的局面⑥。

2003年，农业部等多部委联合下发《关于基层农技推广体系改革试点工作的意见》，进一步强调“国家的农技推广机构要‘有所为，有所不为’，确保公益性职能的履行，逐步退出经营性服务领域”。同时，国家也要求进行机构人员精简，“改革后乡镇一级国家农技推广机构人员编制数，应比乡镇农技推广机构原人员编制数减少20%～30%”。此后，基层农技人员拥有了正式的事业单位编制，不能再从事经营性活动。

进入新时代，随着脱贫攻坚和乡村振兴的接续推进，越来越多的主体参与到农技推广中

① 中共中央文献研究室：《十二大以来重要文献选编》（上），人民出版社，1986，第264页。
② 中共中央文献研究室：《十二大以来重要文献选编》（中），人民出版社，1986，第668页。
③ 中共中央文献研究室：《十三大以来重要文献选编》（中），中央文献出版社，2011，第191-192页。
④ 中共中央文献研究室：《十五大以来重要文献选编》（下），中央文献出版社，2011，第64页。
⑤ 中共中央文献研究室：《十五大以来重要文献选编》（下），中央文献出版社，2011，第391页。
⑥ 黄季焜、胡瑞法、智华勇：《基层农业技术推广体系30年发展与改革：政策评估和建议》，《农业技术经济》2009年第1期。

来，包括科研教学单位、农民专业合作社、供销合作社、专业服务组织、专业技术协会，以及种子、肥料、农药等企业。这些主体各具优势，共同推动了农技推广工作的开展。科研教学单位拥有先进的技术和专业的人才，为农技推广提供技术支持和培训；农民专业合作社和专业服务组织贴近农民，了解农民的需求，有效地将技术传递给农民；企业则通过提供优质的农资产品和技术服务，促进农业技术的应用。多元化主体的参与，丰富了农技推广的内容和形式，提高了农技推广的效率和效果，为农业高质量发展注入了新的活力。

三、农村科技合作组织

农村科技合作组织是一种以农民为主体，基于共同的科技需求与发展意愿，按照自愿、平等、互利的原则，联合农业科技工作者、相关企业、科研机构以及其他社会力量，以农业技术推广运用为主的农民群众互助性组织。

农村科技合作组织的典型组织形式有农村科技合作社、农业科技传播站、农民专业技术协会、农业科技服务港等组织及其平台。在本质上，农村科技合作组织是农民自我服务、自我管理、自我发展的平台，主要目的是围绕农业科技的研发、引进、推广和应用开展活动，旨在提升农民群体在农业科技领域的整体素质与竞争力，而非单纯追求商业利润最大化，具有明显的互助性、非营利性和民间性。

（一）农村科技合作组织的重要职责

农村科技合作组织属于非营利性或微利性的民间组织，成员之间相互协作、共享资源与信息，具有鲜明的合作性特征。从功能角度来看，农村科技合作组织承担着多方面的重要职责。一方面，农村科技合作组织是农业科技的传播者与推广者，将先进的种植养殖技术、病虫害防治方法、农业机械化操作等科技知识传授给农民成员，帮助提升生产效率和农产品质量。通过组织农业专家开展技术培训讲座、现场示范指导等活动，让农民能够直观地学习和掌握新技术。

另一方面，农村科技合作组织是农民利益的维护者和农业市场的参与者。通过组织化的力量，在农产品销售环节与收购商、经销商进行谈判协商，争取更有利的价格和销售条件，降低市场风险对农民个体的冲击。通过统一品牌、统一包装、统一销售农产品，提高农产品的市场辨识度和竞争力，从而保障了农民的经济收益。

（二）农村科技合作组织的主要特点

随着中国农业现代化进程的不断推进，农村科技合作组织数量逐年增长，服务范围逐年扩大，极大地提高了农业生产效率，为农民拓展了收入渠道，为农村发展注入了新活力。

1. 以科技为核心纽带

农村科技合作组织的活动紧密围绕农业科技展开，积极引进国内外先进的农业技术，包括种植技术（如精准农业技术、有机种植技术）、养殖技术（如生态养殖技术、智能化养殖技术）、农产品加工技术等。在具体实践中，一些农村科技合作组织通过引进农产品冷链加工技术，延长了农产品的保质期，提高了农产品的附加值。同时，组织还会对引进的技术进行试验、示范和推广。在一个新的农作物品种引进时，农村科技合作组织通过在小面积的试验田进行种植试验，观察农产品生长特性和产量表现，如果试验成功，就在成员的农田中进行示范种植，让成员能够直观地看到新技术的优势，进而推广到整个组织乃至周边地区。

2. 成员构成的多元性

成员包括农民、农业科技人员、农业企业代表等。农民是组织的主要力量，提供土地、劳动力和部分资金，是农业科技的实际应用者。农业科技人员则为组织带来专业的知识和技术支持，如农科院的专家可以为组织提供最新的农业科研成果，并指导农民如何应用这些成果。农业企业代表能够为组织提供市场信息、资金支持和部分生产资料，比如种子企业可以为合作组织提供优质种子和种植技术培训服务。

3. 成员合作的互助性

农村科技合作组织是农民之间以及农民与其他合作成员之间相互帮助的组织，成员之间基于共同的科技需求与发展目标，在技术交流、生产协作、资源共享等方面建立起紧密的合作关系，共享资源、信息和技术。主要是为成员提供技术服务，降低农业生产成本，提高农产品质量和市场竞争力，一般不以追求高额利润为主要目标。虽然在农产品销售等环节可能会产生一定的利润，但这些利润大多会用于组织的再发展。

4. 民主管理的运行模式

农村科技合作组织通常采用民主管理的方式，成员在组织的重大事务决策中享有平等的表决权，组织章程的制定和修改、技术引进项目的选择、收益分配方案等，一般通过成员大会或成员代表大会进行决策，每个成员都有投票权，以充分体现成员的意愿。在具体实践中，一个农村科技合作组织需要引进一套新的农业灌溉设备时，必须召开成员大会，由成员们共同讨论设备的品牌、型号、价格以及资金筹集方式等问题，最后通过投票来决定是否引进。

（三）农村科技合作组织的发展状况

农村科技合作社最早由湖南双峰县农民自发创办，现已成为在全国普遍推广应用的农村科技合作组织模式，主要把从事种植、养殖、农产品加工、营销等的农户结合起来，形成利益共同体，面向广大农民提供农业生产所需的各种服务，是新型科技服务体系在适应农业市场化、产业化、现代化新形势过程中的大胆探索。

农村科技合作社采用“县总社—乡镇联社—村级分社”三级联动的运作模式。农村科技合作社最为突出的特点在于始终坚持民办、民管、民受益的原则，走出了一条“自愿结合、自筹资金、自我约束、自担风险、自我发展”的路子，形成了“连心、连体、连利益”的运行机制①。合作社通过为农民提供化肥、农药、良种，并派遣技术人员指导使用等方式，从项目论证到技术服务、资金扶持、产品营销以及风险承担等各个方面，让农民成为最大的获益者，切实增加了农民的收入。该组织形式已在全国各地得到广泛推广。

---

① 郭勇：《在政府服务与农民主体的互动中发展农民组织——基于双峰县农村科技合作社实践的思考》，《农业经济问题》2009年第9期。

农业科技传播站是一种新型农技服务机构，最先于2003年在河北省开始建设，主要通过科技引领和产业发展，促进农民增收。这些传播站不仅承担农业技术的引进、开发、示范、传播和服务等核心功能，还采用企业化运作模式，由主办企业自主筹资，专家与传播站之间实行双向选择、自愿结合的灵活机制。通过签订科技合同或技术、资金入股等方式，合作进行研发和服务，这一模式有效探索了农业科技成果转化和农村科技服务在市场经济条件下的新路径。

农村专业技术协会作为农村经济主体自愿组成的经济组织，通过促进行业或产业发展，实现农民增收。这些协会保持各经济主体的经营独立性，以自愿平等为原则，围绕技术引进、培训、咨询和推广等提供服务。它们形式多样，包括农民专业技术协会、农产品协会、专业研究会等，均以某种专业产品或技术服务为纽带，通过民主管理和决策，为会员利益服务，在推动农村经济发展和技术普及方面发挥着重要作用。全国约有14万个农民专业技术协会，其中较为著名的有陕西泾阳县云阳镇蔬菜技术协会、浙江温州民办农产品行业协会、茶叶产业协会、贵州省普定县号云村的果菜协会、江苏无锡市阳山镇的水蜜桃桃农协会等。

农村科技服务港是集成服务于“三农”的公益性、中介性、综合性科技服务平台，是连通科技成果供给者与需求者之间的重要枢纽，是各类农业技术推广的“港湾”，为“三农”发展提供全方位的服务。农村科技服务港上联科研院所和高校，广泛对接资源，下系农村农民，扎实做好服务，延伸政府职能，体现政府作为，做成了单一社会主体（如科研院所）做不了的事，做成了农民需求、政府想做的事，打破了传统农技推广机构各自为政的格局，通过共享科技资源最大限度地帮助农民解决农业技术难题，最终实现增产增收的目标。北京市在“农村科技服务港”建设方面取得了较大成效，通过把科研院所和高等院校的科技、人才、资源优势引向郊区，在城乡之间搭建了科技资源“溢出”的服务平台，满足了农村经济对科技资源的迫切需求。

四、农村科技特派员

农村科技特派员是由政府部门、科研机构、高等院校等选派，深入农村基层，为农业、农村和农民提供科技服务的专业人员，是科技与农村之间的桥梁纽带，主要任务是将先进的农业科技成果、技术知识和创新理念带到农村地区，促进农业科技进步和农村经济发展。在具体实践中，被选派的农业专家作为科技特派员到农村，主要利用自己的专业知识，帮助当地农民解决农业生产中的技术难题。

（一）农村科技特派员的主要职责

农村科技特派员在深入基层一线服务的过程中，广泛宣传党的路线方针政策，聚力服务“三农”，积极开展农业科技服务，推进农业加快转型升级。围绕产业和企业发展需求，积极研发、推广应用新技术、新产品，开展相关技术培训，提升产业创新能力。聚集创新资源和创业要素，拓宽社会资本投资运营渠道，引导各类金融资本、社会资本参与基层科技创新创业。

1. 科技成果转化

农村科技特派员的一个关键职责，是加速农业科技成果在农村的转化。通过将实验室里或者科研机构中已有的农业新技术、新品种、新设备等成果带到田间地头，真正应用于农业生产。如将新研发的高效节水灌溉技术引入农村，通过示范、培训等方式，让农民掌握并使用这种技术，从而提高农业灌溉效率，节约水资源。同时，根据农村的实际情况和农民的需求，对科技成果进行适应性改进。如果一种在平原地区适用的农业机械在山区农村推广，科技特派员就需要对其进行适当调整，如改变机械的尺寸、动力等，使其更符合山区地形和农作物种植特点。

2. 技术培训与指导

为农民提供技术培训，是农村科技特派员的重要工作内容。开展各种形式的培训活动，包括举办讲座、现场教学、线上培训等，培训内容涵盖种植技术（如蔬菜的无土栽培技术、果树的修剪技术）、养殖技术（如生猪的科学饲养管理、禽类的疫病防控）、农产品加工技术（如水果的保鲜加工、粮食的深加工）等诸多方面，并在日常农业生产过程中为农民提供现场技术指导。当农作物遇到突发的病虫害或者生长异常情况时，第一时间前往现场观察症状，为农民提供准确的解决措施。

3. 产业规划与咨询

结合当地的自然资源、气候条件、劳动力资源等因素，协助制定合理的农业产业布局。如在有山地和水域的地方，科技特派员对如何发展山地林果种植和水产养殖相结合的产业模式提出建议。同时，为农民和乡村企业提供农业生产经营方面的咨询服务，包括市场信息咨询，如农产品价格走势、市场需求变化；项目投资咨询，如是否适合投资建设农产品加工厂、引进新的农业项目等，帮助农民和农村企业做出科学合理的决策。

（二）农村科技特派员的来源与选派方式

科技特派员的人员构成丰富多样，包括各部门、各镇街、科技推广服务机构等单位的科技人员，在农林牧渔业中从事科技推广服务的专业技术人员，农村乡土拔尖人才、具有一技之长的农村致富带头人、离退休科技工作者、企业专业技术人员等，科技意识强的企业法人，区内外高校、科研院所、科技成果转化中介服务机构以及科技型企业等各类生产经营主体可选派为法人科技特派员。

农村科技特派员的来源。主要来源于科研院所，这些科研机构的研究人员拥有深厚的学术背景和科研成果，能够将最新的农业科技知识带到农村。高等院校也是科技特派员的重要来源，高校教师和研究生可以凭借其专业知识和创新思维为农村服务。还有部分科技特派员来自农业技术推广机构，这些人员具有丰富的基层农业技术推广经验，熟悉当地农村的实际情况和农民的需求，能够更好地将科技知识与农村实际相结合，提高科技推广的效率。

科技特派员的选派标准。首先，科技特派员应当坚定贯彻执行党的路线方针政策，自觉遵守国家法律法规及有关规章制度，为人正直，作风正派，廉洁奉公。一般原则上具有中级以上专业技术职务和一定的基层工作经验，技术传授与人际沟通能力、组织协调与管理服务能力较强。同时，有事业心、公益心和责任感，自愿到农村从事科技创新创业与服务，并且身体健康，能够保证有足够的时间投入科技特派员工作。

科技特派员的选派方式。政府主导选派是常见的方式之一，政府部门根据农村地区的科技需求和发展规划，从相关单位挑选合适的人员作为科技特派员：如当地农业部门根据某山区农村发展特色林果产业的需求，从林业科研机构选派林果专家作为科技特派员。项目带动选派也是一种方式，在一些农业科技项目实施过程中，按照项目要求，将参与项目的科研人员选派到农村：如在一个有机农产品种植示范项目中，将从事有机农业研究的人员派到农村，负责项目的具体实施和技术指导。还有双向选择选派，农村地区可以根据自身的需求提出对科技特派员专业、技能等方面的要求，同时科技人员也可以根据自己的研究方向和服务意愿进行选择，通过这种方式，能够更好地匹配农村的科技需求和科技人员的服务能力。

（三）农村科技特派员制度的发展历程

农村科技特派员制度是中国农业农村科技发展进程中的重要创新，发端于福建省南平市。20 世纪 90 年代的福建南平，和全国大多数地方一样，面临着科技创新主体不强，科技投入不足，产业竞争力弱化，农业科技服务缺位，科技人才资源与农村、农业和农民脱节，农村要素资源流失严重和农民收入增幅持续下降的困境。

南平市在乡镇机构改革的过程中，聚焦科技服务，首提“科技特派员”下派模式，通过将原有的“农五站”整合成乡镇科技特派员工作站，形成了科技特派员制度。1999 年 2 月，南平市委、市政府从市县两级涉农部门、农业科研院所以及部分乡镇农技站中，选派首批 225 名农业科技人员到 215 个行政村担任“科特派”，开启了科技进村的序幕[①]。

科技特派员在南平取得了显著成效，作为南平市农业局的科技骨干，谢福鑫是首批科技特派员之一。当年，谢福鑫的电话被农户称作“葡萄 110”，只要遇到种植难题，他必随叫随到，他走到哪里，葡萄园就建到哪里。谢福鑫在下派期间，先后培训果农上万人，推动了南平葡萄种植产业蓬勃发展，受益的乡亲们都把谢福鑫称为“葡萄仙”。在科技特派员制度的不断推进中，从田间地头到山间林地，再到企业基地，南平涌现出了一批明星科技特派员，如“榛仙”詹夷生、“菌仙”高允旺、“茶仙”刘国英、“米仙”江文清、“竹仙”林振清等，都是一个技术员托起一个产业，走出了一条“三农”突围之路。

南平经验很快在全国开始推广，逐步成为全国性的制度安排。2002 年 11 月，科技部在南平市召开科技特派员工作现场会，旨在进一步推广南平市科技特派员工作的经验，并部署在国内西北 5 省份开展科技特派员试点工作。2004 年 7 月，科技部出台的《县（市）科技工作年工作方案》将科技特派员推广的成功经验纳入其中，为科技特派员在全国范围内试点做好了制度准备。2004 年底，科技部与人事部联合出台《关于开展科技特派员基层创业行动试点工作的若干意见》，提出将科技特派员试点由西北部、中西部扩展到全国，为试点工作提供了进一步的制度保障。

2006 年 7 月，科技部印发关于《新农村建设科技促进行动》的通知，将科技特派员制

① 郑庆昌，宋国林，王东炎：《透视“科技特派员”制度——农村科技推广体系转变与破解“三农”问题的切入点和突破口》，《福农林大学学报》（哲学社会科学版）2002 年第 4 期。

度视作完善农村科技服务体系的一种机制创新，其服务范畴也从单纯为农民提供科技服务拓展至为城乡融合发展提供涵盖宽领域、多要素、全链条的综合性服务，对推动农业农村现代化的建设与发展发挥了积极效用，赢得了农村干部群众的广泛赞誉和基层一线的普遍认可，彰显了科技特派员制度的创新智慧和科学力量。截至 2017 年，科技特派员们与老乡建立利益共同体 3 万个，创办企业 1.15 万家，带动农民增收超过 1 010 万户。科技特派员借助项目支持、资金入股、技术参股、技术承包、有偿服务等多样化形式开展农业技术推广服务，已然成为新时代乡村振兴的一支生力军①。

科技特派员模式是政府组织与市场驱动相结合的产物，主要有“科技特派员＋专业户＋农民”“科技特派员＋公司＋农户”和“专业协会＋企业＋科技特派员＋农户”等模式。这些模式具有以下四大特点：一是双向选择，使供需双方自由结合；二是面向基层，进村入户，零距离、全方位地提供个性化科技服务，“上好培训课，引好致富路，技能培训手把手，跟踪服务到地头”是特派员提供服务的真实写照；三是利益导向，鼓励科技人员以资金、技术入股和兴办实体等多种形式，与农民群众、专业大户及企业结成利益共同体，一方面会使农民在购买技术或技术服务后的利益得到最大限度的实现，另一方面也能最大限度地满足科技人员的利益追求②；四是制度保障，从政治上、经济上关心科技特派员。科技特派员制度是新时期解决“三农”问题的一项重要探索与创新。

在全国推广过程中，科技特派员制度不断创新举措。一方面，人员选派更加多元化。不仅有来自农业领域的科技人才，还积极选派工业和社会发展领域的科技人员到农村创业服务，实现了跨界别、跨区域选拔人才。另一方面，服务模式更加多样化。从传统的单一科技服务向综合服务拓展，从节点服务向全链条服务拓展。同时，在保障模式上也不断创新，放活政策供给，加大资金扶持力度，建立管理平台，为科技特派员工作提供有力保障。

第三节　农村教育组织

发展农村教育，必须深入贯彻落实党中央、国务院关于乡村人才振兴的决策部署，培养一批有文化、懂技术、善经营、会管理的高素质农民，培育粮食安全守护者、产业发展带头人和乡村振兴主力军，为全面推进乡村振兴、加快建设农业强国提供坚实人才保障。随着新时代乡村振兴战略的提出，全面发挥教育在乡村振兴中的基础性、先导性作用，推进农村教育振兴就成为实施乡村振兴战略的内在要求。

一、农村教育组织的概念

农村教育组织是指在农村地区设立的，以促进农村教育发展为主要目标的机构或团体，

① 李敬锁，徐鹏民，徐健等：《中国科技特派员政策变迁的演化逻辑与动力机制》，《科技管理研究》2021 年第 18 期。

② 简小鹰：《我国科技特派员制度与农村科技体制改革》，《科学管理研究》2005 年第 3 期。

是开展农村教育事业的载体，主要包括基础教育组织、职业教育组织、成人教育组织等，涵盖了从学前教育到成人教育等各个阶段的教育相关事务，承担着农村人口的基础教育、职业技术教育和成人教育的重任，是制定和实施农村教育计划、形成农村社会教化网络、提高农村人口科学文化素质和职业技能、加强农村社会主义精神文明建设的组织保证。

（一）农村教育组织的主要类型

农村教育组织主要包括以下三种类型，这些教育组织形式相互配合，共同促进农村教育的发展。

农村学校教育组织。包括农村幼儿园、小学、中学等。农村幼儿园注重幼儿的启蒙教育，通过游戏、简单的课程等方式培养幼儿的认知、语言、社交等能力。农村小学和中学则承担着系统的基础教育任务，按照国家课程标准开设语文、数学、科学、历史、地理等课程，目的是使农村学生具备扎实的基础知识，为进一步升学或参与社会生活打下基础。

农村职业教育组织。主要针对农村劳动力开展职业技能培训，有的是政府主办的职业技能培训中心，有的是社会力量办学的培训机构。培训内容紧密结合农村实际需求和产业发展方向，如养殖技术培训，包括家禽家畜的饲养管理、疫病防治；农业种植技术培训，像农作物的高产栽培、有机种植；还有农村手工艺培训，如剪纸、编织等传统手工艺制作，以及新兴的农村电商培训，帮助农民掌握网络销售农产品的技能。

农村教育公益组织。由社会爱心人士、企业、非政府组织等发起成立，以公益为目的的教育组织。通常关注农村教育的薄弱环节，如为农村贫困学生提供资助，包括助学金发放、学习用品捐赠等；开展课外教育活动，如组织志愿者到农村学校开展科普讲座、艺术培训、体育活动等；还可能协助农村学校改善教学条件，如捐赠图书、电脑、实验器材等设备。

（二）农村教育组织的主要功能

农村教育组织承担着为乡村发展提供人才条件、文化条件的重要任务，发挥着传播文明、推进乡村振兴的重要作用，承担着贯彻执行党和国家的教育方针、政策的重要职责，是制定和实施农村教育计划、形成农村社会教化网络、提高农村人口科学文化素质和职业技能、加强农村社会主义精神文明建设的基本保障。

知识传授与技能培养。农村教育组织最基本的功能是知识传授。在学校教育中，教师通过课堂教学将系统的学科知识传递给学生，从基础知识到专业知识，帮助学生构建知识体系。在职业教育和培训中，学员能够学到实用的生产技能：如在农村建筑技能培训中，学员可以学到建筑图纸识读、砖瓦砌筑、混凝土施工等技能，为农村的基础设施建设和住房建设等提供人力支持。

促进农村社会流动和经济发展。农村教育组织为农村人口提供了社会阶层向上流动的机会。通过良好的教育，农村学生可以升学，进入高等院校深造，毕业后有机会进入城市就业或带回新技术、新理念促进农村经济发展。同时，职业教育和技能培训能够直接提升农村劳动力的素质，促进农村产业升级。如经过农村电商培训的农民可以利用互联网平台销售农产品，拓展销售渠道，增加收入，进而带动农村经济的发展。

文化传承与社会凝聚。农村教育组织是农村文化传承的重要载体。在教学过程中，学校会将当地的民俗文化、传统技艺等内容融入课程，使农村文化得以延续。农村学校通过开设民间艺术课程，教授学生剪纸、刺绣等传统技艺。教育组织还能够增强农村社会的凝聚力，学校通过举办家长会、社区教育活动等方式，加强村民之间的沟通与联系，促进农村社区的和谐稳定。

（三）农村教育组织的发展历程

新中国成立前，以传统教育形式为主导。农村教育主要以私塾、乡学等形式存在。教学内容多为传统的儒家经典，如《论语》《孟子》等，旨在培养学生的道德修养和文化素养，为将来进入仕途或从事传统行业打下基础。教育对象主要是少数富裕家庭的子弟，普通农民家庭的孩子因经济条件限制很难有受教育的机会，教育资源极度匮乏且分布不均。

到了近代，随着西方列强的入侵，西方的教育理念和教育模式开始传入中国，农村地区也逐渐出现了一些新式学堂。这些学堂在课程设置上开始增加自然科学、外语等科目，如物理、化学、英语等，以培养适应时代发展的新型人才。但由于当时社会动荡、经济落后，农村新式学堂的发展非常缓慢，农村基础教育仍处于十分薄弱的状态。

新中国成立后，发布了《中央人民政府政务院关于改革学制的决定》，标志着新学制的确立。新学制使农村教育的发展有了新的制度保障，便于广大劳动人民尤其是农民的子女能够受到完全的初等教育，为农村教育的发展提供了有力的支持。这一时期，农村小学教育有了较快的发展。全国小学教育学生数增长迅速，农村小学教育学生数的增长在其中占比较大。同时，农村的业余教育和扫盲教育也开始启动和发展，中央人民政府政务院和教育部多次发出关于开展农民业余教育的指示，扫盲教育也作为一项重大政治任务在农村大张旗鼓地推进。

“大跃进”时期，农村不仅小学数量日益增多，还开办了托儿所、幼儿园，新增了农村初级中学和农业中学。农业中学的兴办，首开新中国农村中等职业教育发展的先河，农村教育结构发生了新的变化。鉴于“大跃进”带来的问题，20 世纪 60 年代初期进行国民经济调整，教育事业也随之调整。

农村小学教育经历了从回落到稳步上升的过程，托儿所和幼儿园的规模较之“大跃进”阶段明显缩减。同时，国家提出“两条腿走路”的办学方针，半农半读、半工半读的两种教育制度得到推行，农业中学及其他职业中学压缩后又得到新的重视和发展。“文化大革命”时期，农村教育也受到严重冲击。正常的教学秩序被打乱，学校停课，教师受到迫害，许多学校的教学设施遭到破坏，农村教育组织的发展陷入停滞甚至倒退。

改革开放后，农村教育开始拨乱反正，走上健康发展的轨道。1979 年 11 月，中共中央批转了湖南省桃江县《关于发展农村教育事业的情况报告》，以及 1980 年 10 月国务院批转教育部、国家劳动总局《关于中等教育结构改革报告》，对农村教育的发展起到了重要的推动作用。农村教育开始注重普通教育、业余教育、学前教育的协同发展，强调教育要面向农村，为农村的建设事业服务。

1985 年《中共中央关于教育体制改革的决定》发布，提出要把发展基础教育的责任交给地方，有步骤地实行九年义务教育[①]。农村基层政府积极响应，加大了对基础教育的投入，农村小学和初中的入学率不断提高。同时，农村职业教育和成人教育也得到了进一步的发展，为农村经济的发展培养了大量的实用人才。

进入21世纪后，国家相继出台了一系列发展乡村教育的政策。2003年发布了《国务院关于进一步加强农村教育工作的决定》，2008年下发了《教育部关于成立教育部农村义务教育工程领导小组的通知》，2010年制定了《国家中长期教育改革和发展规划纲要（2010—2020年）》，2012年下发了《国务院关于深入推进义务教育均衡发展的意见》和《关于规范农村义务教育学校布局调整的意见》文件，从国家层面强调了乡村教育发展的重要性，提出了城乡教育均衡发展的战略目标，推动了乡村教育发展规划、乡村学校供给建设以及义务教育均衡发展。从而实施了一系列政策措施，如农村义务教育经费保障机制改革、农村薄弱学校改造计划等，农村学校的办学条件得到了极大改善。农村教师队伍建设也得到了加强，通过特岗教师计划等方式，吸引了大量优秀的教师到农村任教。

进入新时代，处于农业农村优先发展与教育优先发展的两大国家战略的历史交汇期，党的十九大报告要求，“建设教育强国是中华民族伟大复兴的基础工程，必须把教育事业放在优先位置”[②]。2018年的中央一号文件和中共中央、国务院下发的《乡村振兴战略规划（2018—2022年）》明确提出“优先发展农村教育事业”[③]。党的二十大报告进一步强调，“坚持教育优先发展”“加快义务教育优质均衡发展和城乡一体化”[④]。从而把实现城乡教育公平作为首要任务，将教育作为乡村的首位公共事业，通过资源配置、政策扶持和制度建设优先发展乡村教育，推进城乡基本教育公共服务均等化。

党的十八大以来，农村基本办学条件全面改善，农村义务教育学生营养改善计划每年惠及3 600万贫困地区学生。特别是教育精准扶贫工程的实施，覆盖了全国2 600多个县近22万所义务教育学校，被誉为“我国义务教育学校建设史上中央财政投资最大的单项工程”[⑤]。随着乡村振兴的不断推进，农村教育进入了优质发展阶段。农村学校的信息化建设不断推进，教育教学质量不断提高。同时，农村教育更加注重素质教育，培养学生的创新精神和实践能力，为农村学生的未来发展奠定了更加坚实的基础。

二、农村基础教育组织

随着中国经济社会的快速发展，城乡二元经济结构带来的适龄少年儿童接受教育机会不均等、青年就业机会不均等问题逐渐显现。作为基础教育重要组成部分的农村基础教育，成为中国教育领域最为薄弱的环节，国家长期重视农村基础教育发展，并通过政策支持和财政保障不断加强农村基础教育发展。

---

① 中共中央文献研究室：《十二大以来重要文献选编》（中），人民出版社，1986，第725页。

② 中共中央党史和文献研究院：《十九大以来重要文献选编》（上），中央文献出版社，2019，第32页。

③ 中共中央党史和文献研究院：《十九大以来重要文献选编》（上），中央文献出版社，2019，第168页。

④ 习近平：《高举中国特色社会主义伟大旗帜 为全面建设社会主义现代化国家而团结奋斗——在中国共产党第二十次全国代表大会上的报告》，人民出版社，2022，第33-34页。

⑤ 《努力让十三亿人民享有更好更公平的教育——党的十八大以来中国教育改革发展取得显著成就》，《人民日报》，2017年10月17日，第1版。

（一）农村基础教育概述

农村基础教育是指在农村地区针对青少年儿童开展的，提供基本知识、技能、价值观培养以及促进其身心全面发展的一系列教育活动，涵盖了学前教育、小学教育和初中教育等阶段，是农村教育体系的核心组成部分。

在长期发展过程中，取得了一定的成绩，基本实现了教育普及，农村儿童能够接受九年义务教育，部分地区学前教育和高中教育的入学率也在逐步提高。许多农村学校建立了相对完善的教学管理体系，有一定数量的教师队伍承担日常教学任务，并且在传承农村文化、培养农村学生基本素养方面发挥了积极作用。2001 年 1 月，中国基本普及九年义务教育。2011 年 11 月，中国实现了全面普及九年义务教育目标。

农村基础教育具有其独特性和挑战性。一方面，与城市教育相比，往往面临教育资源相对匮乏的状况，包括师资力量薄弱，优秀教师流失现象时有发生；教学设施简陋，如实验室设备不足、多媒体教学资源有限等；教育经费投入相对较少，影响学校的软硬件建设和发展。另一方面，农村地区独特的地域文化、生产生活方式等也为农村基础教育提供了丰富的教育素材和实践场景，可以融入课程与教学中，培养学生对本土文化的认同与传承意识，同时开展具有农村特色的劳动教育、农业科技教育等，增强学生服务农村、建设家乡的情怀与能力。

党中央高度重视农村基础教育发展，大幅提高农村教育资源投入力度，全力缩小城乡教育差距，积极推动实现让乡村儿童从“有学上”迈向“上好学”的转变，提出了一系列促进农村基础教育发展的重要举措。

国家对农村基础教育发展的经费保障政策。改革义务教育经费保障机制，不断加大对农村义务教育的投入，全面免除农村学生的学杂费、教科书费等费用，减轻农村家庭的教育负担。中央财政承担了向全国农村义务教育阶段学生免费提供国家课程教科书的资金，地方财政则负责承担从 2008 年春季学期开始的地方课程教科书所需资金。逐步提高农村义务教育阶段中小学的生均公用经费基本标准，以保障学校的正常运转和教学活动的开展。如对中西部地区小学低于 150 元或初中低于 250 元的省份，提高到相应标准，并不断根据实际情况进行调整。设立专项资金用于农村学校的校舍建设、维修改造、教学设备购置等。提高中西部地区农村义务教育阶段中小学校舍维修改造的测算单价标准，以改善农村学校的硬件设施条件。

国家对农村基础教育发展的师资队伍建设政策。中央财政设立专项资金，通过公开招聘高校毕业生到西部“两基”攻坚县以下农村义务教育阶段学校任教，补充农村师资力量，提高农村教师队伍整体素质。特岗教师在服务期内享受工资、津贴等方面的待遇保障，服务期满后在考研、就业等方面可享受优惠政策。鼓励高等学校开展公费师范教育，吸引优秀学生报考师范专业，毕业后到农村学校任教，为农村基础教育培养高质量的教师队伍。公费师范生在校期间享受学费、住宿费减免以及生活补助等优惠政策。组织开展针对农村教师的各类培训项目，包括国家级培训、省级培训等，提高农村教师的教学水平和专业素养。“中小学及幼儿园教师国家级培训计划”重点向农村地区倾斜，为农村教师提供专业的教学指导和培训。对长期在农村任教的教师在职称评定等方面给予优待，鼓励优秀教师扎根农村教育。

国家对农村基础教育发展的教育资源保障政策。大力推进农村学校的教育信息化，为农村学校配备多媒体教学设备、网络设备等，建设远程教育平台，让农村学生能够享受到优质的教育资源。通过信息技术手段，实现城市优质教育资源与农村学校的共享，如开展网络课程、远程教学等。按照国家统一标准，推进农村义务教育学校标准化建设，均衡配置教师、设备、图书、校舍等资源，确保农村学校在硬件设施和教学资源方面逐步达到规定标准。建立城市学校与农村学校的对口支援机制，鼓励城市学校的优秀教师到农村学校支教、交流，同时组织农村教师到城市学校学习、培训，促进城乡教育资源的互动和共享。

国家对农村基础教育发展的学生资助政策。加大对农村家庭经济困难学生的资助力度，提供生活补助、助学金等，确保农村学生不因家庭经济困难而失学。例如，对农村义务教育阶段家庭经济困难寄宿生给予生活费补助。实施农村义务教育学生营养改善计划，为农村学生提供营养膳食补助，改善农村学生的营养状况，提高学生的身体素质和学习能力。

国家对农村基础教育发展的人才激励政策。健全乡村人才工作体制机制，采取措施鼓励和支持社会各方面人才到农村服务教育事业，推动专业人才服务乡村，促进农村教育发展。同时，建立各类人才参与乡村建设的激励机制，为服务农村教育的人才提供相应的待遇和发展机会。指导、支持高等学校、职业学校设置涉农相关专业，加大农村专业人才培养力度，鼓励高等学校、职业学校毕业生到农村就业创业，为农村基础教育的发展注入新的活力。

乡村振兴战略的实施对农村基础教育发展提出了更高要求，同时也为其发展带来了新的机遇。必须全面统筹规划布局农村基础教育学校，推进义务教育公办学校标准化建设，全面改善贫困地区义务教育薄弱学校基本办学条件，加强寄宿制学校建设，提升乡村教育质量，实现县域校际资源均衡配置。必须全力解决乡村教育中优质教育资源紧缺、教育质量亟待提高等群众普遍关切的问题，着力改变乡村教育“不平衡不充分发展”的现状，逐步缩小城乡差距，最终破除城乡二元结构，以优质教育为乡村振兴注入更多发展动力。

（二）农村基础教育组织概念

农村基础教育组织是指在农村地区专门从事基础教育工作的机构和团体的集合，是农村基础教育活动开展的载体，包括农村的幼儿园、小学和初中等教育机构，也涵盖了与这些教育机构相关的教育管理部门、教研组织，主要有独立式学校、联合办学、教学点三大类型。

（三）农村基础教育组织发展措施

乡村教育振兴作为打开乡村振兴大门的第一把钥匙，必须把加强农村基础教育组织建设作为关键一环，摆在推进农业农村现代化的优先地位。

1. 推进资源整合，改善农村基础教育组织的综合环境

要进一步优化农村学校布局，避免教育资源浪费。建立基础教育投入多元机制，将处境不利地区的学校和师生的拨款列入稳定的财政投入保障计划项目，进行分类管理，为不同区域的农村学校建设提供公平保障，并在此基础上完善经费使用机制。同时，重点关注农村学校的教育信息化水平，加大对农村学校数字化设施的投入力度。

2. 优化教师队伍，推动农村基础教育师资高质量发展

要调动师范高校教育资源，使农村中小学校成为“引得来”教师的地方，鼓励青年教师扎根农村基础教育。要提高农村基础教师的基本工资和待遇水平，增强对农村教师的政策倾斜力度，完善他们在住房、医疗、子女教育、养老等方面的保障体系。要优化职称评价体系，使农村学校成为教师们“升得上”的地方，同时还要加大农村师资的培训力度，提高教学质量。通过加强农村现有教师资源的管理、培训，建立一支高素质的教师资源梯队，盘活教师资源，实现教师队伍的优化组合和整体素质的提高，使现有的人力资源发挥出更大效益。

3. 建立协同机制，加强对农村留守儿童的教育

应该充分发挥家庭、学校、社会三者的作用，实现家、校、社之间的互联互通，协同发力。农村中小学校要积极承担起教育责任，适当扩大寄宿制，通过集体生活减少留守儿童的孤寂感，配备专业的心理辅导老师，开设心理健康课程，加强安全教育，配合家庭、社区做好留守儿童的安全保障工作。

三、农村职业教育组织

农村职业教育是农村教育体系的重要组成部分，具有赋能乡村人才振兴的独特作用。在推进农业农村现代化的进程中，农村职业教育组织承担着培育高素质农民、促进乡村产业发展、建设乡风文明和巩固拓展脱贫攻坚成果的时代使命。

（一）农村职业教育概述

农村职业教育是指在农村地区开展以培养农村劳动者职业技能，提高农村劳动力素质，促进农村经济发展和社会进步为主要目标的职业教育活动，主要面向农村学生和成年劳动者，涵盖农业类和非农业类的多个职业领域，通过理论教学与实践操作相结合的方式，使受教育者获得在农村生产、经营、服务等行业所需的专业知识和技能。也就是说，农村职业教育是培养建设乡村和为乡村社会服务的经营管理、技术人员的教育。

农村职业教育是一个体系范畴，这个体系是以高等职业（成人、继续教育）教育为龙头，以中等职业教育（农业中专学校、农业广播电视学校教育）为骨干，以县乡村农业职业（成人）教育和社会化服务体系为基础的农村职业技术教育体系，与农村普通教育、农村成人教育及农村继续教育相辅相成，与农业科研、推广及开发互为补充、紧密相连，为整体推进农村人力资源开发，提高广大乡村干部、专业人员和农民科技文化素质，加快农业科技进步，全面发展农村经济提供智力与人才保障。

（二）农村职业教育组织概念

农村职业教育组织是指在农村地区设立的，以培养农村劳动者职业技能、提升农村劳动力素质、促进农村职业发展为主要目标的教育机构，主要通过开展各种形式的职业培训、技能鉴定和职业指导等活动，为农村经济社会发展提供人才支持。

农村职业教育组织主要是农村职业学校，包括农业职业学校、农业中专学校、农业广播电视学校和农业高等职业学院。相关报告显示，在农业广播电视学校方面，2020年底全国共有省级农广校34所，地（市）级农广校267所，县级农广校1 775所，乡村教学点7 639个。在职业院校方面，全国职业院校70%以上的学生来自农村，全国1.23万所职业院校开设的1 300余个专业和12万余个专业点，基本覆盖乡村振兴各个领域①。

（三）农村职业教育组织的发展措施

中共中央、国务院印发的《关于做好2023年全面推进乡村振兴重点工作的意见》明确要求，大力发展面向乡村振兴的职业教育，深化产教融合和校企合作。在农村职业教育组织的发展举措方面，要聚焦解决好“三农”问题，大力发展涉农职业教育，培养更多服务乡村振兴、融入乡村产业的高素质技术技能型人才。

注重统筹谋划，科学合理布局。紧盯服务经济社会发展，加强规划统筹，鼓励支持职业院校开足建强涉农类专业，成立农业职业教育行业指导委员会，加强涉农类专业建设，不断提升职业院校服务“三农”工作的能力。

注重人才建设，创新培养模式。积极推行“订单班”“定制村干”“乡村定向师范生”等培养模式，有效解决农业人才“选不到”“引不好”“留不住”等问题。同时，实施高职院校面向农民工等社会群体的招生培养工作。

注重产教融合，着力固强补弱。建设涉农类职教集团，多方合作搭建涉农类专业产学研平台。聚焦现代农业发展“卡脖子”项目，组建职业院校助农科技服务团队，广泛提供种植业、畜牧业等地方特色农业技术支持。切实抓好农村信息化建设，推广农业生产、销售、物流等信息化应用，建立农村电商支撑服务体系，助力推动数字乡村建设。

四、农村成人教育组织

农村成人教育是教育的重要组成部分，是构建终身教育体系、建设教育强国的重要内容，承担着提高农村成人思想政治和科学文化素质，促进农村经济社会发展的重要任务。

（一）农村成人教育概述

农村成人教育是以农民、回乡初高中毕业生、专业技术人员、基层干部、企业职工等农村成年农民和农村居民为对象，以贯彻国家教育方针，坚持学用结合、按需施教、注重实效为原则，以提高农村成人的文化素质、职业技能、思想道德水平以及生活质量为主要目标，培养有理想、有道德、有文化、有纪律和懂技术、善经营、会管理的农村新型劳动者并进行政治、经济、文化、科学技术、业务知识等方面有组织、有目的的教育活动，是农村教育体系的重要组成部分。

农村成人教育的主要形式包括扫盲教育、干部教育、函授教育、远程教育等，主要内容包括扫除文盲教育、政治思想教育、文明道德教育、法律知识教育、社会文化和健康生活教育；实用技术、岗位技能和科学知识的教育；商品生产、市场营销和经营管理等方面的教

① 《立足国情改革创新走中国特色涉农职业教育发展道路》，《人民政协报》，2022年9月30日，第3版。

育；根据需要进行的学历教育。农村成人教育组织主要包括各种农民夜校、农村成人文化技术学校、农业管理干部学校、农村广播电视学校、各种农民自发成立或社会力量举办的成人学校等。

（二）农村成人教育组织概念

农村成人教育组织是指在农村地区设立的，专门针对农村成年人开展教育活动的机构或团体，主要以提升农村成年人的综合素质，包括文化知识水平、职业技能、思想道德观念和生活质量等为主要目标，通过系统规划、组织教学、提供学习资源等方式，为农村成人提供多样化的教育服务。

农村成人教育组织类型，主要包括政府主办型、学校延伸型、社会力量办学型三大类。

政府主办型。通常由地方政府部门设立和管理，如县、乡（镇）级的成人文化技术学校，主要功能是普及农村成人教育，根据当地农村经济社会发展规划和农民需求，开展大规模的、基础性的成人教育活动。如在推广新的农业种植技术时，政府主办的成人学校可以利用其行政资源，组织大面积的培训活动，确保新技术在农村地区的广泛传播。同时，这类组织还承担着落实国家和地方教育政策、统筹协调农村成人教育资源的任务。

学校延伸型。一些农村中小学或职业学校在完成正常教学任务之余，会开展成人教育活动，将学校的教育资源向农村成人延伸。这种类型的组织可以充分利用学校现有的师资、教学设施等资源，为农村成人提供高质量的教育服务。其功能特点是能够将学校教育与成人教育有机结合，促进农村教育资源的共享和高效利用。

社会力量办学型。由企业、社会组织或个人等社会力量举办的农村成人教育组织，如一些农业企业开办的农业技术培训中心、农村电商培训机构等。这些组织的灵活性较强，能够快速响应市场需求和农村成人的个性化学习需求。如农业企业为了推广自己的农资产品或农业技术服务，会针对农民开展针对性的培训活动，介绍产品的使用方法和新技术的优势。其功能主要是为农村成人提供专业化、特色化的教育服务，补充政府和学校在成人教育中的不足，同时促进农村职业教育市场的多元化发展。

（三）农村成人教育组织发展措施

坚持以服务发展为根本宗旨，以促进就业创业为导向，以丰富农村居民精神文化生活为核心，深入推进农村成人教育体制改革，全面增强农村成人教育办学活力与服务能力。

加强农村成人文化技术学校建设。建立以县级职业学校和成人学校为龙头，以乡镇成人文化技术学校为骨干，以村成人文化技术学校为基础的县、乡、村三级实用型、开放型农民文化科技教育培训体系，切实把农村成人文化技术学校办成人力资源开发、技术培训与推广、劳动力转移培训、乡村振兴服务和农村精神文明建设的基地。

不断改进教学方法和教学手段。要按照成人学习的特点，把课堂教学、现场培训、远程教学等多种教学形式结合起来。加强与大专院校、科研院所的联系，以多种合作方式，引进新知识、新技术和新品种，通过学校的实验实习基地和校外示范基地，进行实验、示范、培训和推广。要积极创造条件，充分利用信息化、数字化等现代化教学手段，弥补农村成人学校办学条件的不足，提高教育质量和效益。

着力建设农村成人教育师资队伍。建设一支数量适当、结构合理、专兼结合、素质较高的教师队伍，是搞好农村成人教育工作的重要保证。通过专兼职结合的人员队伍建设策略，建立稳定的专职和兼职队伍。同时，以教育部《社区教育工作者岗位基本要求》为依据，明确界定农村成人教育工作者岗位职责，选优配强农村成人教育机构领导班子；挑选协调组织能力强、工作热情高的青年教师充实到专职队伍当中；吸引一批具有一定影响力和农业技能的优秀人才担任兼职教师；鼓励有关高校开设农村成人教育专业，为农村成人教育培养专业化师资力量。

第四节　农村文化组织

改革开放以来，中国农村面貌发生了巨大变化，从贫困走向温饱，又由温饱迈入小康的广大农民群众对精神文化生活的要求越来越高，发展和繁荣农村文化已成为推进乡村文化振兴的迫切需要。农村是孕育社会主义文化的大市场，是繁荣社会主义文化的大舞台，其发展需要文化，其文化建设离不开各类文化组织。

一、农村文化组织概念

农村文化组织是指在农村地区以传承、弘扬、创新农村文化为主要目标，由农民、农村文艺爱好者、地方政府、社会力量等多方主体参与组建的团体或机构，这些组织通过开展各种文化活动，如民俗表演、文化展览、技艺传承等，丰富农村居民的精神文化生活，同时也对农村文化的延续和发展起到关键作用。农村民俗文化艺术团，就是典型的农村文化组织，汇聚了当地擅长表演民俗节目的村民，通过在节日或庆典期间进行表演，展示农村的传统民俗文化。

农村文化组织类型，主要包括政府主导型文化组织、民间自发成立的文化组织、社会力量参与型文化组织三大类。

政府主导型文化组织。由地方政府牵头成立，主要职责是落实国家和地方的农村文化政策，推动农村文化建设。如乡镇文化站，就是由政府设立在农村的基层文化机构，承担着组织开展各类文化活动、指导农村文化团队建设、管理农村文化设施等任务，通过举办文化下乡活动、组织农民文艺比赛等方式，丰富农村居民的文化生活。

民间自发成立的文化组织。基于农民或农村文艺爱好者的共同兴趣和文化需求自发组建，以传承和展示本地特色文化为主要目标，活动形式灵活多样。如农村的民间戏曲社团、舞蹈队等，在农闲时节或节日期间自发组织演出活动，贴近农村居民的生活实际，充分反映农村群众的文化诉求。

社会力量参与型文化组织。由企业、社会组织或志愿者团队等社会力量与农村合作成立，凭借社会力量的资源优势，通过引进先进的文化理念和管理模式，为农村文化组织带来新的活力，不仅在农村文化保护、传承和创新方面发挥重要作用，而且促进了农村文化与外界的交流与互动。

党的二十大报告提出，要“扎实推动乡村产业、人才、文化、生态、组织振兴”，把农村文化振兴摆在党和政府工作的重要位置。文化振兴既是乡村振兴的重要内容，也为实现乡村全面振兴注入新活力。各地政府部门要不断加大对农村文化建设的投入力度，各类农村文化组织推陈出新，文化活动精彩纷呈，农村文化呈现一派生机，给农民带来思想的收获、精神的丰富与充实。

二、乡镇文化站

乡镇文化站是中国最基层的文化服务组织，是农村公共文化服务体系的基础，是密切联系广大农村、活跃农民文化生活的重要纽带，是宣传党的方针政策、弘扬先进文化的前哨阵地，为促进中国农村文化建设、丰富农民精神文化生活发挥了重要的作用。在推进乡村全面振兴过程中，乡镇文化站建设是乡村文化振兴的重要环节。

（一）乡镇文化站的概念

乡镇文化站是政府设立在乡镇最基层的综合性公共文化服务机构，集书报刊阅读、宣传教育、文艺娱乐、科普培训、信息服务、体育健身等各类文化活动于一体，为满足农民群众日益增长的精神文化需求提供丰富多彩的文化活动和文化服务、指导农村基层文化工作和协助管理农村文化市场的公益性事业单位，是农村文化建设的前沿阵地，具有公益性、综合性的特点。在很多乡镇，文化站组织各种文艺演出、文化展览等活动，而且这些活动大多是免费向农民开放的。

（二）乡镇文化站的基本职责

根据有关文件精神，乡镇文化站主要负责对广大农民群众进行时政宣传和政策法制教育，组织开展丰富多彩的文体娱乐活动，组织电影、电视、录像放映活动。负责利用全国文化信息资源共享工程举办各类文化艺术培训班、科普讲座、农技知识讲座等，辅导和培养文艺骨干。组织开办图书室，组织群众开展读书活动。负责搜集、整理民族民间文化艺术遗产，促进乡村特色文化的发展。负责指导和辅导村文化室、俱乐部和农民文化户开展各种业务活动。负责做好文物的宣传保护工作，受上级文化主管部门委托协助管理当地文化市场。

组织文艺演出与娱乐活动。乡镇文化站要定期组织各类文艺演出，包括地方戏曲、歌舞表演、小品相声等多种形式。这些演出节目通常结合当地的民俗文化和农民的生活实际，具有浓厚的乡土气息。一些地方的乡镇文化站在农闲时期，组织传统的秧歌表演或者地方特色剧种的演出，丰富农民的业余生活。同时，还会开展一些娱乐活动，如棋类比赛、趣味运动会等，吸引不同年龄段的农民参与。

组织文化展览展示活动。乡镇文化站举办各种文化展览，内容涵盖当地的历史文化、民俗风情、农业科技成果等多个方面。通过图片、实物、文字说明等方式，向农民展示本地的文化遗产和发展成就。展示当地传统手工艺作品，如剪纸、刺绣等，或者介绍当地的农业新品种、新技术，让农民了解农村文化的魅力和农业科技的进步。

组织艺术技能培训。为农村居民提供艺术技能培训服务，包括音乐、舞蹈、绘画、书法等方面的培训。如开设书法培训班，邀请当地的书法爱好者或者专业教师为农民讲解书法基础知识和书写技巧；组织民间舞蹈培训，传授具有地方特色的舞蹈动作和表演形式，培养农民的文艺爱好和才艺。

组织文化知识与科技普及培训。开展文化知识讲座和农业科技培训，提升农民的文化素养和科技水平。文化知识讲座内容包括传统文化解读、文学作品欣赏等，农业科技培训包括农作物种植新技术、养殖技术、农产品加工等实用知识。现实工作中，一些文化站在种植季节来临前，组织农业专家进行种植技术培训，讲解如何科学施肥、防治病虫害等知识。

组织民间文化资源收集整理。乡镇文化站承担着收集、整理当地民间文化资源的任务。工作人员会深入农村，挖掘民间故事、传说、谚语等非物质文化遗产，记录当地传统的民俗活动、仪式的流程和细节。例如，对当地古老的婚丧嫁娶仪式进行记录，包括仪式中的歌曲、舞蹈、特殊的道具等，为民间文化的传承保存珍贵的资料。

组织文化遗产保护传承。对当地的文化遗产进行保护和传承，包括物质文化遗产（如古建筑、古文物等）和非物质文化遗产（如传统手工艺、民间戏曲等）。文化站通过组织传承人培训、建立文化传承基地等方式，确保这些文化遗产能够代代相传。如为当地的剪纸传承人提供场所和资金支持，让他们能够招收学徒，传授剪纸技艺。

组织发布与宣传文化信息。作为农村文化信息的传播中心，乡镇文化站会及时发布各类文化信息，包括文化活动通知、新书推荐、文化政策解读等。通过宣传栏、广播、微信公众号等多种渠道，将文化信息传递给广大农民。如在文化站的宣传栏张贴近期要举办的文艺演出海报，或者通过农村广播宣传新的农业科技图书已经上架的消息。

组织搭建文化交流平台。为农村居民搭建文化交流的平台，促进农村内部以及农村与外界的文化交流。在农村内部，组织农民之间的文化交流活动，如读书分享会、文艺创作交流等。在农村与外界交流方面，邀请城市的文化团队到农村演出，同时也组织农村文化团队到城市展示农村文化。如组织农村的民间艺人到城市参加民俗文化展览，展示农村的手工艺品和民俗表演。

（三）乡镇文化站的发展历程

新中国成立后，国家开始重视农村文化建设，一些地区陆续建立起乡镇文化站的雏形。此时的乡镇文化站主要是为了满足农民群众基本的文化需求，比如提供简单的图书借阅、组织一些小型的文艺活动等。有的乡镇文化站只有一间屋子、少量的图书和简单的桌椅，文化活动形式也比较单一。乡镇文化站面临着人员不足、资金短缺、资源匮乏等问题。工作人员往往是兼职的，专业素质不高，文化站的设施和图书等资源也十分有限。

在“文化大革命”期间，乡镇文化站的正常工作受到严重冲击，许多文化站的活动被迫停止，场馆被占用或破坏，文化工作者受到批判和迫害，农村文化建设陷入停滞状态。“文化大革命”结束后，乡镇文化站逐渐恢复工作。政府开始重新重视农村文化建设，加大了对乡镇文化站的投入，一些被破坏的文化站场馆得到修复，文化活动也慢慢重新开展起来。

改革开放后，随着国家经济的逐步恢复和发展，农村文化工作逐渐受到重视。1984 年，国务院办公厅转发文化部《关于当前农村文化站问题的请示的通知》。此后，乡镇文化站的设施条件有了一定的改善，开始配备一些基本的文化器材和设备，如图书、乐器、音响等，为开展文化活动提供了一定的物质基础。文化站的活动形式也逐渐多样化，除了传统的图书借阅、文艺演出外，还开始举办一些文化展览、科普讲座等活动，满足了农民群众不同方面的文化需求。

到 21 世纪初，国家出台了一系列政策支持乡镇文化站的建设和发展。2005 年，中共中央办公厅、国务院办公厅下发了《关于进一步加强农村文化建设的意见》。2008 年，中共中央办公厅、国务院办公厅下发了《关于加强公共文化服务体系建设的若干意见》，明确提出为全面丰富农村文化建设乡镇文化站，为乡镇文化站的发展提供了政策保障。各地加大了对乡镇文化站的建设力度，新建和改扩建了一批乡镇文化站，文化站的场馆面积不断扩大，设施设备更加完善。不少地方的乡镇文化站建设了多功能厅、排练室、展览室等专业场馆，配备了现代化的音响、灯光、舞台设备等，乡镇文化站的功能不断拓展，不仅承担着文化活动组织、文化培训、图书借阅等传统功能，还开始参与农村文化市场管理、非物质文化遗产保护等工作，在农村文化建设中的作用日益凸显。

进入新时代，农村文化建设成为文化强国建设的重要组成部分。特别是在实施乡村振兴战略中，乡村文化振兴是乡村振兴的铸魂工程，发挥着基础性、引领性作用。从 2018 年开始的历年中央一号文件，将乡村文化振兴作为紧迫任务，农村文化建设步伐不断加快。

随着信息技术的快速发展，乡镇文化站开始加强数字化建设，配备了电脑、网络设备等，开通了文化信息资源共享工程，农民群众可以通过网络获取更多的文化信息和资源。乡镇文化站不断创新服务模式，开展流动文化服务、文化志愿服务等活动，将文化服务送到农村的田间地头、农民的家门口，提高了文化服务的覆盖面和便利性。

越来越多的乡镇文化站注重挖掘当地的特色文化资源，打造具有地方特色的文化品牌，如举办民俗文化节、特色文化展览等活动，推动了地方文化的传承和发展。乡镇文化站与教育、科技、体育等领域的融合不断加深，开展了形式多样的综合性文化活动，如科技文化下乡、体育文化节等，丰富了农民群众的精神文化生活。

随着公共文化服务体系建设重心下移，着力点逐渐放在基层，各级政府纷纷把乡镇文化站作为加强农村文化建设的龙头，文化站主动顺应新的形势，积极探索发展之路，大力开展以工养文、以文补文、多业助文等活动，努力增强自身造血功能，走出了长期以来形成的“站房破旧经费少，文体活动开展难”的困境，呈现出一派生机勃勃、热热闹闹的局面。

（四）乡镇文化站的主要作用

乡镇文化站作为农村文化建设的核心阵地，不仅是丰富群众精神生活、推动农村文化繁荣发展的关键所在，还在激活农村文化发展、全面推进乡村振兴中发挥着不可替代的作用。

提供公共文化服务，保障和发展农民群众最基本的文化权益。乡镇综合文化站是公共文化服务体系中最基层、最基础的环节，其建设标准应具备“四室一厅”的功能，具体包括书报刊阅览室、文化科技培训室、文化信息资源共享服务室、办公室以及多功能活动厅。随着各地文化站标准化建设工程的完成，乡镇文化站大都建有了综合展示厅、多功能活动厅、体育健身和老年少儿活动室、书刊阅览室、教育培训室、文化信息资源共享工程基层点等服务设施，拥有了一套齐备的文化活动器材，为开展公共文化服务提供了可靠的保障，有力地维护了农民群众看书、看报、看戏、看电影电视、参加科学文化素质培训和文体活动的基本文化权益。

开展多种形式的科技文化活动，服务农村社会发展。开展丰富多彩的科技文化活动，实实在在地为“三农”服务，是乡镇文化站获得生命活力的源泉。通过举办科技讲座、推进扫盲教育、开展法治宣传、进行文艺辅导、组织文艺会演以及开展游戏娱乐等活动，乡镇文化站已成为农民学习文化、钻研科技的课堂，引领农民致富的阵地，充分满足了农民群众多方面的科技文化需求。

发展乡镇特色文化，建设农民精神家园。在广大的乡村，蕴藏着极富特色的乡土文化。许多乡镇文化站与时俱进，根据本乡镇的人文特点，加强对农村优秀民族民间文化资源的系统发掘、整理和保护，因地制宜发展地域色彩鲜明、群众喜闻乐见的“特色文化”，保持和发扬农村文化的特色和地方文化韵味，不断提高农村文化站对广大农民群众的影响力和吸引力，使广大农民群众变被动地接受为主动地参与，充分发挥文化站的凝聚、规范、引导功能，将乡镇文化站建成农民的精神家园。

培育农村文化队伍，增强农村文化的自我生长力。农村不是文化的荒漠，它有着极为丰富的乡土文化。农民不是没有文化的人群，他们中间藏龙卧虎。好多艺术家和文艺队伍都生在农村，长期活跃在农村，他们的艺术养分直接来自农村，和农民有着天然的相同性，是农村文化事业中最活跃的因子。如各种老年健身队、腰鼓队、锣鼓队、舞蹈队、秧歌队、票友队等。培养和造就这些队伍，激发他们自身的文化活力，在新农村文化建设中尤为重要。文化站可以利用自身优势，发现和培养农民文化骨干，引导和扶持农民文艺团体，举办各种文化体育健身骨干培训班，使不同文化修养及情趣爱好的群众都能各展其长，各得其乐，从而激发他们建设社会主义新农村的热情，使农民真正成为新农村文化建设的主体。

（五）乡镇文化站的发展措施

农村文化建设虽然有了明显进展，但大部分乡镇文化站面积狭小、设施简陋、藏书不多、设备不够、功能不全，文化活动开展不正常，参加文化活动的农民群众少，农村文化站出现空壳现象。因此，应全面贯彻落实党的二十大精神，从各地方的具体情况出发，采取综合措施，促进乡镇综合文化站健康发展，为新农村文化建设注入新的活力。

强化组织领导，形成发展合力。乡镇综合文化站作为农村文化活动和思想道德建设的重要平台，各级党委、政府及主要领导必须高度重视。将文化站建设纳入农村经济社会发展的总体规划，并纳入各级各部门的目标责任制和考核指标。推进财政、人事、建设、农业、广电等相关部门的协作，共同推动文化站的发展，确保经费、人员、规划和活动的有效落实。文化站应积极寻求与当地博物馆、图书馆、文化艺术团体的合作，实现资源共享和优势互补，促进文化资源整合和创新利用。

明确业务指导，优化责任管理。根据《乡镇综合文化站管理办法》，基于各地实际情况确定县乡双重管理的主体，并明确各自职责。乡镇应负责文化站的具体建设和日常工作，县级文化主管部门则承担综合监督管理责任，相关业务部门负责指导和辅导。县级文化馆应发挥主导和示范作用，积极协助乡镇文化站开展文化活动，推动乡镇文化的繁荣发展。

创新经费保障，拓宽筹资渠道。政府应主导经费保障工作，根据乡镇文化站的职能和实际情况，制定分类经费保障标准。积极探索多元化的经费筹集渠道，如将部分文化服务项目推向市场，鼓励企业、个人对乡镇文化事业进行资助，营造“以文养文”“以文补文”的良好格局。通过税费减免、荣誉表彰等政策手段，鼓励和支持企业、个人对乡镇文化事业进行资助，不断拓展乡镇文化事业的资金来源渠道。

完善队伍建设，提升服务质量。乡镇文化站的人才队伍建设是关键，需完善用人机制，通过人才培训、政策引导等方式吸引文化能人投身乡村文化建设。建立健全文化站人员队伍的管理、评价、使用、激励等机制，公开招聘专业人才，为乡村全面振兴提供人才支撑。鼓励工作人员创新工作方式和活动形式，发掘更多更好的文化产品和服务项目，提升乡镇文化站对群众的吸引力。

引导群众参与，打造文化品牌。通过深入开展“三下乡”等活动，将“送文化”转变为“种文化”，引导农民积极参与文化建设。挖掘、保护、继承和发展民族民间优秀文化，加强对民间艺术的调查、抢救、开发、收藏和保护工作。将民间艺术、民俗文化推向市场，以经济模式带动文化产业的发展，打造具有地方特色的文化品牌，提升乡镇文化的知名度和影响力。

三、乡村文化大院

随着农业农村现代化的不断推进，农民对文化的需求也日益多元化，乡村文化大院应运而生。乡村文化大院通过开展多种形式的文化活动，让农民在家门口就能享受到丰富的文化服务，弥补了农村公共文化服务设施的不足，逐步成为农村文化发展的阵地。

（一）乡村文化大院的概念

乡村文化大院是以传统自发型的乡村娱乐活动为基础，以本村村民为参与主体，以村委会公共用地或私人住宅为活动场所，集文化娱乐、知识传播、思想教育等多种功能于一体的综合性文化场所。通常依托农村的闲置房屋、庭院或公共建筑改造而成，是农村文化建设的重要载体，也是农民群众开展文化活动、丰富精神生活的主要阵地。在现实中，有的乡村文化大院是由村里的旧祠堂改造而来，保留了传统建筑的风貌，同时融入了现代文化设施。

乡村文化大院由农民自发创办，服务功能主要包括文艺演出、图书阅读、宣传教育、科技推广、科普培训等内容，活动形式灵活多样，适应性强，是一种最能反映乡村文化需求的文化活动形式，具有强大的生命力。在大多数地方，文化大院建在村里，具有贴近农村生活，贴近农村工作实际，贴近农民群众的优势，因而受到了广大农民群众的欢迎。

在实施乡村振兴战略中，各级地方政府因势利导，主动引导、扶持乡村文化大院的建设，并将之与村文化活动室、农家书屋、共享工程村级服务点、农村党员现代远程教育服务点、农民夜校等的建设结合起来，建成综合性的农村文化活动基地，使之成为乡村文化振兴的重要平台。随着文化旅游的兴起，乡村文化大院也成为连接乡村与外界的纽带，提升了村庄的知名度，为农村的经济发展注入了新的动力。

（二）乡村文化大院的多重效应

乡村文化大院是农村基层文化活动的重要场所，在丰富农村文化生活、传承乡村传统文化、促进农村精神文明建设和提升农民文化素质等方面发挥了重要作用，成为滋养人心、凝聚人心、培育文明乡风的重要阵地。

推进乡村文化振兴的重要载体。文化大院在许多地方已然成为乡村振兴中文化建设的突出亮点，通过开展形式多样、丰富多彩的农村文化活动，有力增强了农村群众的凝聚力和向心力，同时解决了农民看书难、看电影难、欣赏文艺演出更是难上加难的问题，满足了农民自娱、自赏以及自我发展的精神追求。乡村文化大院的兴起，为农村点燃了文化的“火种”。

丰富农民文化生活的有效形式。乡村文化大院为农民自发开展各种文化活动提供了场所。在文化大院里，农民自发地组织在一起，进行自创、自编，自演。表演的内容通常是身边的好人好事，邻里情景，以及宣传党政方针和社会形势。文化大院表演形式多种多样，有唱，有跳，有写，有画，还有的用剪纸来抒发自我情感，极大地丰富了农民业余文化生活。如甘肃省华亭县西华镇裕民村，在 2008 年建成了 1 200 平方米的文化大院，在农闲时间，农民群众办起了自己的文艺晚会，或唱秦腔或唱曲子戏，尽情展示自己的才华。如吉林省东城镇光东村，举办延边大米“7・16”推广宣传暨和龙市首届“光东稻花香”民俗展演活动，包括龙神祭民俗游艺、流头节民俗活动、洞箫表演、农乐舞表演、神酒酿制游艺活动、朝鲜族民俗美食展示、草龙拔河、柶戏游戏等，活动内容精彩纷呈①。

净化村风民俗的创新平台。文娱活动的开展，极大地丰富了农村群众的业余文化生活，使赌博、封建迷信等歪风邪气得到有效遏制。积极向上的思想观念与健康的文化得以广泛传播，使得农民的精神生活更加充实，精神面貌也得到显著改善。有些乡村文化大院组织开展活动时，吸引全村村民都来参加，使参与文化大院活动成为村里主流娱乐方式，从而使过去农闲时间聚众赌博、坐街闲聊的农民有了活动的好去处，并在耳濡目染中受到了先进文化的熏陶，潜移默化地改变了农民的文化认知，达到净化村风民俗的目的。

推进基层社会融合的“润滑剂”。新乡村文化大院创建活动蓬勃开展，带来了如春风化雨、润物无声般的成效，在维护农村和谐稳定中发挥了“润滑剂”和“稳压器”作用，成为整个乡村全面振兴的坚实平台与有效载体。乡村文化大院通过将各种工作与文化活动相融合，密切了党群、干群关系，村“两委”号召力和办事成效大幅提高，一些涉及群众利益的热点难点问题得到有效化解，凝聚力进一步增强。

普及知识的“充电站”。在文化大院，农民群众不仅可以开展文艺表演、书画学习，还可以通过文化信息资源共享工程基层点在网上和有关书籍中找到种地时选择什么样的种子，庄稼得病用什么药，养殖过程中怎样降低成本的相关答案。农闲期间则在文化大院举办科普宣传、科技讲座、农村剩余劳动力培训、送图书下乡等活动，提高农民科技致富的本领。文化大院也是农民群众交流致富经验的好场所，各种专业大户，先富起来的村民可以在这里把自己的致富经验传授给乡亲们，引领大家共同致富。

① 由兴波：《吉林省朝鲜族农村文化大院发展现状及对策研究》，《玉溪师范学院学报》2022 年第 2 期。

（三）乡村文化大院的发展措施

在基层公共文化服务体系的建设中，乡村文化大院发挥了积极作用。但无法回避的是，还存在着一些问题，如各级政府生产经营性倾向比较严重，文化建设的投入缺乏长效保障机制等，不少地方的文化大院“高墙大院，铁将军把门”，挫伤了农民参与文化大院活动的积极性。因此，要建立乡村文化大院建设的长效机制，建设一支坚强的乡村文化队伍。

科学规划是基础。文化部门应充分发挥自身职能作用，深入调研农村文化建设状况，将乡村文化大院建设纳入地方政府文化发展规划之中，制定各地乡村文化大院建设标准与考核标准等，从而引导并规范乡村文化大院建设。

创新机制为关键。建立健全乡村文化大院发展的长效保障机制，防止出现“因人而兴、因人而废”的情况。应健全投入保障机制，加大政府对乡村文化大院建设的财政支持力度，逐步构建起市、县、镇、村四位一体的投入机制，按比例统筹建设资金。将乡村文化大院建设纳入对各级政府和领导干部的年终考核目标体系，作为农村基层工作绩效的重要指标之一。

因地制宜重引导。根据各地农村不同的经济、政治、文化、社会状况，因地制宜、因村制宜，制定多种类型的乡村文化大院建设指导标准。对于集体经济较强的村，政府可以减少投入甚至不进行投入，主要给予政策方面的引导；对于经济条件处于中等水平的村，政府适当给予一些启动资金，引导各村自行解决部分问题；对于经济条件较差的村，政府应加大对基础设施和公益事业的投入力度，增强扶持力度。

典型引路以示范。充分发挥典型引路作用，以点带面，科学突破。重点扶持和培植经济基础较好、文化底蕴深厚的乡村文化大院建设先进典型，为乡村文化大院建设树立标杆和形象。

社会联动共发力。农村文化建设是一项系统工程，离不开社会各方面力量的参与和支持。乡村文化大院建设首要之举是将其纳入整体规划之中，进行统筹安排。在建设改造资金方面，可采取各级财政拨付一部分、相关部门补助一部分、村集体帮扶一部分、农民群众筹集一部分、各界组织捐赠一部分的方式，多方筹措资金。在实践过程中，可以采用结对帮扶的形式，大力鼓励各类社会力量共同支持乡村文化大院建设，推动新农村文化的蓬勃发展。

四、村级文化社团

村级文化社团的产生与农村的社会结构和文化传统密切相关。在传统乡村社会，村民们就有在农闲时期或节日期间开展文化活动的习惯，如祭祀仪式中的歌舞表演、手工艺制作用于庆祝活动等，这些活动往往是由村里的长辈或有技艺的人组织，是村级文化社团的雏形。随着农村经济社会的不断发展，单纯的传统活动已经不能满足需求，于是更加有组织性的村级文化社团逐渐形成。

（一）村级文化社团的概念

村级文化社团是指在农村村庄范围内，以满足农民在日常生活中社会性、文化性、群体性需求为目的，由村民自发组织或者在政府、社会组织引导下成立的，以开展文化活动为主要目的的团体。这些团体以村民为主体，围绕农村文化的传承、发展和创新，通过各种形式的活动来丰富农村居民的精神文化生活，具有自发组织、自筹资金、自主活动的特点。

早期的村级文化社团活动形式较为单一，主要集中在传统戏曲表演、民间故事讲述等方面。在一些戏曲文化浓厚的乡村，村民们自发组织起戏曲社团，在农闲时排练和演出传统剧目。随着时代的进步，村级文化社团的发展受到多种因素的影响。一方面，交通和通信的改善使得农村与外界的文化交流增多，社团开始吸收新的文化元素，如现代舞蹈、流行歌曲等也出现在农村文化舞台上。另一方面，政府对农村文化建设的重视和支持，为村级文化社团提供了资金、设备和培训等方面的帮助，促使其向更加专业化、多样化的方向发展。

（二）村级文化社团的主要作用

村级文化社团作为“农有、农享、农治”的文化组织，是乡村社区文化建设的“领导者”和“组织者”，是活跃农村文化生活和传承发展民族民间文化的重要力量。如各种书画社、诗社、棋类协会、曲艺社、舞狮舞龙队、舞蹈队、乐鼓队以及农村老年协会、红白理事会、农民文艺队等，成为开展群众性文化活动的重要载体，极大地激发和带动了农民的文化参与热情，活跃和丰富了农民的业余文化生活。

传承乡村传统技艺。村级文化社团是农村传统技艺的重要传承载体。许多农村地区有着丰富的传统手工艺，如剪纸、刺绣、编织、木雕等。这些文化社团将村里掌握传统技艺的艺人聚集起来，通过开展技艺培训、师徒传承等活动，让年轻一代有机会学习这些古老的技艺。在一些剪纸社团中，老艺人手把手地教年轻人如何折纸、如何剪出精美的图案，这种言传身教的方式确保了传统技艺在农村不会因为时代的变迁而失传。传统的民间艺术表演形式也在文化社团中得以传承。像舞龙舞狮、踩高跷、皮影戏等艺术形式，需要有组织地进行学习和排练。村级文化社团为这些民间艺术提供了传承的平台，组织村民定期排练，将表演技巧和文化内涵传递给新成员。在节日庆典等场合进行表演，使这些传统艺术形式在农村社会得以延续。

传播乡村民俗文化。民俗文化是农村文化的重要组成部分，包括民俗节日、婚丧嫁娶习俗、地方传说等。村级文化社团在民俗文化的传播过程中发挥着关键作用。在民俗节日来临之际，社团组织村民参与节日活动的筹备和举办，向村民尤其是年轻一代讲解节日的起源、习俗和意义。对于婚丧嫁娶等传统习俗，文化社团通过模拟仪式、文化讲座等方式，让村民了解这些习俗背后的文化价值。同时，社团成员搜集和整理地方传说、民间故事，以文字、音频或表演等形式在村里传播，增强村民对本地民俗文化的认同感和自豪感。

提供文化娱乐活动。村级文化社团组织开展各种各样的文化娱乐活动，成为农村居民休闲时光的重要消遣方式。在农闲时期或晚上，文艺表演社团为村民带来戏曲、歌舞、小品等节目。例如，广场舞社团在村庄的广场上组织村民跳广场舞，既锻炼了身体，又增添了生活乐趣。读书社团定期开展读书分享会，村民们围坐在一起，分享自己阅读的书籍内容和心得体会，这种活动丰富了村民的精神世界。体育健身社团组织的篮球比赛、拔河比赛等活动，吸引众多村民前来观看和参与，为农村增添了活力和欢乐的氛围。

满足不同层次文化需求。不同类型的文化社团满足了村民不同层次的文化需求。对于老年人来说，可能更喜欢传统戏曲社团或太极拳社团的活动，这些活动符合他们的兴趣爱好和身体状况。年轻人则可能对现代歌舞社团、摄影社团等更感兴趣，通过这些社团，能够接触到时尚的文化元素，表达自己的个性。妇女群体可能积极参与手工艺制作社团或健身操社团，在提升自身技能的同时，也能享受团体活动带来的乐趣。

促进村民交流合作。村级文化社团为村民提供了一个交流互动的平台。在社团活动中，村民们来自不同的家庭和社会背景，因为共同的兴趣爱好而聚集在一起。在一个手工艺制作社团中，村民们一边制作手工艺品，一边交流生活中的琐事、农业生产经验等，这种交流不仅增进了村民之间的感情，还加强了信息的流通。社团活动往往需要成员之间相互合作才能完成。在文艺表演活动中，演员们需要配合音乐、灯光等进行排练和演出。在文化活动的组织过程中，成员们需要分工负责场地布置、宣传推广等工作。通过这些合作，村民们学会了团队协作，增强了集体意识。

构建和谐乡村社会关系。文化社团的活动有助于构建和谐的乡村关系。村民们积极参与社团活动时，邻里之间的矛盾和纠纷会减少。在村庄组织的文化比赛中，村民们会为了集体荣誉而共同努力，这种团结协作的氛围会延伸到日常生活中，使村民们更加注重邻里关系的维护。文化社团还能够促进不同家族、不同群体之间的融合。在乡村社会，可能存在一些家族之间的隔阂或不同群体之间的差异，通过共同参与社团活动，村民们能够打破这些界限，形成一个更加和谐、团结的乡村社区。

发展特色手工艺品产业。手工艺制作类文化社团可以推动农村特色手工艺品产业的发展。社团成员制作的手工艺品，如精美的刺绣品、独特的编织品等，具有一定的艺术价值和市场潜力。通过组织销售活动，如参加手工艺品展销会、利用网络电商平台等，将这些手工艺品推向市场，增加了村民的收入。文化社团对手工艺品进行创新设计，结合现代市场需求和文化潮流，开发出更具吸引力的产品。如将传统刺绣与现代时尚元素相结合，制作出具有现代风格的刺绣服装、饰品等，提高了手工艺品的附加值，进一步促进了农村手工艺品产业的发展。

带动乡村旅游发展。村级文化社团开展丰富多彩的活动可以成为农村旅游的重要吸引点。当一个村庄有特色的文化社团和文化活动时，具有地方特色的戏曲表演、传统民俗活动展示等，会吸引游客前来观光体验。旅游的发展又会带动农村餐饮、住宿、交通等相关产业的发展。游客为了观看一场农村文化社团组织的传统节日庆典，会在村里住宿、用餐，从而为农村经济带来新的增长点。

（三）村级文化社团的发展措施

村级文化社团的兴起是农民富而思乐的自觉选择，其强劲生命力来源于广大农民群众日益迫切的文化渴求和精神期盼。在全面推进乡村文化振兴的背景下，应保护好、运用好、调动好广大农民群众追求文化享受的积极性，让乡风文明和谐曲长盛不衰。

加强支持引导，使村级文化社团成为弘扬先进文化的生力军。村级文化社团在自身加强管理、增加投入、提升质量的同时，还需要各级政府有关部门落实国家有关政策，加大扶持力度。一方面，各级地方政府充分认识农村村级文化社团的地位和作用，给予政策扶持。地方文化部门应对农村村级文化社团进行科学合理的整合，把农村村级文化社团的发展纳入文化事业建设规划，纳入新农村文化建设总体格局之中，建立健全适合其发展的政策支持体系和管理机制。另一方面，积极营造各类文化社团的发展氛围。对已有的社团给予大力扶持，为其排忧解难，引导他们走上健康、正确的发展道路。加强对农村文化骨干、个体文化经营户、文化中心户的培训和辅导，扶持“文化带头人”从事农村特色文化的开发经营和服务。

加强规范管理，不断完善村级文化社团的创新机制。规范现有民间各类文化社团的运作功能。制定具体的规范办法，包括组织创办、组织机构、组织原则、各类章程、会员职责、资金筹集、管理分配等指导性意见，帮助和引导民间各类文化社团履行社团登记手续，以规范管理。对暂未达到登记条件和要求的组织，一方面要积极帮助他们协调解决，另一方面，应给予造册登记，做到情况明了便于管理。同时，还要着力提高农村村级文化社团在发展规划、资源筹集等方面的建设能力。

加强协同推进，多方式激发民间各类文化社团的活力。结合文化“三下乡”等文化活动形式，进行互动交流，扩大影响。促进农村村级文化社团与政府、企业、城市民间组织的沟通和合作，在此过程中，吸纳资金、吸引人才、学习技术、借鉴经验，不断提高文化服务的水平和质量。

第五节　农村卫生组织

党的二十大报告提出，“促进优质医疗资源扩容和区域均衡布局”“提高基层防病治病和健康管理能力”“发展壮大医疗卫生队伍，把工作重点放在农村和社区”。这既指明了中国未来农村卫生发展的道路方向，同时也为农村卫生发展提供了强大而可靠的支持力量。中共中央办公厅、国务院办公厅2023年印发的《关于进一步深化改革促进乡村医疗卫生体系健康发展的意见》要求，把乡村医疗卫生工作摆在乡村振兴的重要位置，以基层为重点，以体制机制改革为驱动，加快县域优质医疗卫生资源扩容和均衡布局，推动重心下移、资源下沉，健全适应乡村特点、优质高效的乡村医疗卫生体系，让广大农民群众能够就近获得更加公平可及、系统连续的医疗卫生服务，为维护人民健康提供有力保障。

一、农村卫生组织的概念

农村卫生组织是指以保障农村居民健康为主要目的，提供医疗、预防、保健、康复等卫生服务的机构和团体的总称，是农村医疗卫生体系的重要组成部分，对于改善农村居民的健康状况、提升农村公共卫生水平发挥关键作用。农村卫生组织的类型，主要包括县级医疗机构、乡镇卫生院、村卫生室、个体诊所（民办医疗机构）、农村卫生防疫机构（部分地区存在）。

加强农村卫生组织建设，是大力发展农村卫生事业的组织保证，有利于从整体上提高农民的健康水平和生活质量，为乡村全面振兴提供坚强的健康堡垒。随着农村县乡村三级卫生服务网络的逐步完善，使农村居民能够获得基本的医疗卫生服务，基本上实现了“小病不出村，一般病在乡镇，大病进县城”的医疗服务，使农村居民的健康得到了有力的保障。

二、县级医疗机构

县级医疗机构在三级卫生服务网络中处于核心地位，主要包括：县医院、卫生防疫机构和妇幼保健机构等。县医院是综合性的医疗机构，在业务上主要以治疗大病和非常见病为主，接受乡镇卫生院的转诊服务，是当地的医疗技术中心。

县医院肩负着培训乡村卫生人员的重任，同时对基层卫生组织进行业务指导。县卫生防疫机构作为农村卫生防疫工作的技术指导中心，主要承担辖区内传染病控制、计划免疫、地方病控制等工作。县妇幼保健机构面向基层，开展妇产科、儿科、优生优育技术指导等临床业务，培训妇幼保健人员，普及妇幼卫生科学知识等。县卫生防疫和妇幼保健机构通过在乡镇卫生院设立保健组以及在村设立卫生室的方式来开展工作。这样的网络布局，有助于将专业卫生防疫和妇幼保健服务延伸至农村基层，提升农村地区的卫生保健水平。

县级医疗机构是所在县的医疗、预防保健、教学、科研中心，其医疗技术水平相对较高，硬件条件和医疗设备比较完善，处于农村三级医疗预防保健网的顶层，在农村卫生服务体系中具有举足轻重的地位。

2021 年底，全国共有县级（含县级市）医院 17 555 所、县级（含县级市）妇幼保健机构 1 866 所、县级（含县级市）疾病预防控制中心 1 999 所、县级（含县级市）卫生监督所 1 728所，四类县级（含县级市）医疗卫生机构共有卫生人员 366.9 万人。全国县级（含县级市）医院诊疗人次 13.5 亿，比上年增加 0.3 亿人次；入院人次数 8 445.6 万，比上年增加 67.5 万人次；病床使用率 69.4%，比上年减少 2.9 个百分点①。

县乡村三级卫生组织构成的农村医疗卫生服务网络正在不断完善，农村居民获得基本的医疗卫生服务，基本上实现了“小病不出村，一般病在乡镇，大病进县城”，农村居民的健康得到了有力的保障。但仍需引起重视的是，中国卫生服务资源在城乡之间的分配严重失衡，人口近 60%的农村居民仅享用了 20%左右的医疗卫生资源②，严重阻碍了农村卫生事业的发展。农村卫生组织建设滞后，县乡村三级医疗服务网络薄弱，而且由于市场因素的介入，县级医疗卫生机构在三级卫生服务网中的“龙头”作用日益减弱，导致县级卫生行政部门对三级卫生组织的调控和监管力度不断弱化。

三、乡镇卫生院

乡镇卫生院是三级卫生事业服务网的枢纽，上连县级医疗机构，是县级卫生机构的前沿阵地；下接村卫生组织，对村卫生室的发展提供技术支持和保障。乡镇卫生院是基于为农村社区居民提供社区公共卫生服务而产生和发展的，即为农村社区居民提供综合、基本的预防保健和基本医疗服务③。

因此，乡镇卫生院承担着辖区广大群众的基本医疗预防保健服务和社会卫生管理职能，

---

① 《2021 年我国卫生健康事业发展统计公报》，《中国实用乡村医生杂志》2022 年第 9 期。

② 张润君：《合作治理与新农村公共事业管理创新》，《中国行政管理》2007 年第 1 期。

③ 孙淑云：《试论乡镇卫生院的功能与改革》，《中国农村经济》2005 年第 11 期。

主要向所在地的居民提供常见病、多发病、急性病的治疗，提供大病转诊服务和接受县级医疗机构的疾病预防、地方病的防治等任务，在业务上指导村卫生室。加强乡镇卫生院的建设，事关贯彻习近平新时代中国特色社会主义思想，事关健康中国战略的实践和农村卫生事业发展的大局。

四、村（社区）卫生室

中国农村人口占总人口的80%以上，农村是医疗卫生服务的大阵地和主战场。农村卫生室是农村最基层的卫生事业网点，在三级卫生服务网络中起着“网底”的作用，直接面向广大农民群众，具有群众性、实用性和低廉性等特征，主要承担农村公共卫生服务功能和基本医疗服务功能，是农村群众直接获得卫生保健和医疗服务的最基层的卫生服务组织，在农村防病治病中发挥着重要作用。

全国各地加紧实施村级卫生室标准化建设工程，村卫生室由政府按照统一标准建设，免费交给村医使用，并对村医进行业务培训，有效提高了乡村医生的技能水平。根据科协系统对全国14个省份10 473名乡村医生的调查显示，69.5%的村卫生室已完成标准化建设，乡村医生对标准化建设的满意度达63.4%①。现在的村标准卫生室，硬件设施明显改善，医疗水平也得到有效提升，切实实现了农村群众小病不出村的目标，标准的村级卫生室同时是城乡居民医保的定点单位，大大方便了参保农民就近就医，辅助了乡镇卫生院乃至全县医疗机构，缓解了群众看病压力，节约了医疗卫生资源。

◎ 思考题

1. 结合本章内容，乡村振兴背景下中国农村公共事业组织面临的发展重点和难点分别是什么？

2. 科技特派员作为中国农村地区源起的一项制度创新，对于农村公共事业组织建设具有哪些启示？

3. 在农村基础教育、职业教育和成人教育的全面振兴过程中，如何更好地发挥相关农村教育组织的作用？

4. 在推动“医疗、医保、医药”协同发展的目标下，加强农村卫生组织建设应解决哪些突出问题？

① 戴宏，张继春，周大亚：《中国村卫生室医疗卫生服务能力的现状、问题及对策》，《中国卫生政策研究》2018年第7期。

第七章

农村社会组织

在中国现代化的进程中，农村社会组织作为乡村社会生活的重要组织化单位，在整合资源、引导农民参与和推动农民利益表达等方面日益呈现出独特价值和影响力。在一定程度上，这也是国家政策和市场经济两大影响力量在农村落地生根的具体表现。推动乡村振兴，必须建立健全现代乡村社会治理体制，确保乡村社会充满活力、安定有序。在实施乡村振兴战略中，要明确农村社会组织的时代责任，有效发挥农村社会组织服务国家、服务社会、服务群众、服务行业的重要作用。

第一节　农村社会组织概述

随着中国农村经济社会结构的现代转型，政府职能从全能型向有限型转变，农民个体在市场竞争中遭遇原子化的困境，传统的农村社会关系和治理模式受到挑战。在社会变迁需求和政府职能转变的合力推动下，功能多样化的农村社会组织应运而生，从传统的互助合作到现代的农村治理，体现出与乡村振兴战略紧密相连的发展趋势。

一、农村社会组织的概念和特征

根据农村社会组织的特征，以及政府政策文件中对农村社会组织角色和功能的界定，农村社会组织是区别于城市社会组织和其他形式的社团组织，是具有乡村特色、操作于特定地域社会、以民间自治为基础的社团组织，其成员之间关系紧密且富有人情味，能够高效动员村内外资源，并在一定程度上承担社会支持和稳定的角色。

（一）农村社会组织的概念

社会组织是人们为了实现特定目标而建立的共同活动的群体，亦称次级社会群体。农村社会组织的构成要素与一般社会组织有共性特征，包括有一定数量相对固定的社会成员，是组织的主体；有特定具体而明确的社会目标，是组织的“灵魂”；有制度化的组织结构，决定组织功能，如权力体系、部门设置、人员安排等；有普遍化的行为规范，约束成员和组织活动；有一定的物资设备，如资金、技术设备、场所、工具等。

具体而言，农村社会组织是指由政府引导建立或农民自发组织形成的、建立在自愿互惠原则基础上的、致力于维护农民利益、保护农民权益、活跃农民文化生活、增进农民福祉，按照一定形式建立并进行自我服务、自我管理的非营利性民间团体或群众性组织，承担着组织农民生产、服务农民群众、促进农村经济社会发展等重要职责，对于农村社会的稳定和进步起到了积极的作用。

在概念界定上，由于历史发展和区域文化的差异，农村社会组织在概念界定上存在一定的复杂性。通常而言，农村社会组织涵盖了具有一定会员制度、旨在代表和维护农民群体利益、具备自组织性和服务社会功能的非营利性团体。在核心特征上，这些组织通常表现为基于民族风情、乡村习俗以及农业生产方式所孕育的亲密社群网络，具备较强的地域归属感和民族认同感。

在社会职能上，农村社会组织在服务乡村社会的实践中，发挥着独特的作用。一方面，它们通过提供农民教育、法律援助、社会福利等社会服务，有效弥补了政府功能的短板，是维持农村社会秩序与稳定的关键力量；另一方面，农村社会组织还担负着沟通农民与外界的桥梁作用，协助农民利益表达和解决农民之间的矛盾，从而推动乡村社区的和谐发展。

在组织结构上，农村社会组织表现出多元化的特点，从宗族、村组织到专业合作社、民间互助组织，其形式多样，不同类型的组织依托其独有的资源和联系网，为乡村振兴注入了多元的社会化动力。除了直接的经济助益外，农村社会组织还承担了文化传承、教育推广、社区管理等多重职责，正逐渐成为乡村治理体系中不可或缺的组成部分。

在组织过程上，农村社会组织是农民自愿联合组成的，农民有加入或退出的自由，组织的发展方针和重大事项由成员参与决定，组织目标是实现组织成员的共同利益。

（二）农村社会组织的特征

农村社会组织作为农村社会治理的重要参与者和推动者，展现出一系列特征，这些特征不仅反映了农村社会的特殊性，也深刻影响着农村社会组织的发展路径及其在农村社会中的作用发挥。

自愿性是农村社会组织的首要特征。这一特征体现在农民可以根据自己的兴趣、需求和意愿，自由选择加入或退出某个社会组织，不受任何外部强制。同时，在组织活动的参与上，农民也享有充分的自愿性，可以根据自身情况决定是否参与某项活动。这种自愿性不仅保障了农民的自主选择权，也增强了农村社会组织的吸引力和凝聚力。

自治性是农村社会组织的又一显著特征。这些组织在运作过程中享有高度的自治权，能够自我管理、自主决策，不受外部行政单位的直接控制。组织内部有着明确的管理规则和程序，所有事务的处理都遵循成员共同协商、民主决策、民主管理的原则。这种自治性使农村社会组织能够更灵活地适应农村社会的实际情况，更有效地满足农民的需求。

非政府性是农村社会组织的另一重要特征。这些组织不属于国家行政体系的一部分，也不具备直接的行政权力。这种非政府性使农村社会组织在运作过程中更加独立、自主，能够更直接地反映农民的真实诉求和利益关切。同时，这也要求农村社会组织在保持独立性的同时，积极与政府部门建立合作关系，共同推动农村社会的进步和发展。

非营利性是农村社会组织的本质属性。这些组织的建立并非以追求经济利润为目的，而是服务农民、促进农村社会发展。虽然在实际运作中可能会产生一定的经济收益，但这些收益主要用于支持组织的持续发展和更好地服务农民。这种非营利性特征确保了农村社会组织能够专注于服务农民、推动农村社会发展，而不是追求个人或组织的经济利益。

民间性强调了农村社会组织作为民间力量的重要性。农村社会组织是民间自发形成的，独立于政府行政体系之外，是农民群众表达利益诉求、参与社会治理的重要渠道和平台。虽然可能会接受政府的指导和支持，但在决策、管理等方面具有自主性。

地域性则体现了农村社会组织与特定地域的紧密联系。农村社会组织通常具有明显的地域特征，服务对象和活动范围往往局限于特定的农村地区。这种地域性使得农村社会组织在了解当地情况、满足农民需求方面具有得天独厚的优势，同时也便于与当地政府和社会各界建立紧密的联系和合作关系。在长期的发展过程中，不同地域的农村社会组织逐渐形成了各自独特的地域特色。这些特色既体现了当地的文化传统和历史底蕴，也反映了当地经济社会发展的实际需求。在一些农业资源丰富的地区，农业合作社成为农村社会组织的主要形式，通过组织农民共同经营、共享收益，有效提高了农业生产效率和农民收入水平。而在一些文化底蕴深厚的地区，则更注重文化、教育类社会组织的建设，通过举办各类文化活动、教育培训等方式，传承和弘扬优秀传统文化，提升农民的文化素养和精神面貌。这些具有地域特色的农村社会组织，不仅丰富了农村社会的组织形态，也为乡村振兴提供了多样化的路径选择。

二、农村社会组织的主要功能

农村社会组织作为农村社会治理的重要力量，特别是相对村委会组织和宗族力量而言，农村社会组织更有扮演“中间组织”角色的潜能①，能在促进农村经济发展、推动社会和谐、提升农民福祉等方面发挥着不可或缺的作用。

（一）增进农民利益

农村社会组织可以通过对接来自城市和国家的资源输入增进农民利益，以精准扶贫政策实施为例，农村社会组织在政府贫困治理行动中发挥了重要作用，汲取了各类资源并将其传递到扶贫对象，成为中国贫困治理的重要社会力量②。

农村社会组织通过对某个生产经营环节或整个生产经营过程进行组织，整合农民现有的资源，把生产、加工、运输、销售等环节连接起来，从而有效提高小农户在市场经济中的谈判地位，而且农村社会组织还能及时收集市场信息向农民传递，使分散的农户能够适应市场的不确定性，进而通过调整生产经营结构来减少其利益损失，提升其规避市场风险的能力。

农业专业协会等农村社会组织能够为农民提供专业化服务，促成农业生产经营实现专业化生产，一体化经营，进而提高农产品质量，使农民获得更多农产品收益，进一步提升其市场竞争力。

---

① 吕方：《再造乡土团结：农村社会组织发展与“新公共性”》，《南开学报》（哲学社会科学版）2013 年第 3 期。

② 覃志敏：《民间组织参与我国贫困治理的角色及行动策略》，《中国农业大学学报》（社会科学版）2016 年第 5 期。

（二）保障农民权益

农村民间社会组织的发展促进了农民利益表达机制的形成：一方面，社会组织代表农民利益，运用国家法律法规保护农民利益；另一方面，社会组织能帮助农民获得平等地位和更多的资源。农村社会组织能够将原子化的农民组织起来，形成利益共同体，在与政府、市场的互动中增强自己的力量，最大限度起到维权和监督作用。

（三）维护农村稳定

农村民间组织的领导一般拥有较多的社会经验和专业知识，与其他社会力量容易谈判、妥协。农村社会组织的利益诉求较为和缓，会使重新“分蛋糕”的社会变革过程不至于采取冲动激烈的社会形式。通过农村社会组织的内部机制有效协调农民的要求和行为，可以把分散化的无序参与转化为组织化的有序参与，农民通过各种社会组织进行利益的表达，有助于释放农民因利益诉求而产生的冲动和能量，化解农民与政府之间的张力，构成农民与公共部门之间的“缓冲带”，有利于促进村级决策的民主化和科学化①。因此，农村社会组织有利于农村的政治沟通，具有一定的政治功能，有助于基层社会稳定。

（四）提供公共产品

相较于政府与市场提供，在农村为农民提供部分公共物品或服务，农村社会组织具有一定优势。由于它产生于农村社区内部，扎根于基层，能够更深刻地了解农民的切实需要，针对农民需要提供相应的产品和服务，在提供公共产品时注重本土化、多样性、差异性，因而在为农民提供公共服务方面比政府更有效，此外还能及时准确地为农户提供公共需求的种类、数量等市场信息，实现农户与市场的有效对接。

可以发挥兼顾公平与效率的优势。社会组织的非营利性决定了它不以追求利润最大化为目标，从而保证提供公共服务过程中资源分配的公平性。各种社会组织可提供政府供应不足的公共产品和公共服务。如农村的各种专业经济协会、老人协会、教育基金会等能为村庄修建道路、兴修水利，为村民提供市场信息和产销购等服务，为农村子弟上学提供资助，为老年养老提供探望和护理服务等。

三、农村社会组织类型

农村社会组织的类型多种多样，深刻反映了农村社会组织在适应乡村发展和农民需求方面的灵活性和多样性。按成立形式分类，可分为自发性社会组织、引导性社会组织和官方挂靠型社会组织三种类型。依据服务对象的差异，可以划分为针对特定人群如青少年、老年人、妇女和农民工等的服务型组织。根据服务内容的不同，又可分为文化教育、经济援助、法律援助和技术培训等功能性组织。从组织形式上讲，存在正式注册、临时性组织、非正式联盟及民间团体等多种类型。为适应中国乡村社会结构变迁和功能需求转变，根据社会发展

① 刘义强：《构建以社会自治功能为导向的农村社会组织机制》，《东南学术》2009 年第 1 期。

的领域划分，结合农村基层管理中的具体实践，农村社会组织的主要类型如下。

（一）农村经济合作组织

农村经济合作组织是在农村地区由农民或其他相关经济主体（如农业企业、农村金融机构等）自愿联合组成的一种互助性、合作性的经济联合体，通过整合农村的人力、物力、财力等资源，开展农业生产、加工、销售以及农村金融等多种经济活动。

专业合作社。农村经济合作组织的核心类型，是农民围绕某一特定农产品或农业产业而组建专业合作社，如蔬菜专业合作社、畜牧专业合作社等，其主要功能是组织农民进行标准化生产、统一销售农产品，实现规模经济。如在水果专业合作社中，成员共同学习先进的种植技术，按照统一的质量标准采摘和包装水果，通过品牌化运营提高水果的市场价值。

农村资金互助社。主要解决农民在生产生活中的资金难题，是农民自愿入股组成的互助性金融组织，成员之间可以互相借贷资金，用于农业生产、农村创业等。这种组织形式有效缓解了农村金融供给不足的问题，为农村经济发展提供了资金支持。

（二）农村社会服务组织

农村社会服务组织是指以满足农民和农村社区社会需求为宗旨，以服务农村社会为导向，围绕农村居民的生活质量、社会福利、个人发展等多个方面，运用专业知识、技能和方法，为农村居民提供各种非营利性社会服务的组织。

农村养老服务组织。主要为农村老年人提供生活照料、医疗护理、精神慰藉等服务。在具体实践中，一些农村养老服务组织开展老年文化活动，如组织老年人下棋、唱歌等，丰富他们的晚年生活。随着农村老龄化程度的加深，这类组织的重要性日益凸显。

农村教育公益组织。主要关注农村教育问题，通过捐赠教育物资、组织支教活动、设立奖学金等方式改善农村教育条件。如教育公益组织为农村学校捐赠图书、电脑等设备，派遣志愿者教师为农村学生授课，提高农村教育质量。

（三）农村文化体育组织

农村文化体育组织是指以开展文化体育活动、丰富农村居民精神文化生活和增强农村居民身体素质为主要目的，由农民或其他热心人士自愿组成的非营利性组织，在农村文化体育事业的发展过程中发挥着关键作用。

农村文艺社团。以传承和弘扬农村文化为宗旨，开展戏曲、歌舞、民间手工艺等文艺活动。如农村秧歌队、花鼓戏社团等，在节日期间为村民表演节目，既丰富了农村居民的精神文化生活，又传承了民间艺术。

农村体育协会。组织农民开展各类体育活动，如篮球比赛、拔河比赛等。农村体育协会不仅增强了农民的身体素质，还培养了农民的团队合作精神和竞争意识。

（四）农村权益维护组织

农村权益维护组织是指以维护农民合法权益为核心目标，通过提供法律咨询、调解纠纷、法律援助等多种方式，为农民在经济、社会、环境等诸多领域提供权益保障而开展工作的社会组织。这些组织是农民权益的守护者，在农村社会治理和维护公平正义中发挥着重要的作用。

农民维权协会。主要职责是维护农民的合法权益，当农民遇到土地纠纷、农产品质量问题、环境污染侵害等情况时，农民维权协会可以提供法律咨询、代理诉讼、协调沟通等服务，帮助农民解决问题。在农村土地流转过程中，农民维权协会可以帮助农民审查合同条款，保障农民的土地权益。

四、农村社会组织参与乡村振兴的作用

基于农村社会组织在乡村振兴中具有多方面的重要作用，国家乡村振兴局、民政部在2022年制定并印发了《社会组织助力乡村振兴专项行动方案》，进一步动员社会组织积极参与巩固拓展脱贫攻坚成果和全面推进乡村振兴，搭建社会组织助力乡村振兴工作平台，引领社会组织在乡村振兴中发挥独特作用。

（一）提升农民创新创业活力，推进产业兴旺

乡村产业兴旺是乡村振兴的重要目标，社会组织是连接市场、企业与农民之间的重要桥梁纽带，对推动农村产业主体发展，激发其内生动力发挥着关键作用。依法组建各类农村经济合作组织，对推动乡村产业发展具有重大价值。一方面，有助于推动农村经济规模化、组织化、市场化发展。据统计，中国具有众多农村经济合作组织，他们将分散的农户集中起来，共同应对市场风险，提高了农民的市场主体地位，促进了产业融合发展。在现实中，农民专业合作社通过统一采购农资、统一销售农产品等方式，降低了生产成本，提高了产品售价，增加了农民收入。另一方面，农村经济合作组织能够强化农民在产业链中的地位。通过与企业、市场的对接，农民可以更好地参与农产品的加工、流通等环节，分享更多的产业增值收益。

社会组织在连接资源和培育人才方面发挥着重要贡献。社会组织发挥其连接各方资源、广纳专业人才的优势，具有联结乡村居民与城市居民、农业技术人才与普通农民的媒介和桥梁作用。在现实中，社会组织举办农业技术交流活动，邀请城市的农业专家、企业家与乡村农民进行面对面交流，为乡村带来了先进的技术和理念。社会组织助力培育各类“土专家”“田秀才”，主要通过开展农业技术培训、经验分享会等活动，挖掘和培养乡村本土人才，提高农民的生产技能和经营管理水平。同时，社会组织为农民提供农技指导、产品营销、资金服务等创造条件，帮助农民将优质农产品推向市场，提高农产品的附加值。

（二）增强农民协商参与能力，推进组织振兴

乡村组织振兴是乡村振兴的重要保障，农村社会组织在其中发挥着不可或缺的作用。社会组织能够通过多种方式凝聚农户，实现有序参与乡村组织建设。一方面，社会组织可以发挥自身的平台优势，为农户提供交流合作的机会。在现实中，农村经济协会组织农户参加各类培训和交流活动，让农户分享生产经验、交流市场信息，增强农户之间的联系和合作。据不完全统计，农村各类经济协会数量众多，在促进农户交流合作方面发挥了重要作用。另一

方面，社会组织可以通过宣传引导，增强农户的组织意识和参与意识。社会组织可以利用各种渠道，向农户宣传乡村组织建设的重要性，鼓励农户积极参与乡村事务的管理和决策。在现实中，社会组织通过举办讲座、发放宣传资料等方式，向农户普及乡村组织建设的知识和理念，提高农户的参与积极性。

社会组织在协调利益纠纷和优化乡村治理方面具有重要功能。社会组织作为利益协调的平台，帮助农户解决资源分配、土地流转、征地拆迁等方面的利益纠纷。在现实中，村民监事会等协商自治组织，在协调利益纠纷方面发挥了积极作用。这些组织由乡村中的德高望重之人组成，能够凭借自身的威望和公信力，公正地协调各方利益，维护乡村社会的稳定。社会组织促进乡村治理模式的优化，主要通过参与乡村治理和提供公共服务，发掘社区公共议题，激发民众参与，提升农民协商自治能力。在现实中，社会组织通过组织志愿者活动、开展公益项目等方式，参与乡村环境治理、文化建设等工作，引导农民积极参与乡村治理，提高乡村治理的效率和质量。同时，社会组织为乡村治理提供专业的技术支持和咨询服务。在现实中，社会组织邀请专家学者为乡村治理提供规划设计、政策咨询等服务，帮助乡村制定科学合理的发展规划，提高乡村治理的水平。

（三）丰富农民精神文化生活，推进乡风文明

农村社会组织在乡村文化建设中发挥着重要作用，极大地丰富了农民的精神文化生活，提升了乡风民俗。社会组织通过提供多种服务，激发乡村的正能量。主要开展生产合作、就业帮扶、养老服务、生态环保等方面的服务，如一些社会组织在乡村设立养老服务中心，为农村老年人提供生活照料、医疗保健等服务，让他们感受到社会的关爱。还通过志愿活动、互助合作等形式，激发人心向善、向美的精神。如一些志愿者组织定期到乡村开展关爱留守儿童、孤寡老人的活动，为他们送去温暖和关怀。这种志愿活动不仅帮助了需要帮助的人，还在乡村营造了一种互帮互助、团结友爱的良好氛围。在提供服务的过程中，还注重引导农民养成环保意识，在乡村开展垃圾分类宣传活动，共同维护乡村的美丽环境。

社会组织通过开展特色活动，对乡风民俗的提升起到了积极作用。一方面，社会组织可以组织各类文体健康娱乐活动，丰富农民的业余生活。在现实中，文艺类社会组织举办乡村文艺演出、书画展览等活动，让农民在欣赏艺术的同时，感受到文化的魅力。体育类社会组织可以组织乡村运动会、健身活动等，提高农民的身体素质。另一方面，社会组织通过开展社会主义核心价值观进农家、科学知识进农家、农民文化讲习班等精心设计的特色项目，有助于提升农民科学素养和知识理性。这些特色项目以农民喜闻乐见的形式，将社会主义核心价值观、科学知识等融入农民的日常生活中，引导农民树立正确的价值观和人生观。同时，社会组织还可以通过这些活动，倡导正能量的乡风民俗。

第二节　农村人民调解组织

中国的人民调解活动，具有历史传统，早在民主革命时期，各革命根据地和解放区就曾

普遍建立过人民调解组织，调解了大量的民间纠纷和轻微刑事案件，这对于减少人民讼累，增强人民团结，促进生产发展起了积极作用。中华人民共和国成立后，全国农村以乡、镇为单位，普遍建立了调解组织。

一、农村人民调解组织的概念

人民调解，指在人民调解委员会的主持下，通过说服、疏导等方法，促使当事人在平等协商基础上自愿达成调解协议，解决民间纠纷的活动。人民调解作为化解矛盾、消除纷争的非诉讼纠纷解决方式，是一项具有中国特色的社会主义法律制度，凭借扎根基层、遍布城乡、方便快捷、不伤和气、不收费用、联动各方等特点和优势，在农村矛盾纠纷多元化解机制体系中发挥着基础性的作用①。

农村人民调解组织，是依法设立在农村基层，由村民推选的调解员组成，以调解民间纠纷为主要职责，依据法律法规、社会公德和民间习俗，对纠纷当事人进行说服规劝，促其彼此互谅互让，促使当事人在平等协商的基础上自愿达成调解协议，解决农村村民之间民事纠纷和轻微刑事纠纷的专门机构，具有群众性、自治性、民间性等特点。

群众性，体现在是由农民群众选举产生的人民调解员来进行调解工作。这些调解员来自农民群众，了解农民群众的需求和实际情况，能够更好地与当事人沟通和交流。这种群众性使调解组织能够深入到村民生活中，及时发现纠纷。与正式的司法机构相比，更贴近群众，更容易获得村民的信任，村民在遇到纠纷时更愿意向他们寻求帮助。

自治性，体现在是一种农村基层群众自治活动。人民调解委员会依法设立，通过民间纠纷的调解，体现了农村居民的自我教育、自我约束、自我管理、自我服务。调解组织的工作规则、调解程序等是由村民委员会或者村民代表大会讨论制定的，充分体现了村民的意愿。在调解过程中，根据农村的实际情况和村民的需求，自主开展调解工作，不受行政命令的强制干预。同时，充分尊重当事人的意愿，不强制当事人接受调解结果，而是通过说服、疏导等方法，促使当事人在平等协商的基础上自愿达成调解协议。

民间性，体现在不属于国家行政机关和司法机关序列。这意味着调解活动是基于当事人的自愿申请或主动介入，在调解纠纷时没有强制执行力。因为调解组织不能强制要求接受调解方案，而是要通过耐心地沟通、劝说，让双方自愿参与调解并达成协议。这虽然没有强制力，但在农村社会中具有很高的认可度和公信力。

党的十八大以来，以习近平同志为核心的党中央对加强人民调解组织建设、发展人民调解员队伍等人民调解工作提出明确要求，为做好新时期人民调解工作指明了方向，提供了根本遵循。加强村（社区）人民调解组织建设是中国宪法规定的基层民主制度的重要内容，是夯实人民调解工作根基、完善矛盾纠纷多元化解机制的重要基础，是坚持“枫桥经验”，实现小事不出村、矛盾不上交的重要保障。

① 刘士国，高燕竹，董玉鹏等：《农村人民调解制度的现状与完善——山东省邹城市村镇人民调解制度调查报告》，《山东大学学报》（哲学社会科学版）2003 年第 6 期。

二、农村人民调解组织的组织架构与人员构成

农村人民调解组织作为克服传统司法途径在本土性、及时性上不足的重要补充，其组织架构与人员构成深刻反映出中国乡村治理创新与农村社会发展的紧密联系。

（一）农村人民调解组织的组织架构

一般在村一级设立人民调解委员会，是农村人民调解组织的核心机构，负责统筹和协调本村的调解工作。在一些较大的村庄或矛盾纠纷较为复杂的地区，还可能根据村落分布、家族聚居等情况，在村民小组或自然村设立调解小组，形成以村调解委员会为中心，各调解小组为分支的组织网络。在多姓氏聚居且地域广阔的村庄，各姓氏家族所在的自然村分别设立调解小组，能更及时有效地处理本区域内的纠纷，而村调解委员会则对全村的调解工作进行总体把控和指导。

（二）农村人民调解组织的人员构成

调解人员主要由村民选举或推举产生，往往是村里德高望重、公道正派、热心公益且具有一定社会经验和沟通能力的人，其中包括村里的长辈、退休干部、教师、退伍军人等。这些人员凭借自身的威望和影响力，以及丰富的人生阅历，在调解过程中更容易获得当事人的信任和尊重。

三、农村人民调解组织的调解范围与原则

调解组织顺应国家法治建设潮流，不再依赖单一的道德说服或权威压制，而是明确法律原则，逐步推进调解的标准化、制度化。

（一）农村人民调解组织的调解范围

涵盖了农村生活的各个方面，包括但不限于婚姻家庭纠纷，如夫妻矛盾、婆媳关系紧张、分家析产争议等；邻里纠纷，像宅基地纠纷、相邻土地通行权纠纷、噪声干扰等；生产经营纠纷，例如土地承包经营权纠纷、农产品买卖合同纠纷、农业生产合作纠纷等；以及轻微的侵权纠纷，如轻微人身伤害赔偿纠纷、名誉权纠纷等。在处理土地承包经营权纠纷时，调解组织会依据相关的土地政策法规、承包合同约定以及农村土地流转的惯例，平衡各方利益，解决纠纷。

（二）农村人民调解组织的调解原则

农村人民调解组织在调解过程中，始终坚持自愿原则、平等原则、合法原则、合情合理原则。自愿原则，就是调解的启动必须基于当事人的自愿申请或同意，调解过程中当事人有权随时终止调解，调解组织不能强迫当事人接受调解结果。平等原则，就是对待当事人双方一视同仁，不偏袒任何一方，保障双方在调解过程中有平等地表达意见、提供证据和参与协商的机会，都享有同等的权利和地位。合法原则，就是调解活动必须符合法律法规的规定，

调解协议的内容不能违反法律的强制性规定，确保调解结果的合法性和有效性，使调解协议具有法律约束力。合情合理原则，就是充分考虑农村的公序良俗、传统习惯和当事人的实际情况，兼顾双方多年的邻里情谊和当地的相处习俗，使调解结果既能符合法律规范，又能在情理上被当事人接受。

四、农村人民调解组织的规定程序

农村人民调解组织的基本程序，主要包括纠纷受理、调查了解、调解协商、制作调解协议、回访与监督等五个步骤。

（一）纠纷受理

当村民之间发生矛盾纠纷时，可以主动向农村人民调解组织提出调解申请，也可以由调解组织在日常工作中发现纠纷后主动介入。受理纠纷时，调解人员会详细记录纠纷的基本情况，包括当事人的信息、纠纷的起因、经过和诉求等，为后续的调解工作做好充分准备。

（二）调查了解

受理纠纷后，调解人员会深入到纠纷发生的现场，走访周围的邻居、家族成员以及相关的知情人，全面、客观地了解纠纷的真实情况。需要收集与纠纷有关的各种证据和信息，包括书证、物证、证人证言等，以便准确地分析纠纷的性质和根源，为制定合理的调解方案提供依据。

（三）调解协商

在充分了解纠纷情况后，调解人员会组织双方当事人进行调解协商。调解地点通常选择在调解组织的办公室或纠纷现场附近较为安静、方便的地方。调解过程中，调解人员会首先让双方当事人陈述自己的观点和诉求，然后依据法律法规、农村习俗和情理等对双方的观点进行分析和引导，促使双方换位思考，寻求共同利益点，逐步缩小分歧，最终达成调解协议。

（四）制作调解协议

当双方当事人达成调解协议后，调解组织会及时制作调解协议。调解协议应包括纠纷的基本情况、当事人的权利义务、调解结果、履行方式和期限等内容，并由双方当事人签字确认，调解人员作为见证人签字。调解协议具有一定的法律效力，当事人应当按照协议的约定履行自己的义务。

（五）回访与监督

调解协议签订并不是工作的终结，农村人民调解组织会对调解协议的履行情况进行回访和监督。在回访过程中，调解人员会了解当事人是否按照协议约定履行了义务，是否存在新的问题或纠纷隐患。如果发现当事人未履行协议或出现新的纠纷，调解组织会及时采取措施进行处理，确保调解工作的有效性和彻底性。

五、农村人民调解组织的功能作用

纵观农村人民调解组织的建设历程，其发展融入了国家法治进程的每一个阶段，体现了农村基层社会治理的不断深化。从功能来看，人民调解本质上是一种基层社会治理方式，并非单纯的纠纷解决制度①。人民调解强调的依法化解矛盾纠纷，与诉讼程序所追求的公正判决具有内在统一性，其在程序上拥有本土化优势。在乡村治理现代化进程中，农村调解组织在化解乡村社会矛盾、促进社会稳定中的历史角色和作用愈发凸显，成为连接传统与现代、法律与道德的重要桥梁，对健全自治、法治、德治相结合的乡村治理体系发挥着不可替代的重要作用。

（一）化解矛盾纠纷，维护社会稳定

农村人民调解组织是农村社会矛盾纠纷的“第一道防线”，能够及时、有效地将大量的民间矛盾纠纷化解在基层，避免矛盾升级和激化，从而维护农村社会的和谐稳定。在农村，因土地、家庭、邻里等问题引发的纠纷时有发生，如果这些纠纷不能得到及时妥善地处理，很容易引发群体性事件或治安案件，影响农村社会的正常秩序。而农村人民调解组织通过深入细致的调解工作，将矛盾纠纷化解于无形，为农村社会的稳定发展创造了良好的环境。

（二）传承乡村文化，弘扬公序良俗

在调解过程中，农村人民调解组织注重将乡村文化和公序良俗融入其中，使这些传统文化在调解实践中得到传承和弘扬。农村有着悠久的历史文化和独特的民俗风情，这些文化和习俗在村民的思想和行为中有着深远的影响。调解人员在调解纠纷时，会依据乡村文化中的诚信、友善、尊老爱幼等价值观和公序良俗，引导当事人树立正确的道德观念和行为准则，促进乡村文化的传承和发展。如在处理一起农村赡养纠纷时，调解人员引用农村“百善孝为先”的传统观念，讲述村里历代尊老敬老的故事，让当事人深刻认识到赡养老人是天经地义的事情，不仅是法律义务，更是道德责任，从而成功解决了纠纷，同时也弘扬了农村的孝道文化。

（三）促进村民自治，提升民主法治意识

农村人民调解组织是村民自治的重要组成部分，其存在和运作促进了村民自治的发展。在调解过程中，村民们通过参与调解活动，了解法律法规和民主决策的程序，增强了自身的民主法治意识。同时，调解组织的成员由村民选举或推举产生，调解工作的开展也充分体现了村民的意愿和参与度，进一步增强了村民的自治能力。如在处理一起公共设施建设纠纷时，调解组织组织村民召开调解会议，让村民们共同参与讨论解决方案。在这个过程中，村民们了解到相关的法律法规和建设规划，通过民主协商达成了一致意见。这不仅解决了纠

---

① 范愉，李泽：《人民调解的中国道路——范愉教授学术访谈》，《上海政法学院学报》（法治论丛）2018 年第 4 期。

纷，还提升了村民的民主法治意识和自治能力，为村庄的长远发展奠定了基础。

（四）节约司法资源，减轻社会负担

农村人民调解组织的有效运作，能够将大量的民间纠纷在基层解决，避免了这些纠纷进入司法程序，从而大大节约了司法资源。司法机关在处理案件时需要耗费大量的人力、物力和时间，如果所有的农村纠纷都依赖司法诉讼来解决，将会给司法机关带来沉重的负担，也会导致司法资源的浪费。而农村人民调解组织通过灵活便捷、低成本的调解方式，使许多纠纷得到快速解决，既减轻了当事人的诉讼成本，也减轻了社会的司法负担，提高了整个社会的纠纷解决效率。

第三节　农村老年协会组织

在城镇化和人口老龄化的时代巨潮下，社会养老的难点和痛点都在农村，建立发展农村老年协会成为促进农民老有所学、老有所乐和老有所为的重要方式。这一背景下，加强农村老年协会组织建设，已经成为完善中国农村养老服务体系和社会治理体系的重要抓手。

一、农村老年协会组织的概念

农村老年协会是以农村老年人为主体，自愿组成的非营利性社会组织，是老年人自我管理、自我服务、自我教育、自我娱乐的一种组织形式，旨在维护老年人的合法权益，丰富老年人的精神文化生活，增进老年人之间的交流与互助，提升老年人在农村社会中的生活质量和社会地位，具有明显的公益性、服务性。

二、农村老年协会组织的建设历程

农村老年协会组织是在农村社会变迁过程中逐渐兴起的。在 20 世纪 70 年代，随着中国社会经济的发展，农村地区也发生了巨大变化。一方面，农村青壮年劳动力大量外流，农村老年人口比例逐渐上升，养老问题日益凸显。过去，农村老年人主要依赖家庭养老，但在社会转型时期，家庭结构小型化、子女外出务工等因素使老年人在生活照料、精神慰藉等方面的需求难以得到满足，迫切需要一个组织来为他们提供支持和帮助。另一方面，农村老年人在长期的生产生活中积累了丰富的经验和智慧，他们渴望有一个平台能够发挥自己的余热，为农村的发展贡献力量。在这样的社会需求推动下，江西省兴国县江背镇高寨村老年协会应运而生。

1972 年，江西省兴国县江背人民公社高寨大队成立了全国第一个老人互助会。在发展初期，农村老年协会组织只是一些老年人自发聚集形成的小团体，主要活动是聊天、晒太阳等简单的社交活动。随着时间的推移，这些组织在政府的引导和社会各界的支持下，逐渐走向规范化，开始有了明确的组织章程、固定的活动场所和多样化的活动内容。到 20 世纪 80 年代，河南、山西、福建、吉林、浙江等地相继成立老年人理事会、老年领导组、老人会、

老年读报组等。1994年，国家计委、民政部、劳动部等联合印发《中国老龄工作七年发展纲要（1994—2000年）》，提出要“积极支持各老年群众组织的工作，大力办好农村老年协会”。

随着国家对老龄工作的重视程度不断提高，农村老年协会得到了一定的政策支持和引导。一些地方政府开始鼓励和推动农村老年协会的建设，为其提供一定的资金和场地支持。有的地方政府将闲置的村委会办公室、学校教室等改造为老年协会的活动场所。随着农村老年协会的数量逐渐增多，组织架构也不断完善，开始选举产生协会的负责人和理事会，制定了一些简单的规章制度，如会员管理、活动组织等方面的规定。活动内容也更加丰富多样，除了日常的娱乐活动外，还增加了健康讲座、文化培训等内容。

2000年以后，随着中国进入人口老龄化社会，全国老龄委《关于加强基层老龄工作的意见》等文件相继出台，明确提出了城乡社区基层老年协会是老年人自我管理、自我教育、自我服务的老年群众组织，是基层老龄工作的重要组织载体，开启政府主导推动老年协会建设的进程①。到2011年，全国农村老年协会达到46.8万个、覆盖率82.1%②。

许多地方的农村老年协会不仅在数量上迅速增加，而且在活动内容和服务功能上也有了很大的拓展。不少农村老年协会开始积极参与农村社区的建设和管理，如协助村委会开展环境卫生整治、矛盾纠纷调解等工作，在农村社区治理中发挥了重要作用。同时，老年协会也成了农村老年人维护自身权益的重要组织，在争取老年人的福利待遇、保障老年人的合法权益等方面发挥了积极作用。

党的十八大以来，农村老年协会在组织建设、制度建设、财务管理、活动开展等方面不断规范和完善。不少地方开展了老年协会的示范创建活动，评选出一批组织健全、管理规范、活动丰富、作用明显的老年协会，为其他老年协会的发展提供了榜样和借鉴。同时，随着互联网技术的发展，农村老年协会开始利用网络平台开展活动宣传、会员管理等工作，提高了工作效率和服务水平。

2021年，中共中央、国务院《关于加强新时代老龄工作的意见》中明确提出，“发挥中国老龄协会推动老龄事业发展的作用，提升基层老年协会能力”，要求注重发挥群团组织和老年人相关社会组织、机关企事业单位的作用，结合各自职能开展老龄工作，形成全社会共同参与的工作格局。新时代的农村老年协会积极开展各类活动，在农村红色主题教育、村庄环境治理、老年志愿服务、文体娱乐活动等方面发挥了重要作用，呈现规范化、专业化和社会化的发展趋势。

三、农村老年协会组织的功能

农村老年协会是一个“农村老人自我管理、自我服务、自我教育的群众自治组织”，是党和政府联系广大老年人的桥梁和纽带，是政府落实基层老龄工作的组织依托，具有组织

① 罗夏：《农村老年协会研究综述》，《安徽农业科学》2015年第29期。

② 《“十三五”末城乡老年协会覆盖率达到95%和80%》，2012年2月29日，中央人民政府网站：https：//www.gov.cn/jrzg/2012-02/29/content_2079441.htm。

性、自治性、公益性和志愿性等重要特征。农村老年协会应在基层党组织和村委会的领导下，依据有关法律法规、政策和城乡社区老年协会章程，履行以下职责。

开展老年人思想政治教育。组织老年人学习党的路线、方针、政策和国家的法律法规，帮助老年人自觉践行社会主义核心价值观，引导老年人遵守社会公德和行为规范，强化对离退休干部和老年党员的政治引领。

维护老年人合法权益。了解当地老年人的困难和需求，及时向村委会、基层党组织和政府反映老年人的合理诉求，广泛开展老年人权益保护相关法律和政策宣传，协助老年人通过上门调解、诉诸司法部门等途径维护自身合法权益。

倡导老年健康生活方式。引导老年人养成科学膳食、适度运动的生活习惯，组织开展适合老年人的体育活动，丰富老年人的精神文化生活。

开展为老服务和老年互助活动。组建老年志愿服务团队，开展老年志愿服务培训，为社区高龄、失能、空巢及其他特殊困难老年人提供生活照料、康复护理、精神慰藉等方面的志愿服务，实施对优秀老年志愿者的表彰和奖励。

组织老年人参与社区建设。凭借老年人的威望、经验和智慧，组织带领老年人参与社区服务，在关心教育下一代、调解邻里纠纷和家庭矛盾①、维护社会治安、改善社区卫生环境、移风易俗、抵制封建迷信等方面发挥积极作用，为老年人充分参与社区公益活动创造条件。

随着城乡社区老年协会的发展壮大和老龄工作事业的蓬勃发展，农村老年协会在促进老年人参与社会、服务社会、维护社会稳定、促进社会和谐、助力乡村振兴等方面，必将发挥越来越重要的作用。

第四节 农村宗族组织

在中国漫长的历史进程中，农村宗族组织作为一种基于血缘关系形成的社会组织形式，在乡村社会有着深厚的文化根基与广泛的影响力。随着时代的发展，在乡村治理体系不断发展与变革的进程中，宗族组织的角色始终处于动态变化之中，既承载着传统乡村社会的文化、秩序与互助功能，又面临着现代社会理念、制度与结构的冲击与挑战。

一、农村宗族组织的概念

农村宗族组织是以姓氏为基础，以血缘关系为纽带，以祖先崇拜为核心，强调家族荣誉和传统价值观念，由同姓家族成员组成，拥有一定的族规、族产和族谱，对成员有较强的约束力和影响力的一种中国乡村社会组织形式。通常以一个或几个同姓的家族为基础，通过共同的祖先祭祀、族谱编纂、族规制定等活动来维系宗族成员之间的联系。在南方一些农村地

① 王振，刘林：《“礼俗社会”视角下的农村老年协会作用研究——基于陕西省农村老年协会的调查》，《中国农业大学学报》（社会科学版）2014 年第 4 期。

区，一个村庄可能主要由一个姓氏的家族构成，这个家族的成员就构成了一个宗族组织，有共同的祠堂，用于祭祀祖先等活动。

二、农村宗族组织的发展概况

农村宗族组织作为一种社会组织，形成于血缘这一先赋的社会关系之中①。自中国古代建立宗法制度以来，宗族组织在维护和稳定传统社会秩序方面发挥了重大作用，而且在中国社会发展和进步中扮演了重要角色。

在中国古代，以宗族组织为主体形成的族权、绅权治理体系长期受到中央政府支持，政权倚靠宗族实现对乡村社会的延伸管治和道德约束，宗族组织由此成为古代乡村治理场域中的重要主体②。在“皇权不下县”政治结构下，依靠着坚韧稳定的宗族力量，国家以“委托”治理方式确保了基层社会的整合凝聚。

清朝中后期以来，以宗族为载体的宽松农村治理逐渐显得适应时代所需，国家政权建设需要国家在农村建立强有力的社会控制机制以增强自身财政汲取能力。随着宗族组织的政治、司法、保护、教育等职能逐渐转移至新设立的基层官僚机构，加之当时革命活动与商品经济的持续冲击，农村宗族组织功能减弱、活动领域不断缩小，呈现出明显的衰颓趋势③。

新中国成立后，国家通过改造农村经济结构，实行新婚姻法，对农村社会进行民主化改造等一系列措施，逐步瓦解了农村宗族的组织基础④。在土地改革中，宗族组织长期保有的生产组织职能、秩序维系职能、教化职能被政府有序剥离，宗族与土地相分离。农民逐渐在人民公社体制下被紧密联结起来，乡村社会的道德体系、主流价值观发生重大变迁，在此背景下传统宗族组织渐渐退向历史舞台边缘。

改革开放以来，农民群体不断获得经济自主、乡村选举、进城劳动等现代化权利，掀起了农民上楼、农民进城的潮流。这一时期，关于中国农村宗族组织的“重建论”与“瓦解论”并存。一方面，人们注意到，宗族在大量年轻人离乡后失去了后继力量，宗族与农民的血缘关系被国家与公民的社会契约所取代⑤。所以，农村宗族不但不可能复兴，而且正处在衰退和消解之中。

另一方面，也有学者认为现代化并未完全消解宗族，相反，宗族本身具有很强大的适应性，即宗族为了回应挑战而走向重建：如重修家谱、重启家堂、重建祠堂，从现代乡村社会关系来看宗族力量仍然很大，血缘、亲缘、宗缘等村落社会关系网络仍在村落权力配置中起着重要的作用，部分地区出现宗族热现象。由于各地民情差异，农村宗族组织呈现出衰落与回归并存、螺旋式演变的复杂态势。

① 李远行，朱士群：《农村宗族组织的制度性空间与法理性基础》，《经济社会体制比较》2006年第2期。

② 骆文杰，韩冬雪：《毛泽东关于改造乡村宗族的论述理析》，《高校马克思主义理论研究》2022年第1期。

③ 向勇：《祖荫竞赛：理解中国农村宗族运行的一个中观机制》，《华中农业大学学报》（社会科学版）2022年第1期。

④ 王阳，刘炳辉：《宗族的现代国家改造与村庄治理——以南部G市郊区“横村”社区治理经验为例》，《南京农业大学学报》（社会科学版）2017年第3期。

⑤ 王朔柏，陈意新：《从血缘群到公民化：共和国时代安徽农村宗族变迁研究》，《中国社会科学》2004年第1期。

三、农村宗族组织在乡村治理中的现实挑战

在当代乡村治理的复杂格局中，宗族组织作为一种传统的社会力量依然有着不可忽视的影响力。尽管在某些方面可能对乡村的稳定与文化传承起到一定作用，但其存在的诸多问题也日益凸显，给乡村治理带来了一系列挑战。

（一）偏离现代法治理念的局限性

宗族组织往往具有较强的血缘封闭性，其内部决策与资源分配多以宗族血缘关系为核心依据。这与现代乡村治理所倡导的开放性理念背道而驰，现代乡村治理要求广泛吸纳多元主体参与，包括不同姓氏、外来人口等，以实现乡村治理的全面性与公正性。例如，在一些村庄的公共项目建设决策过程中，宗族势力可能会排斥非本宗族成员的意见与参与，导致决策缺乏广泛的民意基础，不利于乡村整体利益的最大化。

宗族组织长期以来依赖家族长辈或宗族权威人物的个人威望与经验进行管理，形成了浓厚的人治传统。在处理纠纷与事务时，往往优先遵循宗族内部的不成文规矩，而非国家法律法规。这种人治模式容易导致处理结果的主观性与不公平性，破坏乡村法治建设的推进。比如，在土地纠纷、婚姻家庭矛盾等问题上，宗族可能会干预司法程序，私自调解并按照宗族意愿判定结果，使法律的权威性受到挑战，村民的合法权益难以得到有效保障。

（二）影响农村公共事务的公平性

宗族组织在乡村资源分配过程中，倾向于向本宗族成员倾斜。无论是土地承包、集体福利分配还是基础设施建设资源的调配，都可能出现以宗族为界限的不公平现象。这不仅损害了非宗族成员的利益，也阻碍了乡村资源的优化配置与合理利用。在一些村庄的水利设施建设中，宗族势力强大的区域可能获得更多的资金与资源投入，而其他区域则相对匮乏，影响了整个村庄农业生产的均衡发展。

由于宗族组织在乡村社会结构中的特殊地位，其在公共决策过程中往往拥有较大的话语权。然而，宗族的利益诉求并不总是与乡村整体公共利益完全一致。在一些涉及长远发展规划、环境保护等重大公共决策时，宗族可能会基于短期的、局部的宗族利益而反对或阻碍合理的决策推行。

（三）危及乡村社会稳定的隐患性

不同宗族在乡村中可能存在着历史遗留的矛盾或现实利益的竞争，这些矛盾一旦激化，容易引发宗族间的群体性冲突事件。这不仅会破坏乡村的社会秩序，还可能造成人员伤亡和财产损失，严重影响乡村社会稳定。在一些地区，因争夺水源、山林资源或家族声誉等问题，不同宗族之间发生大规模械斗的事件时有发生，给当地村民的生命财产安全和乡村社会形象带来极大的负面影响。

在宗族内部，权力结构往往相对集中，弱势群体如妇女、儿童、贫困家庭等的权益可能

得不到充分保障。宗族组织的决策与管理模式可能会强化传统的性别歧视、阶层分化等不平等现象，进一步加剧弱势群体在乡村社会中的困境。在一些宗族事务中，妇女的意见得不到尊重，在财产继承、参与公共事务管理等方面受到限制；贫困家庭在宗族资源分配中处于边缘地位，难以获得足够的支持与帮助，导致乡村内部社会矛盾不断积累。

四、农村宗族组织在乡村治理中的当代价值

在当代乡村治理的进程中，随着社会的快速变迁和现代化建设的推进，农村宗族组织这一传统的社会力量依然存续并在一定程度上发挥着作用。尽管其在历史发展过程中曾经历诸多变革与挑战，但不可否认，在当下乡村治理的复杂格局中，宗族组织仍蕴含着一些具有积极意义的当代价值。

（一）文化传承与弘扬的重要载体

农村宗族组织长期承载着家族的道德观念与行为准则，如尊老爱幼、邻里和睦、诚实守信等传统美德。这些道德规范通过宗族内部的言传身教、家族仪式以及家训家规等形式得以代代相传。在当代乡村社会，宗族组织成为这些传统道德规范在基层传播和践行的重要场所，有助于塑造村民良好的道德品质和行为习惯，促进乡村社会文明风尚的形成。如许多宗族在春节等重要节日举行祭祖仪式，仪式中强调家族成员要团结互助、尊重长辈，这种活动强化了村民对传统道德观念的认同感和遵守意识。

宗族与乡村民俗文化紧密相连，诸如传统节日庆典、民间手工艺、地方戏曲等民俗文化往往依托宗族得以传承和发展。宗族组织积极参与组织民俗活动，为其提供人力、物力和财力支持，使得这些珍贵的民俗文化在现代社会浪潮中得以延续。如宗族组织舞龙舞狮表演庆祝春节，或是资助当地的民间戏曲剧团开展演出活动，这不仅丰富了村民的精神文化生活，也保护了地方特色文化遗产，增强了乡村文化的凝聚力和认同感。

（二）社会秩序维护的辅助力量

在乡村生活中，村民之间难免会产生各种矛盾纠纷，如邻里纠纷、家庭矛盾等。宗族组织凭借其在乡村中的威望和熟悉村民情况的优势，能够及时介入并调解这些纠纷。宗族长辈或有威望的族人往往依据家族传统和情理进行调解，这种调解方式在一定程度上能够化解矛盾，避免矛盾升级为法律诉讼或暴力冲突，维护乡村社会的和谐稳定。在土地边界纠纷中，宗族成员会召集双方当事人，依据家族历史上土地划分的惯例以及公平公正的原则进行协商调解，促使双方达成和解协议。

宗族组织对乡村治安也有着积极的维护作用。一方面，宗族内部成员之间相互监督、相互约束，减少了违法犯罪行为的发生。另一方面，在面对外部治安威胁时，宗族能够组织力量进行防范和应对。在一些偏远乡村，宗族成员会自发组织巡逻队，在夜间进行治安巡逻，保障村民的人身和财产安全。这种民间自发的治安维护行为与正式的治安管理机构相互配合，形成了乡村治安防控的多层次网络。

（三）经济互助与发展的推动因素

在农业生产过程中，宗族组织能够促进家族成员之间的生产协作与资源共享。在农忙时节，家族成员会相互帮忙进行耕种、收割等农活，提高生产效率。同时，宗族内部还可能共享农业生产工具、灌溉设施等资源，降低生产成本。这种基于宗族关系的生产互助模式在一定程度上适应了农业生产的季节性和分散性特点，有利于农业生产的稳定发展。

农村宗族组织在乡村经济发展中发挥着带动和支持作用。宗族中有经济实力的成员可能会回乡投资创业，带动家族其他成员就业致富。宗族组织还通过筹集资金、整合土地资源等方式，为乡村产业发展提供支持。如宗族成员回乡创办农产品加工厂，宗族组织协助其协调土地租赁、劳动力招募等问题，并组织家族成员参股，共同推动了乡村特色产业的发展，增加了村民的收入来源。

（四）村民自治参与的促进力量

农村宗族组织在乡村治理中激发村民的参与意识。由于宗族成员之间存在着紧密的血缘和地缘联系，在涉及宗族利益或乡村公共事务时，宗族组织能够动员家族成员积极参与讨论和决策。这种参与过程培养了村民的民主意识和公共事务管理能力，为村民更好地参与乡村自治奠定了基础。如在村庄环境整治项目中，宗族组织召开家族会议，鼓励家族成员提出意见和建议，并组织成员参与环境清理等活动，提高了村民对乡村公共事务的关注度和参与度。

农村宗族组织是村民自治体系的有益补充。在乡村选举、村务监督等方面，宗族组织能够发挥一定的监督和协调作用。宗族成员的意见和态度对乡村干部的行为有着一定的约束作用，促使其更加公正、透明地履行职责。同时，宗族组织在收集村民意见、传达政策信息等方面也能够发挥桥梁和纽带作用，促进村民与基层政府之间的沟通与互动，完善乡村治理的多元主体格局。

◎ 思考题

1. 如何发挥农村社会组织参与乡村振兴的作用？
2. 为什么说人民调解组织是农村社会稳定的“第一道防线”？
3. 与农村群众团体组织相比，农村老年协会组织的特征及其功能有哪些相同点和不同点？
4. 如何认识农村宗族组织对当前基层社会治理带来的机遇与挑战？

主要参考文献

（一）国内文献

1. 著作

（1）毛泽东．毛泽东选集：第1～3卷［M］．北京：人民出版社，1991.

（2）中共中央文献研究室．毛泽东文集：第六卷［M］．北京：人民出版社，1999.

（3）邓小平．邓小平文选：第1～2卷［M］．北京：人民出版社，1994.

（4）邓小平．邓小平文选：第3卷［M］．北京：人民出版社，1993.

（5）中共中央文献研究室．邓小平文集：中［M］．北京：人民出版社，2014.

（6）华国锋．团结起来，为建设社会主义的现代化强国而奋斗［M］．北京：人民出版社，1978.

（7）江泽民．江泽民文选：第1卷［M］．北京：人民出版社，2006.

（8）胡锦涛．胡锦涛文选：第1卷［M］．北京：人民出版社，2016.

（9）中共中央党史和文献研究院．习近平关于“三农”工作论述摘编［M］．北京：中央文献出版社，2019.

（10）习近平．论“三农”工作［M］．北京：中央文献出版社，2022.

（11）习近平．习近平谈治国理政：第1卷［M］．北京：外文出版社，2014.

（12）习近平．习近平谈治国理政：第2卷［M］．北京：外文出版社，2017.

（13）习近平．习近平谈治国理政：第3卷［M］．北京：外文出版社，2020.

（14）习近平．习近平谈治国理政：第4卷［M］．北京：外文出版社，2022.

（15）中共中央党史和文献研究院．习近平扶贫论述摘编［M］．北京：中央文献出版社，2018.

（16）习近平．决胜全面建成小康社会　夺取新时代中国特色社会主义伟大胜利——在中国共产党第十九次全国代表大会上的报告［M］．北京：人民出版社，2017.

（17）习近平．高举中国特色社会主义伟大旗帜　为全面建设社会主义现代化国家而团结奋斗——在中国共产党第二十次全国代表大会上的报告［M］．北京：人民出版社，2022.

（18）中共中央党史和文献研究院．习近平关于依规治党论述摘编［M］．北京：中央文献出版社，2022.

（19）中共中央文献研究室．十二大以来重要文献选编：上［M］．北京：人民出版社，1986.

（20）中共中央文献研究室．十二大以来重要文献选编：中［M］．北京：人民出版社，1986.

（21）中共中央文献研究室．十二大以来重要文献选编：下［M］．北京：人民出版社，1988.

（22）中共中央文献研究室．十三大以来重要文献选编：上［M］．北京：中央文献出版社，2011.

（23）中共中央文献研究室，十三大以来重要文献选编：中［M］．北京：中央文献出版社，2011.

（24）中共中央文献研究室．十三大以来重要文献选编：下［M］．北京：中央文献出版社，2011.

（25）中共中央文献研究室．十四大以来重要文献选编：上［M］．北京：中央文献出版社，2011.

（26）中共中央文献研究室．十四大以来重要文献选编：中［M］．北京：中央文献出版社，2011.

（27）中共中央文献研究室．十四大以来重要文献选编：下［M］．北京：中央文献出版社，2011.

（28）中共中央文献研究室．十五大以来重要文献选编：上［M］．北京：中央文献出版社，2011.

（29）中共中央文献研究室．十五大以来重要文献选编：中［M］．北京：中央文献出版社，2011.

（30）中共中央文献研究室．十五大以来重要文献选编：下［M］．北京：中央文献出版社，2011.

（31）中共中央文献研究室．十六大以来重要文献选编：上［M］．北京：中央文献出版社，2011.

（32）中共中央文献研究室．十六大以来重要文献选编：中［M］．北京：中央文献出版社，2011.

（33）中共中央文献研究室．十六大以来重要文献选编：下［M］．北京：中央文献出版社，2011.

（34）中共中央文献研究室．十七大以来重要文献选编：上［M］．北京：中央文献出版社，2013.

（35）中共中央文献研究室．十七大以来重要文献选编：中［M］．北京：中央文献出版社，2013.

（36）中共中央文献研究室．十七大以来重要文献选编：下［M］．北京：中央文献出版社，2013.

(37) 中共中央文献研究室．十八大以来重要文献选编：上［M］．北京：中央文献出版社，2014.
(38) 中共中央文献研究室．十八大以来重要文献选编：中［M］．北京：中央文献出版社，2016.
(39) 中共中央党史和文献研究院．十八大以来重要文献选编：下［M］．北京：中央文献出版社，2018.
(40) 中共中央党史和文献研究院．十九大以来重要文献选编：上［M］．北京：中央文献出版社，2019.
(41) 中共中央党史和文献研究院．十九大以来重要文献选编：中［M］．北京：中央文献出版社，2021.
(42) 中共中央党史和文献研究院．十九大以来重要文献选编：下［M］．北京：中央文献出版社，2023.
(43) 中共中央党史和文献研究院．二十大以来重要文献选编：上［M］．北京：中央文献出版社，2024.
(44) 中共中央文献研究室，中央档案馆．建党以来重要文献选编（一九二一——一九四九）：第 5 册［M］．北京：中央文献出版社，2011.
(45) 中共中央文献研究室，中央档案馆．建党以来重要文献选编（一九二一——一九四九）：第 24 册［M］．北京：中央文献出版社，2011.
(46) 中国社会科学院现代史研究室，中国革命博物馆党史研究室．“一大”前后　中国共产党第一次代表大会前后资料选编：第 2 册［M］．北京：人民出版社，1985.
(47) 中共中央文献研究室．建国以来重要文献选编：第 5 册［M］．北京：中央文献出版社，2011.
(48) 中共中央文献研究室．建国以来重要文献选编：第 8 册［M］．北京：中央文献出版社，1994.
(49) 中共中央文献研究室．建国以来重要文献选编：第 10 册［M］．北京：中央文献出版社，1994.
(50) 中共中央文献研究室．建国以来重要文献选编：第 14 册［M］．北京：中央文献出版社，2011.
(51) 中央档案馆．中共中央文件选集：第 1 册［M］．北京：中共中央党校出版社，1989.
(52) 中央档案馆．中共中央文件选集：第 11 册［M］．北京：中共中央党校出版社，1991.
(53) 中央档案馆．中共中央文件选集：第 12 册［M］．北京：中共中央党校出版社，1991.
(54) 中共中央文献研究室．中共中央文件选集：第 3 册［M］．北京：人民出版社，2013.
(55) 中共中央文献研究室．中共中央文件选集：第 8 册［M］．北京：人民出版社，2013.
(56) 中共中央文献研究室．中共中央文件选集：第 35 册［M］．北京：人民出版社，2013.
(57) 中共中央文献研究室．中共中央文件选集：第 38 册［M］．北京：人民出版社，2013.
(58) 中共中央文献研究室．中共中央文件选集：第 49 册［M］．北京：人民出版社，2013.
(59) 共青团中央．中国共产主义青年团章程［M］．北京：中国青年出版社，2023.
(60) 共青团中央青运史研究室．中国青年运动史［M］．北京：中国青年出版社，1984.
(61) 共青团中央青运史工作指导委员会办公室．中华人民共和国青年工作编年纪事（1949.10—1994.12）［M］．天津：天津人民出版社，1996.
(62) 李相久，李英，郭丽娟，梁占武．当代中国青年运动史［M］．长春：吉林文史出版社，1990.
(63) 李玉琦．中国共青团史稿（1922—2008）［M］．北京：中国青年出版社，2010.
(64) 中国新民主主义青年团中央委员会办公厅．中国青年运动历史资料：第 2 册［M］．北京：中国青年出版社，1980.
(65) 中国妇女管理干部学院．中国妇女运动文献资料汇编：第一册［M］．北京：中国妇女出版社，1988.
(66) 中国妇女管理干部学院．中国妇女运动文献资料汇编：第二册［M］．北京：中国妇女出版社，1988.
(67) 全国妇联办公厅．妇联工作实用手册［M］．北京：中国妇女出版社，2009.
(68) 全国妇联组织部．妇女工作简明手册［M］．北京：中国妇女出版社，2002.
(69)《中华人民共和国村民委员会组织法》［M］．北京：人民出版社，2010.
(70)《中华人民共和国宪法》［M］．北京：人民出版社，2018.
(71) 中共中央，国务院．乡村振兴战略规划（2018—2022 年）［M］．北京：人民出版社，2018.
(72) 中共中央，国务院．关于加强和改进乡村治理的指导意见［M］．北京：人民出版社，2019.
(73) 中共中央．关于推进农村改革发展若干重大问题的决定［M］．北京：人民出版社，2008.
(74)《中国共产党农村工作条例》［M］．北京：中国法制出版社，2019.
(75) 中共陕西省委农村社教办公室．农村社会主义思想教育手册［M］．西安：陕西人民出版社，1991.
(76) 张静．基层政权：乡村制度诸问题［M］．上海：上海人民出版社，2006.

(77) 曹锦清．当代浙北乡村的社会文化变迁［M］．上海：上海远东出版社，2001.
(78) 徐勇．中国农村村民自治［M］．武汉：华中师范大学出版社，1997.
(79) 周庆智．县政治理：权威、资源、秩序［M］．北京：中国社会科学出版社，2014.
(80) 秦志华，李可心，陈先奎．中国农村工作大辞典［M］．北京：警官教育出版社，1993.
(81) 张明楚．中国共产党基层组织建设史［M］．福州：福建人民出版社，2008.
(82) 陈文胜．论中国乡村变迁［M］．北京：社科文献出版社，2021.
(83) 陈文胜．中国农业何以强［M］．北京：中国农业出版社，2023.
(84) 陈文胜．中国乡村何以兴［M］．北京：中国农业出版社，2023.
(85) 陈文胜．论大国农业转型［M］．北京：社科文献出版社，2014.
(86) 陈文胜．大国村庄的进路［M］．长沙：湖南师范大学出版社，2020.
(87) 陈文胜，等．大国小村［M］．长沙：湖南人民出版社，2021.
(88) 陈文胜．论道大国“三农”［M］．北京：中国农业出版社，2021.
(89) 李传军．公共组织学［M］．北京：中国人民大学出版社，2008.
(90) 欧阳晓光，刘志民．从服务农业走向服务“三农”农村科技中介服务机构建设实务［M］．北京：中国科学技术出版社，2005.
(91) 齐明山．公共行政学导论［M］．北京：中央广播电视大学出版社，2006.
(92) 苏忠林．公共组织理论：第 2 版［M］．武汉：武汉大学出版社，2013.
(93) 王绪君．管理学基础［M］．北京：中央广播电视大学出版社，2004.
(94) 许启贤．中国共产党思想政治教育史：第 2 版［M］．北京：中国人民大学出版社，2004.
(95) 李芹．社会学概论［M］．济南：山东大学出版社，2009.
(96) 张东建，陆江兵．公共组织学［M］．北京：高等教育出版社，2003.
(97) 潘嘉玮，周贤．村民自治与行政权的冲突［M］．北京：中国人民大学出版社，2004.
(98) 朱国云．组织理论：历史与流派［M］．南京：南京大学出版社，1997.
(99)《当代中国》丛书编辑部．当代中国的农业［M］．北京：当代中国出版社，1992.
(100) 赵志峰．毛泽东民主思想研究［M］．长春：吉林人民出版社，2016.

2. 论文

(1) 罗必良．美国的农业服务组织及其效率特征［J］．南方农村，1999 (3)．
(2) 徐勇，沈乾飞．村民议事会：破解“形式有权，实际无权”的基层民主难题［J］．探索，2015 (1)．
(3) 徐勇，徐增阳．论村民自治与加强农村基层组织执政能力［J］．当代世界与社会主义，2005 (4)．
(4) 徐勇，赵德健．找回自治：对村民自治有效实现形式的探索［J］．华中师范大学学报（人文社会科学版），2014 (4)．
(5) 徐勇．“政党下乡”：现代国家对乡土的整合［J］．学术月刊，2007 (8)．
(6) 徐勇．村民自治的成长：行政放权与社会发育［J］．华中师范大学学报（人文社会科学），2005 (2)．
(7) 徐勇．政权下乡：现代国家对乡土社会的整合［J］．贵州社会科学，2007 (11)．
(8) 黄季焜，胡瑞法，智华勇．基层农业技术推广体系 30 年发展与改革：政策评估和建议［J］．农业技术经济，2009 (1)．
(9) 程同顺，赵学强．村务公开的路径障碍与制度改进——兼评新《村民委员会组织法》的修改［J］．学习与实践，2013 (4)．
(10) 吴毅．缺失治理资源的乡村权威与税费征收中的干群博弈［J］．中国农村观察，2002 (4)．
(11) 孙立平，王汉生，王思斌，等．改革以来中国社会结构的变迁［J］．中国社会科学，1994 (2)．
(12) 贺雪峰．当前县乡村体制存在的主要问题［J］．经济社会体制比较，2003 (6)．
(13) 李友梅．中国社会管理新格局下遭遇的问题：一种基于中观机制分析的视角［J］．学术月刊，2012 (7)．
(14) 景跃进．中国农村基层治理的逻辑转换——国家与乡村社会关系的再思考［J］．治理研究，2018 (1)．
(15) 杨雪冬．压力型体制：一个概念的简明史［J］．社会科学，2012 (11)．
(16) 王浦劬，汤彬．基层党组织治理权威塑造机制研究［J］．管理世界，2020 (6)．

（17）张厚安．乡政村治——中国特色的农村政治模式［J］．政策，1996（8）．
（18）李远行，朱士群．农村宗族组织的制度性空间与法理性基础［J］．经济社会体制比较，2006（2）．
（19）周少来．乡镇政府体制性困局及其应对［J］．社会科学文摘，2020（1）．
（20）何艳玲，王铮．统合治理：党建引领社会治理及其对网络治理的再定义［J］．管理世界，2022（5）．
（21）葛道顺．关于群团组织治理和发展的思考——学习习近平系列重要讲话的体会［J］．社会发展研究，2016（4）．
（22）马宝成．农村税费改革对基层政权建设的影响［J］．山东社会科学，2004（1）．
（23）陈文胜．城镇化进程中乡村治理秩序的变迁［J］．浙江学刊，2020（5）．
（24）陈文胜．后农业税时代乡镇政府的职能定位研究［J］．农村经济，2007（8）．
（25）陈文胜．我国农业农村现代化的前沿趋势与路径选择［J］．山东社会科学，2024（6）．
（26）陈文胜．乡镇机构改革从何处破题［J］．中国发展观察，2010（5）．
（27）陈文胜．重建考核机制防止乡镇职能异化［J］．中国党政干部论坛，2017（4）．
（28）刘义强．构建以社会自治功能为导向的农村社会组织机制［J］．东南学术，2009（1）．
（29）陈文胜，汪义力．乡村振兴背景下乡镇治理现代转型研究［J］．农村经济，2022（4）．
（30）陈义媛．中国农技推广体系变迁、农业转型与技术政治［J］．开放时代，2021（3）．
（31）陈周旺．组织维度下的中共党史研究——评《中国革命的乡村道路》［J］．学术评论，2021（1）．
（32）马华．村治实验：中国农村基层民主的发展样态及逻辑［J］．中国社会科学，2018（5）．
（33）戴宏，张继春，周大亚．中国村卫生室医疗卫生服务能力的现状、问题及对策［J］．中国卫生政策研究，2018（7）．
（34）范愉，李泽．人民调解的中国道路——范愉教授学术访谈［J］．上海政法学院学报（法治论丛），2018（4）．
（35）冯开文．国外合作社经验纵横论——几个代表性合作社的最新举措及其对中国的启示［J］．中国合作经济，2005（8）．
（36）冯开文．印度农村合作社的发展［J］．中国农村经济，2007（4）．
（37）傅晨．"新一代合作社"：合作社制度创新的源泉［J］．中国农村经济，2003（6）．
（38）高其才，张雪林．完善村民自治制度——《村民委员会组织法》修改的建议［J］．贵州大学学报（社会科学版），2022（6）．
（39）高其才．《村民委员会组织法》修改的理念与基点［J］．法学杂志，2003（3）．
（40）郭新安．村民委员会选举中存在的问题及对策研究［J］．山西农业大学学报（社会科学版），2009（1）．
（41）郭永奇．美国农业合作社的历史演变及经验启示［J］．世界农业，2018（8）．
（42）郭勇．在政府服务与农民主体的互动中发展农民组织——基于双峰县农村科技合作社实践的思考［J］．农业经济问题，2009（9）．
（43）郝亚光，徐勇．让自治落地：厘清农村基层组织单元的划分标准［J］．探索与争鸣，2015（9）．
（44）简小鹰．我国科技特派员制度与农村科技体制改革［J］．科学管理研究，2005（3）．
（45）康晓强．群团组织的中国逻辑［N］．学习时报，2017-09-20.
（46）李敬锁，徐鹏民，徐健，等．中国科技特派员政策变迁的演化逻辑与动力机制［J］．科技管理研究，2021（18）．
（47）陈荣卓，金静．远程投票：村民委员会换届选举的适应性变革与走向［J］．学习与探索，2021（2）．
（48）李增元，伍娟．中国共产党领导农村基层治理的百年探索历程及基本逻辑［J］．中国治理评论，2023（2）．
（49）李中华，王伟．国际合作社发展中存在的问题及其发展趋势［J］．人民论坛，2013（2）．
（50）李中华．日本《农业协同组合法》的解读与初探［J］．农业经济，2002（12）．
（51）林尚立．基层群众自治：中国民主政治建设的实践［J］．政治学研究，1999（4）．
（52）刘士国，高燕竹，董玉鹏，等．农村人民调解制度的现状与完善——山东省邹城市村镇人民调解制度调查报告［J］．山东大学学报（哲学社会科学版），2003（6）．
（53）卢代富，谭贵华．美国农业合作社的形态法定化及其启示［J］．法学论坛，2012（3）．
（54）罗猛．村民委员会与集体经济组织的性质定位与职能重构［J］．学术交流，2005（5）．
（55）罗夏．农村老年协会研究综述［J］．安徽农业科学，2015（29）．
（56）骆文杰，韩冬雪．毛泽东关于改造乡村宗族的论述理析［J］．高校马克思主义理论研究，2022（1）．

(57) 吕方．再造乡土团结：农村社会组织发展与“新公共性”[J]．南开学报（哲学社会科学版），2013（3）．
(58) 侣传振．国家政权建设与农村基层政权组织变迁 [J]．重庆社会科学，2007（6）．
(59) 马良灿．“内卷化”基层政权组织与乡村治理 [J]．贵州大学学报（社会科学版），2010（2）．
(60) 马良灿．中国乡村社会治理的四次转型 [J]．学习与探索，2014（9）．
(61) 聂红琴，陈安．建国以来我国农村基层政权的构建及思考 [J]．唯实，2009（11）．
(62) 欧阳静．村级组织的官僚化及其逻辑 [J]．南京农业大学学报（社会科学版），2010（4）．
(63) 欧阳静．基层政权组织的理想之路与现实之困 [J]．中国法律评论，2015（1）．
(64) 秦小建．村民自治立法的定位：现实检讨及未来走向——以 2010 年新《村民委员会组织法》为对象 [J]．四川师范大学学报（社会科学版），2011（4）．
(65) 苏宝芳．我国农村公共事业发展现状、成因与对策 [J]．西北工业大学学报（社会科学版），2009（3）．
(66) 孙淑云．试论乡镇卫生院的功能与改革 [J]．中国农村经济，2005（11）．
(67) 覃志敏．民间组织参与我国贫困治理的角色及行动策略 [J]．中国农业大学学报（社会科学版），2016（5）．
(68) 唐鸣，祁中山．中国乡村治理的历史底色 [J]．紫光阁，2018（1）．
(69) 汪效驷．组织与动员：华中抗日根据地群众团体研究 [J]．安徽史学，2022（1）．
(70) 王景新，郭海霞．中国特色乡村善治思想及实践：传承与创新 [J]．中国农史，2018（3）．
(71) 王朔柏，陈意新．从血缘群到公民化：共和国时代安徽农村宗族变迁研究 [J]．中国社会科学，2004（1）．
(72) 王阳，刘炳辉．宗族的现代国家改造与村庄治理——以南部 G 市郊区“横村”社区治理经验为例 [J]. 南京农业大学学报（社会科学版），2017（3）．
(73) 王振，刘林．“礼俗社会”视角下的农村老年协会作用研究——基于陕西省农村老年协会的调查 [J]. 中国农业大学学报（社会科学版），2014（4）．
(74) 吴思红．村民委员会选举中贿选的内在逻辑 [J]．东南学术，2010（2）．
(75) 向勇．祖荫竞赛：理解中国农村宗族运行的一个中观机制 [J]．华中农业大学学报（社会科学版），2022（1）．
(76) 徐增阳，陈福卫．中国农村村民自治：缘起、现状与发展趋势（一）村民自治的内涵、意义与发展历程 [J]. 人口与计划生育，2005（5）．
(77) 叶敏．政党组织社会：中国式社会治理创新之道 [J]．探索，2018（4）．
(78) 由兴波．朝鲜族农村文化大院发展现状及对策研究 [J]．玉溪师范学院学报，2022（2）．
(79) 袁铸，李宝强，边玉花，等．农民组织化的国际比较及其启示 [J]．特区经济，2010（7）．
(80) 张富良．农联盟：法国最重要的农民权益保护组织 [J]．中国农村经济，2006（6）．
(81) 张良驯．百年来共青团历史任务变迁及贡献 [J]．人民论坛，2022（9）．
(82) 张汝立．目标、手段与偏差——农村基层政权组织运行困境的一个分析框架 [J]．中国农村观察，2001（4）．
(83) 张润君．合作治理与新农村公共事业管理创新 [J]．中国行政管理，2007（1）．
(84) 张书林．党的基层组织建设 30 年：探索与启示 [J]．探索，2008（4）．
(85) 张希坡．革命根据地的基层政权和群众性自治组织 [J]．法学研究，1983（6）．
(86) 张学军．论美国农业经销合作社规范的演变及其启示 [J]．浙江大学学报（人文社会科学版），2011（4）．
(87) 张瑜，倪素香．乡村振兴中农村基层党组织的组织力提升路径研究 [J]．学习与实践，2018（7）．
(88) 郑庆昌，宋国林，王东炎．透视“科技特派员”制度 [J]．福建农林大学学报（哲学社会科学版），2002（4）．
(89) 郑长忠．基层党组织转型：走出“边缘化”处境的根本出路 [J]．马克思主义与现实，2004（5）．
(90) 周飞舟．从汲取型政权到“悬浮型”政权——税费改革对国家与农民关系之影响 [J]．社会学研究，2006（3）．
(91) 周仁标．论完善农村基层自治的路径 [J]．社会主义研究，2009（3）．

（二）国外文献

(1) 杜赞奇．文化、权力与国家 [M]．王福明，译．南京：江苏人民出版社，2004.
(2) 卡斯特，罗森茨韦克．组织与管理：系统方法与权变方法 [M]．傅严，等，译．北京：中国社会科学出版社，2000.
(3) 韦伯．经济与社会 [M]．林荣远，译．北京：商务印书馆，1998.